신화의
식탁 위로

신화의 식탁 위로:
레비-스트로스와 함께하는
기호-요리학

발행일
초판 1쇄
2023년 7월 20일

지은이
오선민

펴낸이
김현경

펴낸곳
북드라망
주소. 서울시 종로구 사직로8길 24 1221호(내수동, 경희궁의아침 2단지)
전화. 02-739-9918
팩스. 070-4850-8883
이메일. bookdramang@gmail.com

ISBN
979-11-92128-36-8 03380

책으로 여는 지혜의 인드라망, 북드라망
bookdramang.com

신화의
식탁 위로

레비-스트로스와 함께하는
기호-요리학

오선민 지음

티
BookDramang
북드라망

차례

에필로그:
청소하기의 인류학 293

머리말

이리 동동 저리 동동, 허덕이며 육아에 매진하던 때가 있었습니다. 밤에는 잠든 아이들 옆에서 소리 없이 텔레비전을 켜고 과자 한 봉지 뜯으며 '소소하지만 확실한 행복'을 느끼곤 했습니다. 그 무렵 록산 게이의 『헝거』Hunger 노지양 옮김, 사이행성, 2018 라는 책을 만났습니다. 광화문 교보문고에서 '음, 이분도 뭔가 드셔야 되나'보군' 하며 가볍게 책을 들었는데, 몇 페이지 읽다가 그만 놀라 책장을 덮었습니다. 작가는 처음부터 자기를 키 190센티미터에 체중이 200킬로그램이 넘는 유색인 여성으로 소개하고 있었습니다. 아, 그렇게 무겁다니, 얼마나 힘들게 중력에 시달렸을까요? 이토록 심한 과체중에는 끔찍한 이유가 있을 테지요. 실제로 록산 게이는 십대 때 겪은 폭력으로 자신에 대한 권리를 되찾고자 누구도 건드릴 수 없는 몸이 된 사람이었습니다. 타인에 의해 상처받은 몸은 그녀 자신에 의해서도 고통받은 셈입니다. 그녀의 몸은 타인으로부터도 자기로부터도 괴롭힘을 당하고 있었어요. 『헝거』는 허기라는 괴물에 사로잡혀 완벽하게 소외된 이의 고군분투기였습니다.

록산 게이를 괴롭힌 것은 사회 분위기였습니다. 백인-남성 중심 사회에서 살아남는 '아이티계 유색인-여성'이 되기 위해서는 똑똑할 뿐만 아니라 날씬하고 예뻐야 된다는 것이 부모님을 비롯한 미국 중산층 사회의 상식이었지요. 록산은 그 기준에 맞추기 위해 열심히 노력했습니다만 성폭력과 인종차별을 피할 수 없었습니다. 결국 그녀는 '먹기'에서 도피처를 찾았습니다. 쓸모없어진 자신을 새롭게 채우기 위해 체중을 불리기로 한 것이지요. 그런데 바로 그 결과 비행기 좌석 하나에 편안히 앉을 수도, 지하철 계단을 자연스럽게 오를 수도 없는 몸이 되었습니다. 세상에 맞추면 자기가 없어지고, 자기를 채우면 세상으로부터 소외되고…, 진퇴양난이지요. 록산은 세상의 인정과 자기 존재감 사이에서 해답을 찾을 수 없었습니다. 저는 록산에게서 저를 보았습니다. 낮에는 번듯하게 새끼 잘 키우는 엄마가 되기 위해 바쁘고, 밤에는 소소한 취향이라도 붙들어서 나다움을 느끼느라 잠을 아껴 과자를 먹고. 하지만 어떻게 해도 좋은 엄마와 진정한 나 사이의

간극은 메워지지 않았습니다. 저는 공포스러웠어요. '나도 더 커질지 몰라, 나는 더 공허해질지 몰라….'

아이들도 좀 크고, 동화라는 놀라운 세계도 알게 되면서 야식의 공포는 많이 내려놓게 되었습니다. 그러다 동화의 뿌리가 되는 옛이야기를 읽게 되면서 먹기의 문제와 다시 만났습니다. 레비-스트로스가 『신화학』에서 소개하는 무문자無文字 사회의 기원담들은 예외 없이 먹고 먹히는 일, 그리고 누가 요리할 것인가의 주제를 고민하고 있어서 놀라웠습니다. 그러자 '빨간 모자의 간식 바구니'라든가 '헨젤과 그레텔의 과자 집'이라든가, '호랑이에게 떡을 준 할머니'라든가, 여전히 음미되는 옛이야기 대부분이 '먹는다'라는 문제를 핵심 테마로 안고 있다는 사실이 중요하게 보이기 시작했습니다. 인류 무의식을 형성해 온 신화가 '먹기'를 줄기차게 탐구한 까닭은 무엇이었을까요? 인류는 먹는 이야기로 현실의 어떤 문제를 돌파했던 것일까요?

『헝거』가 다시 떠올랐습니다. 록산 게이는 먹으면 먹을수록 자기와 세계가 대립한다는 역설을, 그것이 무겁고 무서운 질병임을 보여 주었습니다. 먹기란 타자를 흡수해 자기를 키우는 일인데 왜 그런 사태가 벌어진 것일까요? 무엇을, 어떻게, 누구와 먹어야 할지에 대한 탐구가 부족했던 것입니다.

『헝거』를 다시, 천천히, 읽었습니다. 그리고 중요한 점을 발견할 수 있었습니다. 록산은 책을 쓰면서 자신의 굶주림을 해결하고 있었습니다. 다만 그 방법이 살을 빼는 것은 아니었어요. 참으로 놀라웠습니다. 록산의 책에는 '성공'의 순간이 없었습니다. 그녀는 승리의 서사를 좋아하지 않았습니다. 때문에 타자로부터의 폭력과 자기로부터의 학대라고 하는 끔찍한 상황도 실패로 해석되지 않습니다.

승리의 서사는 왜 거절되어야 했을까요? 록산은 다이어트하지 않습니다. 책에는 '뺀다'는 테마가 없습니다. 빼기란 '필요 없음'을 뜻하기 때문에 '자기 부정'이 되죠. 그녀는 스마트하고 잘 가꾼, 상품화된 신체를 찬미하는 그 문화가 이렇게 자신을 몸과 인생에 대해 고민하는 사람으로 만들었다는 점을 긍정했던 것입니다. 그녀는 무거워진 자의식을 내려놓고 자신의 큰 몸으로 만난 사람들, 겪은 사건들을 쓰고 있었습니다. 모두가 원하는 몸이 되지도, 자기밖에 모르는 몸이 되지도 않으면서, 사회의 오욕과 자기 번민을 따로 나누지 않고 함께 겪기로 한 거예요.

몸을 갖고 태어난 이상, 한순간도 멈춤 없이 타자를 받아들이고 바깥으로 뭔가 내보내며 살아야 합니다. 이 여정에 중단은 없습니다. 먹기와 뱉기 자체가 쉼 없는 순환이고, 그 순환의 거대한 장 안에서 '자기'라는 것은 덧없이 창발하는 일시적 상태로 나타납니다. 나와 남을 결정적으로 가를 수 있는 그런 선분은 존재하지 않습니다. 그런 온-관계적 삶에 주목한다면 '빼자!'고 쉽게 말할 수 없게 됩니다. 나에게 불필요한 살, 필요 없는 실패, 이런 것들을 색출해서 내버리는 행위는 삶을 부정하는 일이 될 테니까요. 인생은 성공과 실패의 드라마가 아닙니다. 록산은 '지금의 내가 있기까지 필요 없는 일은 하나도 없었다'라고 생각했던 것입니다.

먹기란 '작지만 소소한 행복' 차원의 문제가 아니었습니다. 무엇을, 어떻게, 누구와 먹을 것인지 탐구해야 합니다. 부와 명예를 얻으라고 하는 통념이 식탁 위에서 우리를 유혹하더라도 그것을 내가 왜, 어떻게, 누구와 먹을지를 고민하는 시간이 필요합니다. 『헝거』는 바로 이 작업을 하는 책이었습니다. 『헝거』에는 록산이 어머니로부터 아이티 전통 레시피를 배워 요리하는 장면이 나옵니다. 긴 설명은 없었지만 그녀가 자신을 낳고 기른 여성과 민족의 역사를 음미한다는 것을 알 수 있습니다. 처진 자신의 배만 내려다보던 눈을 밖으로 돌려 시야를 넓혔던 것이지요. 그녀는 '먹기'가 인연을 맺으며 사는 일임을 깨달았습니다.

저는 먹기의 문제를 공부해 보기로 했습니다. 록산 게이가 저를 응원해 주는 것 같았지요. 어린 시절 록산이 허덕허덕 먹기만 했던 까닭은 이런 공부에 시간을 낼 수 없어서였습니다. 당연합니다. 부모님도, 선생님도, 자기라는 존재는 학력이나 자본으로 채워야만 하는 빈 그릇 같은 것이라고 가르쳤으니까요. 무리 도덕의 과식에 시달리는 우리에게 필요한 것은 즉각 효과를 낼 수 있는 다이어트 비법이 아닙니다. 가져야만 하고 버려야만 하는 정보들 말고, 남과 나를 같이 돌보게 하는 지혜의 이야기가 필요합니다.

제 눈에 들어온 것은 무문자 사회의 신화입니다. 문자를 거절하는 사회는 인간이 먹어야 한다면 '관계'를 위해서라고 분명히 밝히고 있었기 때문입니다. 저는 이 책에서 레비-스트로스가 소개하는 무문자 사회의 신화 몇 편을 분석했습니다. 레비-스트로스가 몇십 년에 걸쳐 연구한 『신화학』은 인류가 부단히 공생의 지혜를 발휘했음을 논증하는 책입니다. 최고의 공생법은 함께하는 식사에 있으며, 신화란 그 태도를 가르친다는 것이 책 전체의 주제입니다. 제가 시도한 것은 『신화학』 자체에 대한 해석은 아닙니다. 저는 '무엇을, 어떻게, 누구와 먹어야 하는가'라는 인류의 오랜 관심을 추적하면서 좋은 삶에 대한 신화적 지혜를 해석해 보려 했습니다. 그 과정에서 특히 아메리카 인디언들의 독특한 사고방식과 윤리에 대해 조사할 수 있었습니다. 그들은 먹는다는 문제의 중요성을 끊임없이 노래했습니다.

*

　이 책은 〈인문공간세종〉과 〈남산강학원〉에서 인류학, 신화학 세미나를 하며 썼습니다. 토론을 하며 온 우주가 익혀 맛볼 의미들로 가득함을 알게 되었습니다. 혼돈의 세미나였지만, 땀 뻘뻘 흘리며 지혜를 찾으려 애썼던 우리가 자랑스럽습니다. 그리고, 찾아야 할 것은 만인의 진리가 아니라 나의 진실임을 가르쳐 주신 김현경 사장님께 감사드립니다. 덕분에 저는 용기 내어 책을 마무리할 수 있었습니다. 우리의 스승 레비-스트로스께서 알려 주신 것처럼 풍요롭게 살 길은 주변을 돌보고, 내 곁의 타자들과 함께 울고 웃는 순간에만 열립니다. 여러분, 우리 세미나의 식탁에서 또 만나요! 정말 감사합니다.

**일러
두기**

1.
이 책에서는 클로드 레비-스트로스의 『신화학 1: 날것과 익힌 것』, 임봉길 옮김, 한길사, 2005 / 『신화학
2: 꿀에서 재까지』, 임봉길 옮김, 한길사, 2008 / 『신화학 3: 식사 예절의 기원』, 임봉길 옮김, 한길사, 2021
판본을 인용했습니다. 『신화학』과 함께 레비-스트로스의 주저인 『슬픈 열대』(박옥줄 옮김, 한길사, 1998)
와 『야생의 사고』(안정남 옮김, 한길사, 1996)를 본문 중 인용할 때는 서명과 권수, 쪽수로 간단히 표시했
습니다.

2.
위의 책을 제외한 레비-스트로스의 저작과 다른 저자들의 저작 인용 시에는 해당 서지가 처음 나오는 곳
에 지은이, 서명, 출판사, 출판 연도, 인용 쪽수를 모두 밝혔습니다. 이후 다시 인용할 때는 지은이, 서명,
인용 쪽수만으로 간략히 표시했습니다.

3.
단행본·정기간행물의 제목에는 겹낫표(『 』)를, 논문·시 등의 제목에는 홑낫표(「 」)를, 영화 등에는 홑화살
팔호표(〈 〉)를 사용했습니다.

4.
인명·지명 등 외국어 고유명사는 2002년에 국립국어원에서 펴낸 외래어표기법을 따라 표기했습니다.

프롤로그:
먹텔링의 기원을 찾아서

전천당의 비밀

아침을 먹는 와중에도 점심을 상상하고, 점심을 먹는 와중에도 간식을 고민합니다. 냉장고에 계란이며 두부며 잔뜩인데도 어쩐지 먹을 것이 없는 느낌적인 느낌입니다. 하루의 대부분을 먹는 생각으로 채우고 있습니다. 그런데 저만 그렇지는 않은 것 같습니다. 빨래 개며 TV나 좀 볼까 하고 리모컨을 눌렀더니 온통 먹는 이야기, 곧 먹텔링투성이입니다. 먹는 일이 지상의 과제인 듯 무엇을 어디에서 먹느냐에 몰두하는 이야기들 말이지요. 깊은 시골에 들어가서 손님과 먹는 이야기(〈나는 자연인이다〉, 〈삼시 세끼〉), 외근 다니는 회사원이 혼자 먹는 이야기(〈고독한 미식가〉), 먹을 것 놓고 둘러앉아 게임하는 이야기(〈지구오락실〉) 등. 생각해 보니, 요즘만이 아닙니다. 「헨젤과 그레텔」도 숲에서 먹을 것을 찾아 헤매지요. 먹는 이야기의 뿌리는 대단히 넓고 깊게 퍼져 있습니다. 먹는 이야기가 주는 원초적 즐거움은 무엇으로부터 비롯되었을까요?

초등학생들이 대단히 좋아하는 이야기 중에 『이상한 과자 가게 전천당錢天堂』히로시마 레이코, 김정화 옮김, 길벗스쿨(이하 『전천당』)이 있습니다. 베니코라는 거대한 아주머니가 행운의 동전을 받고 과자를 건네주며 아이들의 걱정을 해결해 줍니다. 베니코는 누가 오기도 전에 동전 룰렛을 돌려 떨어진 주화를 보고 사건을 예감하는데요, 어떤 아이가 올지는 룰렛이라는 게임에 한정된 필연을 따릅니다. 그런데 무작위적으로 뽑힌다는 점에서는 우연의 지배를 받기에, 이야기가 전체적으로 긴장감 있게 흘러갑니다. 평소에도 무척 좋아하던 이야기였는데요, 어느 날 문득 『전천당』에 먹텔링의 비밀이 숨어 있었다는 생각이 들었습니다.

왜 과자일까요? 그러고 보니 헨젤과 그레텔도 숲속 과자의 집에 들어갔습니다. 그림 형제는 사과 먹다 잠이 든 공주 이야기를 수집한 적도 있었죠. 범위를 더 넓혀 보니 우리 전래동화의 산고개 호랑이도 '떡'에 굶주려 있었네요. 초등학생들이 잘 보는 창작동화 중에 『만복이네 떡집』김리리, 비룡소, 2010도 떠오릅니다. 모두 주식이 아니라 간식이네요? 과자란 욕망입니다. 그러니 취향이고, 개성이지요. 아이스크림만 해도 하드와 소프트, 빵류(모나카 등)와 구슬류를 포함해 모양과 질감, 크기와 맛이 아주 다양합니다. 그러니 세상의 이치는 다음과 같습니다. 욕망은 무한하다!

『전천당』에는 흥미로운 점이 더 있습니다. 첫번째, 왜 베니코는 과자를 공짜로 주지 않을까요? 헨젤과 그레텔을 떠올리면 답은 쉽게 나옵니다. 세상에 공짜는 없기 때문입니다. 〈센과 치히로의 행방불명〉도 같습니다. 치히로는 돼지가 된 부모를 살리기 위해 유바바의 온천장에서 일을 해야 했습니다. 『전천당』은 우리 욕망에는 대가가 뒤따른다는 것을 알려줍니다. 욕망은 주고받는 것입니다. 그래서 무한한 욕망은 유한한 방식으로만 사용됩니다.

전천당에서는 동전이 필요했지요. 흥미로운 점 두번째는 바로 이것입니다. 동전의 능력은 무엇일까요? 사실, 손님들이 전천당에서 사는 것은 '내가 원한 바로 그것'이 아닙니다. 『전천당』 1권에서 소년이 붕어빵 낚시 도구를 사려 했던 것은 아버지와 같이 가기로 한 낚시 약속이 취소되었기 때문입니다. 붕어 낚시는 '부자의 오후'라는 화목한 가족애를 의미합니다. 그런데 소년은 한정 없이 낚을 수 있는 붕어빵에 빠지고, 급기야 누나 몰래 혼자만 먹게 됩니다. 결국 소년은 욕심의 바다에 빠지고 말지요. 이처럼 『전천당』은 욕망이 탐욕으로 바뀔 수 있음을 경계합니다. 탐욕이란 받으려는 마음이 나누려는 마음을 압도하는 현상입니다. 소유욕이죠. 그래서 전천당 과자를 먹은 아이들은 가족과 친구, 이웃과 같은 관계야말로 욕망이 싹트고 지는 자리임을 배우게 됩니다.

세번째, 『전천당』에서 가장 신비로운 점은 설명서가 있다는 점입니다. 가게의 모든 과자에는 먹는 방법이 적힌 매뉴얼이 있었습니다. 과자는 먹고 싶다고 마구마구 집어먹을 수 있는 무엇이 아닙니다. 과자를 먹기 위해서는 때와 장소, 방법을 정한 대로 따라야 합니다. 이 규칙을 어기면 아이들은 어김없이 큰 곤경에 빠집니다.

누가 이런 법칙을 정했을까요? 제목이 말해 줍니다. 전천당錢天堂 즉, 하늘이지요. 전천당은 욕망의 법칙을 알려 주는 신당神堂이었던 것입니다. 욕망이란 관계이며, 만물이 함께 살아가는 모습에는 규칙이 있습니다. 『전천당』이라는 과자 가게 이야기는 '마땅한 이치를 따르는 관계의 만족'이 바로 배부름이라는 것을 가르칩니다. 앗! 바로 여기에 베니코의 인기를 설명해 줄 수 있는 단서가 있네요? 그것은 바로 가르침입니다. 아이들은 부모나 친구와 함께 살아가는 법을 알고 싶은 것입니다. 『전천당』은 세상의 이치, 즉 관계 맺음의 약속들을 탐구하고픈 마음들을 건드리고 있습니다.

『전천당』만이 아니지요. 오래도록 구전되는 많은 이야기가 '먹기'를 화두로 삼고 있지 않습니까? 인류에게는 복잡다단한 삶의 제 관계를 해석하는 일이 최고의 생각거리입니다. 갑골문에 나온 '식'食 자에는 음식을 담는 식기와 뚜껑이 함께 그려져 있습니다. 배고파 허겁지겁 손으로 막 집어 올리지 않고, 먹는 자리에 맞게 요리된 음식을 위한 그릇이 있는 글자가 '食'입니다. 관계에는 양식樣式이 필요하고, 양식은 자의적으로 선택하는 것이 아니라 삶에 대한 자연학적이고 철학적인 해석을 필요로 합니다. 그릇이란 틀은 이 해석의 결정체이지요. 인류라면 자연의 다른 종들과는 달리 그릇에 밥을 먹어야 합니다. 양식을 갖추어서 함께 잘 살 궁리를 해야 한다는 뜻입니다.

신의 음식으로 죽다

인류 최초로 먹음이 기록된 장소로 떠나 보겠습니다. 구석기 인류의 손길이 가득한 원시의 동굴입니다. 선호된 대상들이 따로 있기는 하지만, 대부분의 동굴 벽화에는 많은 동물이 거대하게 그려져 있습니다. 저는 라스코 동굴을 좋아합니다. 온라인 투어도 가능하기 때문에 가끔 사이트에 들러 동영상을 보며 고인류의 마음을 상상해 봅니다.

라스코 동굴을 가득 채우는 것은 엄청난 양의 짐승들입니다. 누가, 왜, 이 어두운 곳에 들어와 동물을 그렸을까요? 올록볼록한 내부의 벽면을 이용한 탓에 동작의 역동성이 잘 표현되어 있습니다. 요철이 가득한 벽면의 소와 말을 동물 기름으로 피운 불빛으로 비춰 보면 살아 있는 듯 꿈틀거렸겠지요. 생동감 있는 이런 동물 그림이 의미하는 바를 추론하기란 어렵지 않습니다. 라스코의 동물들은 특히 네 발 짐승들로 꽉 채워져 있는데요, 아마 사냥감이었을 겁니다. 고대인들이 많은 짐승을 잡기를 바라며 기도했던 것은 아닐까요?

그들이 말이나 소 자체를 있는 그대로 묘사하기 위해 동굴로 들어갔다고는 볼 수 없습니다. 라스코의 경우 동굴 내부는 두 발로 서서 몇 걸음 걸어 들어가기도 어렵고, 빛이 완전히 차단되어 있어 어둡습니다. 산소는 희박할 뿐만 아니라 때때로 유독 가스도 나오곤 했기에 보통의 정신력으로는 몇 분 버티기도 어려웠을 거라고 합니다. 무엇보다 500점이 넘는 그림들 속 동물들은 대부분 겹쳐서 표현되어 있습니다. 객관적으로 동물 형태를 보존하면서, 느긋이 감상하기 위해 그리지는 않았던 것입니다. 학자들은 아마도 남자 청소년들의 입

왼쪽의 큐알 코드를 찍으시면 라스코 벽화들을 보실 수 있습니다.

사社 때 고도로 정신훈련을 받은 이들이 동굴 벽화를 그렸다고 보고 있습니다.나카자와 신이치, 『신화, 인류 최고의 철학』, 김옥희 옮김, 동아시아, 2003; 조르주 바타유, 『라스코 혹은 예술의 탄생/마네』, 차지연 옮김, 워크룸프레스, 2017 상당한 동물 그림들은 더 많은 먹거리를 얻고자 하는 기도였던 것입니다. 많이 잡게 해주세요, 많이 잡는 사람이 되게 해주세요! 중첩된 동물 기호들의 의미는 '부'富였습니다.

그럼 냉장고도 없던 시절 라스코 화가들에게 '많이 잡는다'란 무슨 의미였을까요? 결코 양적인 많음일 수는 없겠지요. 그려진 만큼의 소와 말을 잡는다 해도 먹을 수도 보관할 수도 없었을 테니 말입니다. 그들에게 '많음'이란 '풍요로움'이니, 결국 봄에는 봄에 맞는 것을, 가을에는 가을에 잘 맞으면서 활기를 갖는 생명력을 뜻하지 않았을까요? 각각의 계절은 다양한 자연종들이 창발하는 무대입니다. 자연 속에서의 삶은 이자관계二者關係가 아니라 다자관계多者關係입니다. 화가들은 동굴 안에서 네 발 달린 먹거리를 그린 것이 아니라, 무수한 발 달린 자들이 최고로 적합하게 만나는 장, 즉 자연의 온 힘이 조화롭게 마주치고 흩어지는 과정을 명상했다 할 수 있겠습니다.

여기서 주의해 보아야 할 그림이 하나 더 있습니다. 라스코 동굴의 제일 깊은 곳, 동굴 밑바닥부터 유독 가스가 올라와 거의 숨쉬기도 어려운 그 골짜기의 벽면에는 반인반조의 버드맨이 그려져 있는데요, 새 모양의 지팡이가 함께 그려져 있으니 샤먼입니다. 옆에는 소의 내장이 튀어나와 있으며 그는 발기된 모습으로 죽어 갑니다. 동굴 그림이 말해 주는 바는 분명합니다. 내가 잡을 때, 나도 잡힌다. 내가 먹을 때 나도 먹힌다! 버드맨은 먹거리와 자기가, 생과 사가 대립하지 않고 죽음을 통해 연결되어 있음을 알려 줍니다. 새란 지상과 천상을 잇는 존재이지요. 인류가 간절히 바라는 풍요로운 삶은 양적으로 식량을 축적하기에 달려 있지 않았습니다. 라스코에 따르면, 그것은 관계의 다층성을 이해하고 대립하는 가치(예를 들면 하늘과 땅, 생과 사)가 근원에서는 연결되어 있음을 이해하는 노력을 따릅니다.

카니발리즘cannibalism이라는 말이 있습니다. 자기 종種을 먹는 행위를 포함해서, 폭식으로 자타의 경계가 무너지는 상황을 가리키는 말입니다. 19세기의 인류학자들이 야생부족들의 식인행위를 폄하하기 위해 쓴 말이기도 했지만, 기독교에 억눌린 서유럽의 축제에서처럼 남과 여, 귀족과 천민, 왕과 신하와 같은 세속의 여러 구분들이 부숴지고 뭉개지는 흥겨운 잔치를 뜻하기도 하는 말입니다. 라스코는 있어야 할 것들, 해야 할 일들로 시달리는 우리의 상식을 넓혀 줍니다. 문명화되지 못해서나 과도한 사회질서의 억압으로부터 한숨 돌리기 위해서가 아니라, 인간이 인식하는 모든 대립적 가치들의 근원적 연결을 고민하는 것이 카니발리즘이라고 말이지요.

『전천당』을 통해 살펴본 대로 먹텔링은 인간적 삶의 관계학입니다. 라스코 동굴에 들어갔다 나와 보니 인류는 줄곧 '먹기'를 철학했음을 알겠습니다. 이 먹텔링의 한가운데에 필멸의 주제가 들어 있으니, 이제부터는 먹기와 죽음도 함께 생각해야겠습니다. 진화란 먹고 먹힘의 중단 없는 연쇄이니, 먹텔링이 이 테마를 품고 있음은 당연합니다. 살기 위해 먹어야 하는 존재는 타인과의 관계를 해석하고 펼쳐 내는 능력을 시험받을 수밖에 없습니다. 그리고 최종적으로는 나 또한 무엇의 먹이로서 던져져야 합니다. 타인에 의해 해석되고 변용되어야만 합니다. 먹텔링은 '최고로 적합한 다자적 관계 맺음'을 향한 인류 사유의 보고寶庫인 것입니다.

라스코의 식탁은 우주가 함께 먹고 먹히는 식탁을 표현하고 있습니다. 부단히 생멸하는 장으로서의 우주, 만물을 낳고 죽이는 근원적 존재로서의 자연. 저는 신이라고 이름 불릴 수 있는 존재가 있다면 바로 이 자연일 것이라고 생각합니다. 라스코는 신, 즉 자연의 식탁입니다.

1.

『신화학』,
기호-요리학

신화,
자연과 문화의 매개

인류의 이야기는 신들의 식탁에서 나왔습니다. 때문에 먹는 이야기에는 온-자연과 풍요롭게 관계 맺는 지혜가 담겨 있습니다. 이 점을 통찰한 인류학자가 레비-스트로스Claude Lévi-Strauss(1908~2009)입니다. 그는 인류의 근원적 이야기로 '신화'를 재규정하면서 사고의 근원적 형태성을 파악하려고 했습니다. 저는 레비-스트로스가 『신화학』에서 소개하는 옛이야기들을 따라가면서 먹는 이야기에 농축된 지혜를 배우려 합니다.

우선 레비-스트로스의 『신화학』을 간단히 소개해 드리겠습니다. 레비-스트로스는 『신화학』이라는 책에서 무문자無文字 사회의 방대한 신화들을 조사했습니다. 『신화학』 자체가 먹는 이야기 모음집은 아닙니다. 레비-스트로스는 인류의 원초적 무의식이 분출해 내는 사고의 대칭성을 검증하기 위해 상상을 초월할 정도로 과감한 방식으로 신화들 사이의 비교연구를 진행했는데요, 신화가 전체적 관계성을 탐구하기 위해 감각기호를 활용하면서 대칭적 사고를 개진함을 논했습니다. 이 대칭적 사고를 '야생의 사고'라고도 합니다.레비-스트로스, 『야생의 사고』, 안정남 옮김, 한길사, 1996 레비-스트로스에게 특히 중요했던 것은 이분법적 감각기호들이 사고의 도구임을 증명하는 일이었습니다. 때문에 『신화학』은 남과 여, 높음과 낮음, 뚫림과 막힘, 밝음과 어둠 등 다양한 이분법적 기호들이 어떻게 상호작용하며 공생적 관계에 대한 메시지를 창출하는지를 밝혀내는 데 힘을 쏟습니다.

레비-스트로스는 어떻게 신화와 '먹기'를 연결시킬 수 있었을까요? 미식가나 대식가이셨기 때문일까요?^^ 청년기와 노년기의 레비-스트로스 사진을 비교하면 일생 동안 몸매에 큰 변화가 없으셨다는 것을 알 수 있습니다. 여행을 좋아하셨고 연구소 식구들, 학문적 동료들, 친구나 제자들과 언제나 많은 이야기를 나누셨을 테니까 다양한 음식을 맛볼 기회는 많으셨을 것 같습니다. 그런데 당신 취향만 고집하지는 않으셨겠지요. 대신 언제나 소박한 식사를 즐기셨을 것 같습니다. 『신화학』에서 보이듯, 맛이란 관계에서 나오므로 음식 자체를 탐식한다는 것은 레비-스트로스에게 어울리지 않습니다.

레비-스트로스와 요리 연구는 잘 어울리지 않습니다. 네, 맞습니다. 레비-스트로스는 고인류의 식단이나 야생의 요리법을 정리하는 작업 같은 것은 하지 않았습니다. 대신 레비-스트로스는 이야기에 집중했습니다. 앞에서 살펴본 것처럼 라스코의 회화는 만물의 근원적 관계성에 대한 사유의 이미지들입니다. 라스코만이 아니라 전 세계에 흩어져 있는 구석기 동굴 벽화나 암각화들은 어떻게 하면 조화롭게 살 수 있는지를 통찰하려 한 사람들의 흔적입니다. 레비-스트로스는 구두전승口頭傳承되는 동서고금의 옛이야기들을 읽으며 같은 결론에 도달했습니다. 인류라면 시공간이나 인종, 성이나 나이를 막론하고 조화로운 관계를 사고하기에 힘쓴다는 것이지요. 레비-스트로스는 그런 관계의 철학이 전면적으로 작동하는 이야기를 '신화'라고 명명했고, 신화의 기본적 주제가 먹기라고 생각했습니다. 이를 잘 보여 주는 것이 바로 『신화학』의 부제목들입니다.

『신화학』은 모두 4권으로 이루어져 있습니다.

1권, 날것과 익힌 것Le Cru et le cuit(1964)

2권, 꿀에서 재까지Du miel aux cendres(1966)

3권, 식사예절의 기원L'Origine des manières de table(1968)

4권, 벌거벗은 인간L'Homme nu(1971)

부제목들을 분석해 보겠습니다. 레비-스트로스는 두 가지 방식으로 신화를 정의합니다. 1권과 4권의 제목은 같은 뜻입니다. '날것과 익힌 것'이란 무엇을 의미할까요? 익혔다는 것은 가공했음을 의미합니다. 날것의 재료를 목적에 따라 변취했다는 뜻입니다. 목적이 부여된 조작으로서의 '익힘'이기 때문에 '익힌 것'은 의도된 형식, 즉 '문화'입니다. 1권의 부제는 자연과 문화를 대비하고 있습니다. 레비-스트로스에 따르면, 신화는 날것과 익힌 것 사이에서 일어나는 일, 다시 말해 문화적 요리의 전후를 탐구하는 작업입니다.

4권의 '벌거벗은 인간'이라는 말도 재미있습니다. 여기에는 '인간이란 입을 수도 있고 벗을 수도 있는 존재'라는 의미가 들어 있습니다. 털을 벗은 인간에게 '옷'이란 역시 가공이며, 즉 문화입니다. 레비-스트로스는 인간이 선험적으로 문화적인 존재가 아니라, '가공'의 문턱을 통과하여 문화적이 되는 음식물과 같다고 보았습니다. 그래서 신화의 기본 테마는 자연 상태에서 문화로 넘어가기 위해 인간이 무엇을 해야 하는가가 됩니다. 여기서 우리는 레비-스트로스가 ① **신화를 문화 발생학**이라고 보았음을 알 수 있습니다.

2권은 '꿀에서 재까지'입니다. 꿀과 재는 공통점이 있지요. 꿀은 자연에서 벌이 발효시킨 물질로서 인간에 의한 가공처럼 자연에 의해 가공된 물질입니다. 가공되었다는 점에서 원료의 인위적 변용인데, 이는 인간이 재주로 만들어 낸 인공물과 비슷합니다. 재는 나무를 태워 남기는 것인데요. 인간은 태움(가공)으로써 문화적 요소가 되었던 물질을 다시 자연으로 돌려보냅니다. 그러므로 꿀은 자연성의 문화적 변용을, 재는 문화성의 자연적 변용을 의미한다고 할 수 있습니다. 레비-스트로스가 보기에 신화는 자연과 문화 사이에서 이루어지는 물질적 변용을 다루는 이야기입니다.

이제 3권을 보지요. '식사예절의 기원'이라고 합니다. 문화의 의미는 단지 '변용'에 그치지 않습니다. 이때의 변용에는 자연과 인간이, 또 인간과 인간이 관계 맺는 어떤 태도가 수반됩니다. 레비-스트로스는 '예의'라는 말로도 이를 강조합니다. 문화가 자연의 다양한 종들과 차별을 이루는 인간집단의 문제를 특화하는 작업이라면, 문화 발생학은 문화적 인간이 고유한 윤리를 고민하는 수준까지 나아가야 한다는 뜻입니다. 그래서 ② **신화는 윤리학**입니다. 배추 한 포기가 김치가 되어 내 입으로 들어오기까지 어떤 일이 일어나는지를 보라! 그 김치를 누구와 나누어 먹는가를 보라! 그래서 식사는 문화의 윤리적 수준을 다루기에 좋은 테마가 됩니다.

신화란 문화 발생학이기도 하고 윤리학이기도 합니다. 여기에는 우리에게 익숙한 자연과 문화의 구분을 넘어가는 논리가 숨어 있습니다. 자연물을 인간의 편의에 따라 절단,

채취하고 계량한다는 의미에서 문화 발생학은 방대한 자연학, 즉 물리, 생물, 천문의 깊이 있는 지식을 요구합니다. 한편 윤리학은 철저히 인간사의 일이기에 개인의 욕망과 심리구조의 문제가 핵심이 되겠지요. 그래서 레비-스트로스가 분석하는 신화에는 물체만을 다루는 지식과 사회활동만을 다루는 지식이 따로 구별되지 않습니다. 자연학이 곧바로 윤리학이 됩니다.

신화학,
인류 무의식의 탐구

레비-스트로스는 『신화학』을 1950년부터 구상했습니다. 완간 때까지 파리 고등연구원 제5지부에서 했던 여러 번의 강의가 책의 바탕이 되었습니다. 연구가 서서히 무르익을 때부터 1971년까지 레비-스트로스는 매일같이 새벽에 일어나 온 세상의 신화를 읽고 해석하는 마음의 모험을 했습니다.

　『신화학』에는 남아메리카를 중심으로 하면서도 전 세계 각종 신화가 다채롭게 망라되어 있는데요, 무려 813편이 분석되고 있습니다. 레비-스트로스는 이 많은 신화를 어디서 구했을까요? 그는 원시의 채집가처럼 주우러 다녔습니다. 민속학 학술 논문, 외국의 각종 박물지 등을 가리지 않고 읽었다고 해요.디디에 에리봉, 『가까이, 그리고 멀리서』, 송태현 옮김, 강, 2003, 198쪽 저는 상상해 봅니다. 어떤 장소에서건 어떤 사람들과든, 신화와 관련된 것을 포착하기 위해 고성능 레이더를 가동시키듯 두 눈을 크게 뜨고 손에 잡히는 대로 메모지를 들고 노트를 하는 레비-스트로스의 모습을요. 레비-스트로스는 그런 오후를 보낸 뒤 다음 날 어김없이 신화 목록 카드를 다시 만들고, 이리저리 자료를 모으거나 분류하면서 인간에 대해 생각했겠지요. 레비-스트로스가 인간이 만든 모든 이야기를 사랑했다는 생각이 듭니다. 그 하나하나를 차별 없이 맛보는 일이 신화학자 최고의 기쁨이라고 여겼을 것입니다.

그런 레비-스트로스가 『신화학』 4권의 출간을 마친 뒤 '드디어 신화학 입문서가 쓰였다'고 말합니다. 네, '입문'입니다.^^ 한국어로 번역된 『신화학』이 1권은 651페이지, 2권은 683페이지, 3권은 772페이지에 이르고 번역되지 않은 4권은 거의 1~3권에 맞먹는 분량이라고 하니까 실로 어마어마한 분량이 아닙니까? '입문'이라고 보기에는 너무 양이 많습니다. 레비-스트로스는 왜 '입문'을 강조했을까요?

'입문'이란 신화의 바다가 어마어마하게 넓고 깊음을 의미합니다. 아직도 읽히기를 기다리는 신화가 어딘가에 잔뜩 묻혀 있을 뿐만 아니라, 지금도 각자는 끊임없이 새로 이야기를 만드니까요. 이처럼 '만물에게 적합한 관계의 모색'은 중단할 수 없는 과제입니다. 10만 년 인류사에서 수집된 이야기 몇백 편은 정말 일부라 해야 맞습니다.

레비-스트로스는 온 세상 신화를 다 수집하고 싶었던 걸까요? 아닙니다. 책의 제목이 '신화학'이니 신화 생성의 논리 파악이 집필의 일차 목표였습니다. 그것을 '입문'이라 했다면, 이유는 신화 논리가 확정적일 수 없기 때문입니다. 레비-스트로스는 개별 신화의 실질적이고 미학적인 효용을 드러내기보다는 신화들 사이의 간섭 방식을 분석함으로써 각 신화를 음미했던 사람들의 무의식적 공통성 같은 것을 보려 했습니다.

> 그래서 나는 중앙 브라질의 신화 연구에 착수했습니다. 그 결과 나는 이들 인접 민족들의 신화들이 서로 일치하고, 서로 겹치고, 서로 화답하고 혹은 서로 모순되기도 한다는 사실을 깨달았지요. 한 민족의 신화를 분석해 보면 다른 민족들의 신화도 이와 관련이 있다는 것을 알게 되고, 이 의미론적 전염병 ─이렇게 불러도 좋다면─ 은 동시에 여러 방향으로 점점 확산되었습니다. 이는 마치 앞이 탁 트인 전망대에 올라서면, 넓게 펼쳐진 경치가 또 다른 전망대에 이르도록 자극하고, 거기서 시선이 새로운 방향으로 펼쳐지는 것과 마찬가지입니다. 디디에 에리봉, 『가까이, 그리고 멀리서』, 198-199쪽

위의 인용문은 레비-스트로스의 신화 읽기가 얼마나 광

범위했는가를 잘 보여 줍니다. 그가 인간을 어떻게 바라보는 지도요. 레비-스트로스가 보기에 지구별 위에서 태어나 사라지는 인간 하나하나는 마음속에 타인과 닮기도 하고 다르기도 한 여러 가지 심상을 갖고 삽니다. 그들은 미묘하게 닮아 있는 신화를 나누고 살지요. 마치 의미론적인 전염병을 앓는 것처럼 말입니다. 레비-스트로스는 이 의미론적 전염병의 규모가 엄청나다고 보았습니다. 그는『신화학』에서 자주 감탄합니다. '아, 인간은 이런 문제까지도 고민했구나!' 인류의 마음은 너무나 광대하여 온갖 질문, 온갖 답을 다 품을 수 있습니다. 그러니 그런 고민이 담기는 신화도 끝이 없고, 신화학도 완료를 모를 수밖에요. 레비-스트로스는 자기뿐만 아니라 인류의 그 누구도 신화학을 완성할 수는 없으리라고 보았습니다. 신화학은 언제나 '입문'일 테니까요. 신화는 인류 무의식의 공통지共通知에 뿌리를 두고 있으며 시작도 끝도 없이 계속되는 천일야화와 같습니다. 천일야화千一夜話란 천 일 하고도 하루가 더 있다는 의미가 있는 제목입니다. 이 더해지는 하루야말로 무한을 나타내는 기호이지요.

레비-스트로스는 만물 관계학으로서 '신화학'을 새로 주창했습니다. 레비-스트로스가 특정 신화의 민족지적 조사가 아니라 신화학을 하겠다고 말한 까닭은 "남아메리카 토착민들의 사고가 나의 사고 활동을 통해 구체화되고, 나의 사고가 그들의 사고 활동 아래에서 구체화되는 것"이기 때문입니다. 분석되는 대상도 분석하는 주체도 따로 있지 않습니다. 신화학은 부단한 해석을 통해 인간 무의식의 근원적 작동 양식, 즉 대칭적 사고가 드러남을 밝히려고 노력하는 학문이고, 이 과정에서 산출되는 연구야말로 다시 하나의 신화가 됩니다. 신화의 주방은 혼자 요리하지 않고 인류 전체가 함께 사고하는 장소입니다. 인류의 사고처라는 주방에서 끊임없이 신화를 만들어 낼 때, 신화학을 하는 사람은 이야기를 만들고 공생의 지혜를 모색했던 인류의 한 사람으로 거듭날 수 있지요.

기호,

신화의 언어

레비-스트로스는 신화를 인류의 무의식이 산출하는 야생의 과학이라고 합니다. 여기서 문제가 되는 부분은 그 과학을 구성하는 언어입니다. 『신화학』은 신화의 언어를 재현의 관점에서 보지 않습니다. 근대 미디어인 소설은 언어를 '재현'의 관점에서 보고 이야기를 짭니다. 많은 근대 소설이 주인공 이름을 제목으로 삼았습니다. 한 인간의 자질, 욕망, 성격을 그 이름과 일대일로 대응시키는 작전을 쓴다고 할 수 있습니다. 산업화된 자본주의 사회에서, 국가화된 유통망의 안에서, 상품 형식으로 대상을 경험하게 되면 '사과'에서 "쌍떡잎식물 장미목 장미과 낙엽교목 식물인 사과나무의 열매"^{두산백과사전}라고 하는 사전적 정의를 찾으며 사고하게 됩니다. 대상의 선천적 본질 같은 것을 따지게 되는 것이지요. 사람에게서라면

성, 계급, 인종, 국적 등으로 말입니다. 하지만 '사과'라고 해도 누가 심은 나무에서 어떤 햇빛과 바람을 맞으며 익고 떨어졌는지, 그 여묾의 서사는 다 다를 수밖에 없지 않을까요? '사과'라는 단어는 사과나무 한 그루가 품은 고유한 사건들을 결코 다 담을 수 없습니다. '사과'라는 말에 그 이상의 생생한 풀이를 요구하지 않는 시선, 이것이 언어를 재현의 관점에서 바라보는 태도입니다.

신화는 재현하지 않습니다. '빨강'이라고 다들 말한다지만 에스키모인에게는 설경에 반사되어 사방으로 은은히 퍼지는 온기로 다가올 터이고, 아마조니안에게는 작열히 이글거리는 적도 건기의 뜨거움이기에 숨 막히는 후끈거림으로 여겨질 터이지요. 레비-스트로스는 '빨강'의 의미를 추출하기 위해서는 '빨강'이 '노랑'이나 '초록'과 작동하는 방식을 들여다보라고 합니다. 색채표의 인접항들이 이루는 각각의 배치에서 작동하는 '빨강', 이것을 레비-스트로스는 '기호'라고 합니다. 신화가 문자를 거절한다는 것은 이처럼 조건에 따라 기호가 다른 의미를 발생시킨다는 것을 이해해서입니다.

레비-스트로스는 언어를 크게 세 가지 성질을 갖고 구분합니다. 이미지, 기호, 상징입니다. 세 가지 차원의 언어들은 용법으로 구별됩니다. 기호란 이미지와 상징의 중간에 있습니다. 이미지가 감각적이고 구체적인 상황에 완전히 붙들려 있다면, 상징은 창발하는 현실의 생기가 모두 응고되어 완전히 관념의 형태로 굳어 있습니다. 이미지적 용법으로 말을 사용하는 것을 재현적이라고 할 수 있습니다. 이미지적 재현에서는 현재 그 자리에서만 통용되는 의미로 말을 쓰게 됩니다. 상징은 반대이죠. 시간과 공간의 한계를 조금 더 넘어갈 수 있습니다. '사과'를 '내가 태어났을 때 아버지가 심으신 그 나무에서 올해 어머니의 활력으로 수확한'이라는 의미로 쓴다면 이는 이미지적으로 사과를 바라보았다고 할 수 있습니다. 이미지-사과의 경우 매우 구체적인 장면 속에서 출현합니다.

상징으로 '사과'를 본다는 것은 '한반도의 가을 풍경', '풍요로운 수확'의 용법으로 쓰겠다는 뜻이 되는데요, 시공간의 범위도 상당히 크게 가져가게 되고 문화적으로도 양식화된 상태에서 쓰게 됩니다. 상징-사과는 상당한 수준의 역사적 응고를 거치기 때문에 다른 문화권에서는 잘 파악되지 않을 때도 있습니다. 기독교 문화권에서 '사과'는 금단의 열매이지만 기독교가 전파되지 않은 지역이라면 '사과'를 두고 바로 죄를 떠올리기 어렵겠지요. 일본에서는 사과를 '링고'로 부릅니다. 그래서 일본에서 비틀즈는 멤버 링고 스타 때문에 '사과 밴드'로도 큰 사랑을 받았습니다. 그런데 현해탄만 건너도 링고 스타에 대한 애착은 완전히 달라집니다. 우리에게 비틀즈가 사과와 무슨 상관이겠습니까?^^;; 상징의 맥락이 달라진 것입니다.

그럼 '기호-사과'는 어떻게 될까요? **기호란 감각적인 것의 관념적 사용**입니다. 기호-사과는 특정한 이야기와 함께 작동을 개시합니다. 이야기 안에 있는 다른 기호들과의 관계성 속에서 의미가 산출됩니다. 따라서 이야기가 있기 전(이미지-기호, 일어난 사건 자체), 있고 난 뒤(상징-기호, 문화화된 의미)에 따로 의미를 물을 수 없습니다. 기호란 다른 기호들과 구성해 내는 그 맥락 속에서만 의미를 발휘할 수 있기에, 해석은 구성의 우발성에 전적으로 기대게 됩니다. 이미지적으로 언어를 쓰는 관계에서, 청자들은 전적으로 각자의 맥락만 고집하게 됩니다. 사바나의 원주민과 툰드라의 원주민이 만나 '빨강'을 논할 때 두 사람은 영원히 합치하기 어려운 지점에서, 각자 딴 이야기만 하다 헤어지게 될 것입니다. 상징 언어로 꽉 찬 세계에서 화자는 전적으로 상징체계에 의존하게 됩니다. 해석해야 할 것은 이미 다 정해져 있습니다. 때문에 단어에 대한 사적 이해는 무시됩니다. 그런 점에 비교하면 기호는 해석자의 능력이 최고도로 발휘되는 언어 용법이라고 할 수 있습니다.

신화의 언어는 기호적이고, 그래서 차이화에 능합니다. 뒤에서 보시게 되겠지만, 신화가 즐겨 다루는 기호로 '꿀'이 있습니다. 실재의 꿀은 건기의 극점에 이르는 과정에서 당도가 변합니다. 또 다양한 벌의 종류에 따라, 수확 시기와 소비하기 전에 흐른 시간에 따라 부드럽거나 시고 달거나 독이 생기기도 합니다. 물을 얼마나 희석했느냐에 따라, 또 어떤 온도로 굳혔느냐에 따라 꿀의 형태도 변하지요. 이렇게 기호적 배치에 따른 차이화의 가능성이 신화를 다채로운 의미의 집합으로 만듭니다.

레비-스트로스는 기호적 배치를 구성하는 것은 자의적인 개별 주체도 아니고, 객관화된 외부 세계도 아니라고 합니다. 『신화학』에 따르면 기호 작업을 통해 사고를 개진하는 것은 인류의 무의식입니다. 이 무의식은 최고로 대칭적이고자 하기 때문에 온갖 방식으로 기호를 포착, 변용, 편집합니다. 레비-스트로스가 이 기호적 구성을 설명할 때 '요리를 하듯' 했습니다. 기호들은 하나와 다른 하나, 그 다른 하나가 또 다른 하나와 마주치고 거기에서 의미가 변용되면서 새로운 풍미가 생긴다면서요.

서문 앞부분에서 우리는 기호signes의 층위에서 감각적인 것과 관념적인 것의 대립을 초월하기 위해 노력할 것이라고 선언했다. 사실 기호는 하나가 다른 하나의 도움을 받아 표현된다. 아주 적은 수의 기호로도 모든 다양한 감각적 경험을 미묘한 뉘앙스까지 해석할 수 있는 엄격하게 배열된 조합을 구성할 수 있다. 그래서 우리는 논리적 특성들이 마치 맛이나 향기처럼 직접적으로 사물의 속성을 나타내는 차원에 도달하기를 희망한다. 말하자면 맛과 향기의 특성은 분명히 증명할 수 있는 것이며, 특히 향기는 여러 요소의 결합으로부터 나온다는 사실을 알기 때문에, 만일 이 요소들을 다양하게 선택 또는 배치한다면 또 다른 새로운 향기를 창출할 수 있다.「서문」,『신화학 1』, 113쪽

레비-스트로스가 **언어의 기호적 사용을 중시한 까닭은 '기호'가 감각적인 것과 관념적인 것의 대립을 초월하도록 하기 때문입니다.** 신화가 자연학이자 윤리학이 될 수 있는 것도 감각 표상을 통해 추상적 사고를 곧바로 개진할 수 있어서입니다. 야생의 신화에서는 근친상간에 대한 이야기가 엄청 많이 나오고, 특히 성기나 항문과 같은 은밀한 신체 부위가 적극적으로 쓰이는데요, 이는 원시의 성문화를 묘사하기 위해 채택된 것이 아닙니다. 차차 보시게 되겠지만, 성기라는 기호는 손이나 발처럼 타인과 직접 접촉할 수 있는 부분이 되면서도 그 접속을 통해 생명의 새 길이 열리기도 하고 끊기기도 하니, 인류가 처한 생사의 본질을 해석하기에 좋습니다.레비-스트로스,『슬픈 열대』, 박옥줄 옮김, 한길사, 1998, 27장; 데이비드 그레이버,『부채, 그 첫 5000년의 역사』, 정명진 옮김, 부글북스, 2021, 신판 3장 참고 라스코 동굴의 버드맨이 발기하는 모습으로 그려진 점도 다시 떠올려 봅시다.

우리가 기호-요리로서의 신화에서 놓치지 말아야 할 것은, 이 기호-요리의 맛을 결정하는 것은 요리사인 주체도 요리 대상인 재료도 아니라는 점입니다. 기호-요리학인 신화는 주체와 객체를 융합시키는 거대한 의미론적 추상화 작업입니다. 이 기호-요리의 핵심은 맛보기에 있습니다. 한 편의 신화는 맛보는 이마다 다른 양식을 얻어 가는 한 그릇의 요리입니다. 신화는 개체의 구체적 삶에서 고유하고도 생생하게 작동하니까요.

레비-스트로스의 신화학을 기호-요리학으로 규정할 수 있는 이유는 다음과 같습니다. 레비-스트로스가 신화를 요리에 직접 비교하지는 않았는데요, 음악에 대한 그의 설명을 따라가다 보면 신화가 기호-요리임을 잘 알 수 있게 됩니다. 신화가 음악을 닮은 이유는 첫째, 그것이 청취자의 복잡한 심리-생리적 시간 속에 자리 잡기 때문입니다. 음악이 청취자 '뇌파의 주기성과 생체리듬, 기억력의 용량과 조심성의 정도'에 직접 반응하면서 의미와 감동을 일으키기 때문입니다. 둘째, 음악은 문화적입니다. 음의 단계와 수, 간격은 문화에 따라 다양합니다. 기초음의 변별적 차이, 주조음主調音, 도음導音, 그리고 주요음절(딸림음)의 다조성多調性과 무조無調의 체계들은 문화적 관습을 따르고, 작곡가는 이 원칙을 훼손하지 않고 불연속을 변형합니다.「서문」, 『신화학 1』, 116~117쪽 우리는 레비-스트로스의 설명을 따라 음악과 신화의 공통점을 더욱 확대해서 이해할 수 있습니다. 그리고 음악과 신화 사이에서 발견되는 공통점을 식사의 차원에서 다시 해석할 수 있습니다. **우선 음악, 신화의 공통점은 무엇보다 창발적이라는 것입니다.** 음악에는 악보가 있지만 이 규범은 연주되기 전후, 요리되기 전후에는 아무 의미도 없습니다.

무문자 사회의 신화도 마찬가지입니다. 레비-스트로스가 『슬픈 열대』 제7부에서 백인의 문자를 흉내 내면서 주민들 앞에 권력자로 나서려 했던 남비콰라족 추장의 예를 들고 있기도 한데요, 야생의 사고는 문자를 거절합니다. 다르게 말하면 대칭적 사고는 변화무쌍한 온-자연의 다자적 관계를 통찰하려 하기에 일자一者화된 척도를 필요로 하지 않습니다. 문자는 기억을 재현의 방식으로 보존하려고 합니다. 때문에 문자문화에서 읽기란 저자의 뜻을 반복 재생산하기가 되지요. 쓰는 자의 의도와 스타일이 읽기의 척도가 되면, 텍스트를 향유한다는 것은 저자의 말에 복종하는 일이 됩니다. 이때 '저자'는 척도로서 출현합니다.

무문자 사회에서는 문자의 주인이 따로 있지도 않을뿐더러, 의미란 순간순간 창발하는 문제들 속에서 새롭게 구성되고 풀어지는 무엇이 됩니다. 레비-스트로스는 회화繪畫가 신화와는 본성이 다르다고 분명히 밝힙니다. 회화란 그것이

비구상 형태라 할지라도 '이미 표현된 것'이라는 층위를 넘어서기 어렵기 때문입니다. 관객들은 그림 앞에서 이것이 표현하는 바가 무엇인지부터 찾게 됩니다. 하지만 신화는 다릅니다. 이 신화가 어떤 의미를 갖고 있느냐를 결정하는 것은 신화 제작자가 아닙니다. 그 신화가 나에게 어떤 울림을 일으키는가를 해석하는 것이 신화를 맛보는 유일한 방법입니다."신화학 1』, 119-121쪽

남비콰라족의 추장은 어떻게 됐을까요? 그는 배신자라는 치욕을 안고 쫓겨났습니다. 백인이 쓰는 문자를 흉내 내면서 자기만 아는 뭔가가 있다는 것을 드러냈을 때, 사람들은 그런 일자의 출현을 용납하지 않았습니다. 신화란 오직 노래되고 음미되는 그 순간의 각자에게만 의미가 있습니다. 신화는 이 각자들이 우주 자연의 부분으로서 공생적 관계에 있음을 주지시킵니다. 요리에 레시피가 있지만 음식을 만들기 전에는 아무 의미가 없듯, 또 어떤 레시피도 요리하고 맛보는 사람 하나하나의 취향과 기호嗜好를 따른다는 점에서 신화는 기호-요리입니다.

음악과 신화의 두번째 공통점은 신체적이라는 데에 있습니다. 음악은 청각에 직접 반응을 일으키고 몸 전체에 감동의 파장이 울리게 합니다. 신화가 촉발하는 의미들도 신체에 직접 영향을 미칩니다. 이것은 민족지적으로도 충분히 설명되

어 있습니다. 무문자 사회에서의 신화란 일상적으로 아무렇게나 떠들 수 있는 이야기가 아니라 의례의 기반이 됩니다.아비 바르부르크, 『뱀 의식 : 북아메리카 푸에블로 인디언 구역의 이미지들』, 김남시 옮김, 인다, 2021 야생에서 의례는 어떤 역할을 했을까요? 대칭의 모색을 위해 크게는 토템화된 우리 부족과 우주 자연 사이의 비대칭적 관계를 조율합니다. 가뭄 때의 기우제, 동식물이 잠드는 겨울에 드리는 북소리와 춤이 결합된 감사 기도를 예로 들 수 있겠습니다. 때와 장소에 맞게 신화를 편집해 가며 야생의 사람들은 과식과 금식, 혼음의 방탕과 금욕 사이를 오가며 쾌와 불쾌의 다채로운 영역을 온몸으로 넘나들었습니다.

신화는 이야기 자체가 주는 즐거움에 빠지기 위해서가 아니라, '내 신체'와 '부족의 집단적 신체'를 구체적으로 변용해 조정하는 장치입니다. 음악을 들을 때 청취자에게는 어떤 일이 일어날까요? "음악은 내 속에 살아 있고, 나는 음악을 통해 나를 듣는다."「서문」, 『신화학 1』, 119쪽 이를 신화로 바꾸어 보면 더욱 명확해집니다. 신화는 내 속에 살아 있고, 나는 신화를 통해 나를 이해한다! 그러니 신화는 '기호-요리'입니다. 먼저, 기호가 전개되는 과정이 청취자의 심리-생리적 시간 속에 파고듭니다. 기호-요리학에서는 귀로 의미를 맛봅니다. 그런 다음, 그 기호적 배치에 의해 익혀지고 달여진 생의 여러 가지 맛이 나라는 존재에게 경험됩니다. 이런 신화를 '식사'에 연결시키는 일은 너무나 자연스럽습니다. 신화를 음미한다는 것은 기호-식사이고 그것을 통해 몸과 마음의 건강을 돌보는 일입니다.

구조,
대칭성 모색 장치

기호-요리의 기본적 레시피는 무엇일까요? 기호-요리에는 핵심적인 레시피가 있습니다. 인류는 무작위적으로 아무 말이나 떠들고 남기지 않습니다. 레비-스트로스는 신화가 구조적이라고 했는데요, 이 '구조'는 신화 제작이 법칙적임을 가리킵니다. 『신화학』에 따르자면, 인류가 사용한 기호-요리 레시피는 하나라고도 할 수 있습니다. 그것은 '상반된 두 맛을 섞어 익힌다'입니다. 풀이하면 **'이항대립적 기호를 사용해서 중재항을 찾는다'**가 되겠습니다. 인간의 모든 이야기는 이런 이항대립 논리 위에서 구성되고 해체되기를 반복합니다.

　레비-스트로스가 '이항대립성'에 주목한 것은 신화 연구를 하기 전부터입니다. 레비-스트로스는 1930년대 후반과 40년대 초에 남아메리카를 현장 연구했습니다. 이때의 연구를 바탕으로 1949년 박사학위 논문『친족의 기본 구조』를 출판했습니다. 레비-스트로스는 야생 부족의 친족 관계를 상징 기호적 의사소통 체계로 다루었는데요, 즉 '구조'로 보았습니다. '구조'라고 해서 '부족 사회에는 부동의 관계 형식이 있다'는 의미는 아니었고요, 인간과 그의 이웃, 하나의 부족과 다른 부족, 그 부족과 우주 자연 사이에 기본적으로 '교환 형식'이 있다는 뜻이었습니다. 이것을 다르게 설명하면, 야생의 각 문화가 취하는 교환의 기본 형식을 ⓐ '여성의 교환'에 의한 친족조직, ⓑ '부富의 교환'인 경제 관계, ⓒ 언어의 의사소통적 교환으로 정리할 수 있습니다. 레비-스트로스는 이 세 가지의 교환이 상보성相補性(호혜성)에 따라 작동해서 한 인간의 생활태도를 결정하게 된다고 생각했습니다. 그리고 결론으로 다음과 같이 말했지요. **야생의 삶은 구조적이다!**

야생이 구조적이라는 말은 발표 당시 큰 충격을 주었습니다. 그때까지 유럽 인류학은 남아메리카의 여러 부족들을 문자도 못 쓰고, 그러니 역사도 없고, 덕분에 문명이나 국가를 이룰 수도 없었던 미개인들로 보았기 때문입니다. 나날의 생계에 급급한 비천한 종족들이라는 것이지요. 이에 대해 레비-스트로스는, 그들이 문자를 갖지 않았던 것은 문자가 만드는 위계가 역동적인 현실의 삶에 맞지 않았기 때문이며「28장 문자의 교훈」,『슬픈 열대』, 역사라는 것도 겨우 왕이나 신하가 주인과

노예로서 굴종적으로 의존하는 통치사에 불과하고「9장 역사와 변증법」,『야생의 사고』, 문명이나 국가에 대한 이미지도 지나치게 생산량만 기준으로 한 관념이라며 적극 비판했습니다.

레비-스트로스는 1962년 어떤 인간이든 자신이 발 딛고 있는 그 자리와 우주 전체의 관계를 이해하기에 힘씀을 예증하기 위해『야생의 사고』를 발표했습니다. 그는 인종적 편견에 찌든 '야만'이라는 단어를 넘어서기 위해 '야생'이라는 개념을 적극적으로 선택하는 전략을 세웠습니다. 또한 박사 논문에서 사회 제도적 측면인 친족을 다루었던 것과 달리, 곧바로 ⓒ의 문제, 즉 의사소통에 있어서의 구조성 연구에 돌입했습니다. 호모 사피엔스인 인류의 사고방식이 근본적으로 같음을 논증하기 위해서였지요. ⓐ와 ⓑ의 경우는 표면적으로 너무 차이가 크게 나타나기 때문에 인류 공통의 지성을 논증하더라도 가시적으로 설득력을 얻기가 어려웠을 겁니다.

한마디로 말씀드리자면 레비-스트로스가 말하는 **야생의 사고란 '대칭적 사유'**입니다. 즉 **치우침 없는 균형감각으로 전체를 사유하기**입니다. 레비-스트로스는 어느 사려 깊은 원주민의 말을 빌려 우주 자연 속에 제 위치를 찾고자 하는 균형감각이야말로 인간의 본래적인, 곧 야생적인 사고방식임을 강조했습니다.

"모든 성스러운 것들은 다 제자리에 있어야 한다." 그렇다면 제자리에 위치해 있음이 그것들을 성스럽게 만드는 것이다. 왜냐하면 그것들이 제자리를 일탈했다라고 생각하게 되면 우주의 전체 질서가 무너질 것이기 때문이다. 그러므로 성스러운 것들은 그들에게 부여된 자리를 지킴으로써 우주의 질서 유지에 공헌하고 있는 셈이다.『야생의 사고』, 62쪽

야생의 사고란 다음과 같이 작동합니다. 우선 모든 인간에게는 목표가 있습니다. 바로 이 순간 자기 삶을 한 구간 더 밀고 나가야만 하니까요. 인간뿐이겠습니까? 자연의 모든 존재는 나를 먹이고 살릴 것을 반드시 찾아야 합니다. 야생의 사고는 이러한 만물 평등의 인식을 바탕으로 시작됩니다.

인간은 바로 그다음, 문득 홀연히 창발하고 만 자기로서 우주 만물의 조화를 찾기 위해 노력합니다. 발밑에서부터 천상의 별 무늬에 이르기까지 자기를 존재케 하는 만물의 온갖 관계를 파악하지 않으면 무엇이 유익한지 판단할 수가 없습니다. 인간의 모든 사고는 이렇게 전체적 사유를 가동하는 방식으로 이루어지는데요, 이 목표를 달성하기 위해 현실의 이미지를 사고의 도구로 만들게 됩니다. 이때 도구화된 이미지가 '기호'입니다.『야생의 사고』, 71-72쪽 기호는 전全-우주적 대칭성을 고려해서 또한 이항적으로 선택됩니다. 높음이 있다면 낮

음이 있어야 하고, 밝음이 있으면 어둠이 있어야 하고, 삶이 있으면 죽음이 있어야 한다는 식입니다. 이러한 전체적 조화가 대칭성입니다.

자, 그럼 본격적으로 신화*를 한 편 읽어 볼까요? 독해 방식을 주목해 주세요. 이 대칭성 레시피 찾기가 앞으로도 이어집니다. 신화에서는 대칭성을 고려하기 위해 기호가 이항대립적으로 선택됩니다. 천천히 읽어 봐 주세요. 우리에게 익숙한 기승전결식 서사가 아니기 때문에 무척 산만할뿐더러 주제도 즉각 파악되지가 않습니다. 이 이야기 안에서 상호대립하는 것처럼 보이는 기호를 찾아내는 것이 관건이겠습니다.

젊은 인디언 여자가 숲에서 뱀을 만났다. 뱀은 그 여자의 연인이 되었고 그녀는 뱀의 아이를 낳았다. 아이는 태어나자마자 청년의 모습이었으며 매일 숲으로 가서 어머니를 위해 화살을 만들었다. 밤에는 어머니의 자궁으로 기어들어 갔다. 여자의 오빠가 비밀을 알게 되어 여동생에게 숨을 것을 지시했다. 뱀 청년은 어머니의 자궁으로 돌아갈 수 없었다.

뱀은 친할머니 뱀에게 도움을 청했다. 할머니 뱀은 화살을 만

---

* 앞으로 신화를 설명할 때에는 레비-스트로스가 임의로 붙인 번호도 함께 표시하도록 하겠습니다. M은 신화(Myth)의 첫 글자이고 번호는 『신화학』에서 소개되는 순서입니다. 신화는 분석의 편의에 따라 요약·강조되었습니다.

들어 아버지를 쏘라고 했다. 하지만 아들은 그런 짓을 하고 싶지 않았기 때문에 밤에 빛으로 변신해서 활과 화살을 갖고 하늘로 올라갔다. 하늘에 도착하자마자 무기를 산산조각 냈고 그것이 별이 되어 있었다. 모두 잠들어 있었다.

거미 한 마리가 그 과정을 지켜보았다. 그래서 거미는 나이를 먹어도 죽지 않게 되었다. 옛날에는 인간과 동물이 나이를 먹어 오래되면 서로 피부를 교환했다. 그러나 이날 이후부터 지금까지 죽음을 피할 수 없게 되었다.M79. '테네테하라족의 신화: 단명 2', 『신화학 1』, 332~334쪽 참고

신화는 인격화된 신이 등장하는 이야기가 아닙니다. 신화는 만물이 지금과 같은 모습을 띠게 된 이유에 집중하는 기원담이지요. 위의 이야기는 인간의 '단명'을 주제로 합니다. 딱 알 수 있는 것처럼 '뱀'이나 '거미'는 실제 현실에 존재하는 바로 그놈이라기보다는, 그놈을 이미지로 한 어떤 생각의 단위로 작동하니 '기호'가 됩니다.

신화 읽기의 가장 큰 어려움은 주인공 설정 불가능에 있습니다. 독자이자 청자였을 우리가 감정이입할 지점이 계속 모습을 달리하니까요. 이 신화도 마찬가지입니다. 누가 주인공일까요? 젊은 인디언 여자가 아들을 잃게 된 이야기이기도 하고, 뱀-청년의 조실부모 이야기이기도 하고, 인간의 필멸

에 대한 이야기이기도 합니다. 그런데 마지막에는 거미까지 등장합니다. 왜일까요?

과감하게 뱀-청년을 주인공이라고 가정해 보겠습니다. 그래도 좀 황당하지요. 청년은 이종교배의 산물일뿐더러 나중엔 별이 되니까요. 어머니도 뱀 할머니도 자기 육신을 고집하지 않습니다. 동물과 인간은 피부를 교환하는 존재! 이러니 주체의 욕망이나 성취 같은 것은 들어설 자리가 없습니다.

기호는 재현이 아니라 관계적 배치를 읽어야 합니다. 도대체 하늘은 왜 나오고, 뱀은 왜 별이 될까요? 기호가 꼭 이런 방식으로 선택된 까닭은 어디에 있나요? 뱀은 지상에 가장 밀착된 존재이고, 별은 천상에 가장 밀착된 존재입니다. 앞의 이야기는 뱀이라는 기호로부터 시작되어, 천상의 기호인 별을 뱀에 대칭시키고 있습니다. 잠깐 고대 그리스에 다녀오겠습니다. 오이디푸스는 인간의 본질을 깨쳤기에 근친상간과 같은 금기의 주인공이 될 수 있었지요. 제가 말씀드리고 싶은 것은 '근친상간은 좋은 일이다' 혹은 '나쁜 일이다'가 아닙니다. '어머니는 어머니의 자리에 자식은 자식의 자리에' 있지 않으면 안 된다는 사회학적이고 윤리적인 가르침은 오이디푸스처럼 만물을 통찰할 수 있는 자가 하는 것입니다. 만물에 대한 치우침 없는 통찰을 해야 하니 그는 고정된 자기 자리를 가질 수 없습니다. 오이디푸스가 낳아 준 아버지에게는 살인

자가 되고, 어머니에게는 남편이 되었던 것은 사회적으로 지정된 자기 위치를 '버려야' 했던 신화적 오이디푸스의 운명이었습니다.

위의 신화에서도 마찬가지입니다. 뱀과 사랑을 나누고, 자식과 사랑을 나누는 식으로 몇 차례나 위치의 경계를 무너뜨리는 이 인디언 여인은 사실 뛰어난 통찰력의 필요를 '지시'한다고 할 수 있습니다. 같은 맥락에서 뱀-아버지와 인간-어머니 사이에서 태어난, 이도 저도 될 수 없는 뱀-인간이야말로 사냥에 뛰어난 자일 수 있습니다. 이런 상황이니 만약 이야기에서 뱀-인간이 왕이 되거나 하면 어떻게 될까요? 뱀-인간을 중심으로 과도한 치우침이 일어나겠지요. 그러므로 뱀-인간은 지상을 떠나 천상의 한 조각이 되어야 합니다.

신화는 뒤로 갈수록 여인보다는 뱀-아들에게 스포트라이트를 쏩니다. 왜일까요? 어머니는 제 위치를 지키기 위해 자식을 버리라는 인간-오빠의 말을 따릅니다. 그런데 아들은 인간계에 속하기 위해서는 뱀-아버지를 버려야 한다는 말을 거부합니다. 그는 뱀-아버지도 인간-어머니도 따로 취하지 않고 자신의 소중한 부모로 받아들입니다. 지극한 효심의 뱀-아들 덕분에 인간과 뱀은 서로 적대하지 않으면서 가족이 되어 삶을 이어 나갈 수 있게 되지요. 지상에서의 복을 버리고 하늘로 떠난 그의 명예는 말 그대로 '빛납니다'. 이처럼 무문자 사회의 신화란 '기호의 대칭적 배치'와 '우주 자연의 전체론적 관계'를 통찰하는 인식론이라는 점이 레비-스트로스의 주장입니다.

레비-스트로스가 말하는 **'구조'란 기본적으로 이항분할성**입니다. 하지만 이런 이항의 '대립'은 그 성질이 부정의 지양에 있지 않고, 하늘로 올라간 '뱀-인간-아들'처럼 **'상보적'**입니다. 변증법적으로 지양(부정)되지 않고 종합되면서 중간항을 발견하는 것이지요. 이분법은 상보의 지향이라는 목적에 봉사합니다.

우리가 이분법에 익숙한 까닭은 무엇일까요? 그것은 사고 도구로 편리합니다. 이분법의 사용에서 주의할 점은 하나뿐입니다. 이분된 두 항이 실재적이 아니라는 점을 유의하기! 두 항은 개념적 틀에 불과하거든요. 주체적 변증법의 이분법은 현실재현의 논리이지만, 야생의 이분법은 존재론적 동등성을 파악하기 위한 사유 도구입니다. 단순한 실재적 대립을 확인하기 위한 도구가 절대 아닙니다.

이제 신화가 대칭성을 음미하는 기호-요리임을 알게 되었습니다. 신화가 현실의 재현에는 관심이 없으니, 기호 식사 중에 실제 각 신화를 향유한 부족들이 구체적으로 어떻게 살았는지 그 현실을 역추적할 필요는 없습니다. 다만 왜 하필 그런 신화를 만들어야 했는지, 숲의 공생에 깊은 관심을 두었던 인디언들의 문제의식을 알아보는 차원에서, 그들의 세계관을 조금 조사하는 것은 좋겠습니다. 열대의 사람들이 대칭성을 모색한다는 것은, 현실적으로는 도처에서 비대칭이 일어나고 있음을 뜻합니다. 신화는 실제 차원의 비대칭성을 신화적 차원의 대칭성을 통해 반성하면서, 치우침이 있을 수밖에 없는 생의 온갖 모순을 통찰할 능력을 촉구했습니다.

타자의 삶을 섣불리 판단해서는 안 되겠지요. 그런 의미에서 야생의 삶을 과도히 칭송할 필요도 없습니다. 그들의 지혜에 비추어 우리 각자의 어리석음을 과하게 비판하지는 않아도 됩니다. 신화를 읽으며 가져가야 할 포인트는, 기호-요리 레시피가 이항대립적이라는 점입니다. 신화의 풍미는 그대립을 충분히 즐기는 데에서 나옵니다. 무수히 다른 자들, 나 아닌 것들과 먹고 먹히며 살아야 하는 우리에게 필요한 지혜는 단순합니다. 차이를 마주하고 겪고 이해하며, 그것 없이는 달라질 것도 없었을 무수한 다름들에게 감사를 보내기입니다. 신화를 읽어 가면서 일상의 비대칭을 통찰할 안목을 키워야 합니다.

식사,
문화 제작술

잠깐 신화 바깥으로 나가 보겠습니다. 레비-스트로스를 비롯하여 많은 인류학자들이 무문자 사회에서는 신화가 사회적 삶의 코드를 결정했다고 밝히고 있습니다. 나카자와 신이치, 『신화, 인류 최고의 철학』, 김옥희 옮김, 동아시아, 2003; 가와다 준조, 『무문자 사회의 역사: 서아프리카 모시족의 사례를 중심으로』, 임경택 옮김, 논형, 2004 참고 자연과 문화의 이분법을 선험적으로 갖고 있지 않은 세계는 어떻게 사회라는 것을 구성할까요?

레비-스트로스가 신화를 식사의 관점에서 해석하게 된 것은 막연한 상상에서가 아니라 각기 다른 신화를 보유한 여러 민족들의 습속을 관찰하고 조사한 덕분입니다. 『신화학』 3권에는 '취사 민족학'이라는 장이 있습니다. 이 부분을 바탕으로 신화를 통해 구성해 낸 야생의 문화 논리학을 알아보고 가겠습니다. 아래의 내용은 모두 이 책의 2장「이야기는 불로 익힌다」에서부터 분석될 신화가 만들어 낸 여러 문화의 역동적 관계학입니다.

문화라고 하니 어디서부터 들어가야 할지 막연하시지요? 레비-스트로스는 걱정하지 말라고 하지요. 한 사회가 무엇을, 어떻게, 누구와 먹는지를 보면 됩니다. 이 세 가지 차원을 한번에 가리키는 것은 조리법입니다.

일단 레비-스트로스는 문화를 '먹기'의 차원에서 정리합니다. 먹기란 먹히는 쪽에서 보면 끔찍한 분해를 동반하고, 먹는 쪽도 애써 자기 몸에 맞게 먹이를 소화해야 하는 큰 부담을 지는 일입니다. 문화란 인간 관계학이라지만, 사실 그 형식을 통해 자연과 사회를 구분해 내는 논리가 되므로 이때의 '관계 맺기'란 보통 일이 아닙니다.

어떤 인간도 배가 고프다고 아무것이나 닥치는 대로 먹지 않습니다. 이것이 레비-스트로스가 야생을 분석하는 첫 번째 관점입니다. 인간이라면 그는 어쨌든 관계의 양식을 통과해야 합니다. 그래서 무엇을 먹을 때, 그 '무엇'을 정하는 것이 실로 엄청난 과제가 됩니다. 토끼가 보인다고 덥석 잡아먹을 수는 없습니다. 그 토끼가 어떤 곰팡이 덤불 숲에서 나왔을 줄 알고요? 곰이 보인다고 무턱대고 잡아서도 안 됩니다. 죽인 놈이 암컷이라면 다음 해부터 더는 곰을 볼 수 없을 테니까요. 버섯 한 송이, 풀 한 포기도 무에서 창조되지 않습니다. 그 땅과 그 바람, 그 기운 속에서 엄청난 맥락을 갖고 살아가니까요. 그러니 아무렇게나 먹을 수 없습니다. 먹거리 하나를 마련하는 데에는 일차적으로 엄청난 자연학적 지식, 자연의 온 삶에 대한 종합적 지식이 요구됩니다.

그뿐일까요? 누구와 먹느냐도 중요합니다. 신들에게 바치는 식탁에 올릴 것과 막 해산한 산모에게 바칠 것이 같을 수 없지요. 환자와 함께하느냐, 스님과 함께하느냐에 따라서도 식탁이 달라지지 않습니까? 같은 먹거리를 나누어 먹더라도 노인에게 대접할 것과 막 성인식을 마친 장성한 아들에게 먹일 것은 다르게 조리될 수 있고요. 같은 상에 올리더라도 아버지의 그릇과 어머니의 그릇은 다릅니다. 레비-스트로스는 인류의 음식문화가 식재료의 고유한 성질을 따랐다기보다는 문화적 관계를 통찰한 결과라고 보았습니다. 그 예가 조리법입니다. 그래서 자연학의 대상인 식재료들은 조리법이라는 가공기술에 의해 윤리의 차원으로 들어오게 되는데요, 이 과정 전체가 문화가 됩니다. 문화는 조리 이전에 있지 않습니다.

레비-스트로스는 먹기의 신화학을 인디언의 조리법을 통해서 정리합니다. 야생의 인디언들에게서 발견되는 신화는 각 문화의 요리를 규정하는데요("요리한 음식은 인디언들의 사고에 따르면 매개물이다."『신화학 1』, 190쪽), 인디언들은 신화에 바탕을 두고 먹거리를 잡고 요리법을 정했습니다. 레비-스트로스가 설명하는 바를 따라가 볼까요?

날것 　　익힌 것─구운 것　　　　태운 것　　　　썩힌 것
　　　　　　　　삶은 것
　　　　　　　　튀긴 것

　　각각의 조리법은 자연물을 문화의 영역으로 데리고 오는 장치입니다. 어떤 부족이 날것 먹기를 즐긴다면 그 공동체는 자연의 영역에 스스로를 더욱 위치시킨다고 할 수 있습니다. 창발하는 문제의 집합체를 '숲'으로 개념화한다고 할 때, 날것을 즐기는 사람들은 다종다기多種多岐한 문제 속으로 자신을 더욱 들이밀려고 애쓰며 집단의 정체성을 보다 유연하게 가져가려고 한다고 생각해 볼 수 있습니다.

　　레비-스트로스가 주목하는 것은 익힘입니다. 익힘은 무엇보다 불을 필요로 하기 때문에 호모 사피엔스의 문화력을 상징합니다. 취사에서 단순히 익힐 수 있는 것은 아무것도 없습니다. 인간의 음식문화는 재료를 어떠어떠하게 익히도록 합니다. 익힘은 크게 세 단계로 나눌 수 있습니다. 구운 것, 삶은 것, 튀긴 것. 이 셋을 나누는 것은 조리에 들어간 매개력의 차이입니다. 구운 것은 불에 직접 익힙니다. 돌판이나 꼬챙이

가 필요하기는 하지만 이 경우는 모두 자연에서 직접 취할 수 있는 도구들입니다. 반면 삶은 것은 물이라는 매개, 그리고 그 물을 가두는 그릇이라는 매개를 필요로 한다는 점에서 문화적으로 수준이 높다고 할 수 있습니다. 튀긴 것 역시 그릇이 필요하지만 물 매개가 아니라 기름 매개이기 때문에 다시 성질이 달라집니다.

구운 것은 태움의 정도에 따라 요리를 문화의 내부에 위치시키기도 하고 외부에 위치시키기도 합니다. 고기의 바깥쪽은 그을어 타고 속에는 피가 흐를 수도 있고요, 불에 가까운 부분은 타고 윗부분은 설익을 수도 있습니다. 특히 구움은 탄 것을 쉽게 만들어 버리기에 날것과는 다른 의미에서 식사를 문화 바깥과 직결되게 합니다. 그 바깥이란 단순화해서 말하면 죽음입니다. 태운 고기는 재이고 그것은 다른 동물에게도 먹이가 될 수 없으니까요. 화학적으로 말해도 굽기는 생물을 구성했던 모든 요소가 다 분해되어 근본적 상태로 돌아가는 일이 되기에 날것보다도 훨씬 원초적 상태를 만든다고 할 수 있습니다.

삶기는 다릅니다. 삶기는 날것의 자연물을 불로 변형한 다음 그 모든 성분들을 물에 녹여 가둡니다. 국이나 스튜 형태로 만들어서 고기 건더기와 국물을 함께 나누기 때문에 굽기에서보다 재료가 맛을 동등하게 품을 수 있습니다. 어떤 문화가 특히 삶기의 방식을 좋아한다면 이는 구성원들과의 동등한 관계를 중시한다고 할 수 있습니다. 그런데 한편으로는 이 동등성은 '그릇'이라는 확실한 매개를 통해 범위를 갖게 됩니다. 그릇은 오목하지요, 울타리입니다. 그래서 특정한 축제 때 삶는 요리를 한다면 그 공동체는 자기들끼리의 결속을 다지는 의례를 한다고 할 수 있으며 이때에는 이방인이 참여하기 어렵습니다.

삶기란 문화적 응축에의 의지이기에 북아메리카 대호수 지역에 사는 폭스족은 의례용 음식을 끓일 때 아무것도 침투하지 말아야 한다며 매우 조심하고요, 익힌 음식을 먹을 때 떨어뜨리거나 남기는 일도 절대 없도록 한다 합니다. 남부 브라질의 켕강족은 삶은 고기를 과부나 홀아비 또는 적을 암살한 사람에게 못 먹게 한다는데요, 과부나 홀아비는 가족의 끈에서 떨어져 나갔으니 문화적 범주에 들어갈 수 없기 때문입니다. 이 밖에도 아메리카의 몇몇 부족들은 굽기를 남성의 일에, 삶기를 여성의 일에 할당하고 있다고 합니다. 남성의 사냥은 문화 바깥인 숲에서, 여성의 요리는 문화의 안인 마을에서 이루어지기 때문입니다.

삶기의 차원과는 다르게 굽기의 차원을 해석할 수 있습니다. 굽기란 냄새도 풍기고, 물질도 태우기에 문화의 외연을 마구 여는 작업이 됩니다. 축제의 메인 요리가 구워지고 있다면 그 장場은 공동체 구성원들 사이에 위계가 강조되는 마당이 되며 외부인들도 이 범주 속으로 적극 초대된다는 것을 의미합니다. 굽기의 최고 형식은 훈제입니다. 훈제는 불과 고기 사이에 아무것도 개입되지 않는, 거의 무매개적 조리법인데요, 공기층의 개입이 최대화되기에 막대나 꼬치 혹은 불판 등의 중재법이 들어가게 됩니다. 삶는 도구인 솥과 항아리는 매우 조심해서 보존하고 닦지만 여러 번 쓸 수 있습니다. 하지만 훈제의 경우 굽기의 도구는 즉각 파괴되어야 하는데요, 그렇지 않으면 문화의 저편에 있는 동물들의 복수가 있을 수 있습니다. 너무 많이 열려 있고 중재되는 것들이 많아지기 때문에, 역으로 '동물들의 인간 조리 장'(신들의 주방)으로 인간들이 소환될 염려가 있는 것이지요.

익히는 방법에 따라 집단의 정체성이 열리고 닫힌다니 흥미롭습니다. 여기에 사회적으로 재미있는 해석도 하나 더 가능합니다. 굽는 것은 금방 썩는 것을 만들어 버리기 때문에 파괴나 손실이 뒤따라 낭비적입니다. 반면 삶는 것은 절대로 요소들을 보존하지요. 오목한 그릇 안에 재료의 영양소들을 가두기 때문입니다. 그래서 굽는 것은 귀족적이며 삶는 것은 서민적입니다. 때문에 어떤 식사 준비가 굽느냐 삶느냐에 따라 집단의 계층성도 드러납니다. 자, 여러분은 어떤 요리를 좋아하세요? 고기라면 삶으시겠습니까? 구우시겠습니까?^^

이처럼 조리법 하나로 동등성과 폐쇄성, 위계성과 개방성을 동시에 작동시킬 수 있습니다. 물론 이런 형식 장치는 고정된 것이 아닙니다. 사냥에 나간 남자들이 음식물을 삶아야 할 때도 있겠고요. 예를 들면, 체코인들은 삶은 음식을 남성의 음식으로 간주한다는데요, 레비-스트로스는 이 이유를 이웃인 슬로바키아나 폴란드 사회보다 체코 사회가 더 민주화되어 있기 때문이라고 보았습니다. 여기서 레비-스트로스가 민주화를 어떻게 보고 있는지 잘 알 수도 있습니다. 그가 보기에 민주화란 일인 일표로 대표되는 대의제가 아니라, 각기 다른 차이를 전면적으로 긍정하며 함께 용해되기를 희망하는 정치체입니다. 인간의 조리가 이처럼 여러 관계성의 표현장치라는 점이 놀라우시죠?

레비-스트로스의 관찰에 따르면 대평원 인디언들은 이런 조리법의 차이를 적극 활용한다고 합니다. 몇몇 부족들은 오랫동안 익히고, 다른 부족들은 잠시 익힙니다. 삶기의 시간 차가 이미 자연과의 관계, 공동체 내적 관계성을 만들어 내니까요. 대부분의 부족들은 고기를 구워야 하는가 또는 삶아야 하는가에 따라 익히는 시간을 불균등하게 하려고 한답니다. 아씨니보인족은 삶은 고기보다 구운 고기를 선호하지만 요리가 어떤 종류이든 약간 익힌 것을 선호한다고 해요. 카미나족은 과도하게 끓인 음식을 먹는데 저녁 6시부터 다음날 새

벽 2시까지 불 위에 고기를 올려 두고 끓인 후 닭이 밝을 때까지 놓아두었다가 먹는다는데요, 여기에는 끓임에 더해 '식힘'의 차원까지 들어가 있다고 할 수 있겠습니다.

좀 다른 이야기가 되겠습니다만, 3권까지의 『신화학』에서 튀김의 축은 나오지 않습니다. 현대인의 최고의 음식은 대부분 튀긴 것인데 말이지요. 제가 따로 찾아본 바에 따르면, 인류가 튀김을 좋아하는 까닭은 그 바삭한 질감 때문이라고 합니다. 생물 중 바삭한 것으로는 무엇이 떠오르세요? 홋, 곤충이죠! 그러니까 인류는 단백질 보충을 위한 최후의 수단으로 곤충도 먹을 수 있도록 쉬지 않고 훈련한다고 할 수 있습니다.EBS 다큐프라임 <요리의 과학>, 2020 지구 최후의 날에 먹을 것이 없어지면 개미라도 잡아먹어야 한다는 생존압이 튀김에 매달리게 했다는 해석입니다. 일주일에 일인당 두 마리까지 가능한 치킨은 지금 우리가 지구 종말이 닥쳐온다는 것을 예감한다는 증거가 되겠습니다. 아메리카에 튀김에 대한 신화가 거의 없다면 그것은 기름이 없어서가 아니라, 인류가 종말을 걱정할 필요가 없어서이겠지요.

야생의 조리는 요리를 만들면서 매번 새롭게 자연과 문화의 경계를 정하는 일이었습니다. 자연과학과 인문과학이 엄연한 우리 시대와는 완전히 다릅니다. 도대체 자연학과 윤리학 사이, 인문과학과 자연과학 사이의 깊은 골은 언제 생겼을까요? 사실 인문학과 자연학의 구분은 인간과 비인간의 구분이기도 합니다. 브뤼노 라투르에 따르면 이 구분이 뚜렷해지기 시작한 것은 17세기부터입니다. 이 무렵 인간과 자연 사이에 결벽증적인 구획이 일어났고, 이에 따라 사람들은 자연을 단지 이용 가능한 대상으로 사물화시켰습니다.브뤼노 라투르,

『우리는 결코 근대인이었던 적이 없다』, 홍철기 옮김, 갈무리, 2009 참고

　　라투르는 두 개의 문턱을 지적합니다. 하나는 보일Robert Boyle(1627~1691)의 화학 실험이고 다른 하나는 홉스Thomas Hobbes(1588~1679)의 정치학입니다. 보일은 실험실에서 '재현'(표상) 개념을 만들었고, 홉스는 사회 안에서 인간의 주권 대리자인 '대표' 개념을 발명했습니다. 전자는 인공적 척도이고 여기에는 개개의 인간이 들어갈 자리가 없습니다. 그런데 그 인공적 척도, 가치중립적이고 자가 발전하는 그 실험 도구도 사람이 만들 수밖에 없는 것이지요. 후자는 모든 인간을 대표한다는 명목하에 먼저 자연법칙과 무관한 인간만의 집합으로 '사회'를 개념화했습니다. 하지만 그 '인간'이란 살아 있는 어떤 인간이 아니라 인간종을 대표하는, 개개의 인간들보다 훨씬 추상화된 관념으로서의 인간 대표였지요. 인간만의 일들을 관찰하고 연구해야 한다는 홉스의 논의는 정작 숨쉬고 걷는 실제 장소의 인간들을 지워 버렸던 것입니다.

　　실험실의 과학자들이 보일의 실린더를 제대로 조작하

려고 엄청 고생했다는 일화는 유명합니다. 홉스의 리바이어 던 역시 인간만의 작품인 것 같지만, 인간만의 그 사회 안으로 비-인간들이 늘 난입한다는 것은 누구도 무시할 수 없는 사실입니다. 여기서 비-인간이란 투표권을 가지지 않은 존재를 지칭한다고 할 수도 있는데요, 사회법은 늘 사회 구성원들의 존재를 규정하면서 만들어지기에 규정 과정에서 끊임없이 사회와 비-사회가 생산됩니다. 이렇게 비-사회적 존재로 생산된 것들은 사회 안에서 사라지지 않습니다. 19세기로 예를 들면, 노예, 흑인, 여성 등이 비-사회적 존재였지요. 근대는 이들 비-인간들의 인권투쟁의 역사라 해도 과언이 아닙니다. 이들은 사회를 재구성해야 한다는 요구를 개진했고 그에 맞추어 사회는 재구성되어 갔습니다. 인간만의 사회란 가능하지 않습니다. 사회 자체가 비-인간과의 공조 속에서 출현합니다.

　　이런 모순이 늘 존재한다는 것은 자연과 사회가 이분법적으로 정확하게 나뉠 수 없음을 의미합니다. 라투르는 자연과학적 실험은 과학자 한 사람에 의해서 발명된 사건이라고까지 말합니다. 사실 17세기에 보일과 홉스는 자신의 저작에서 신과 왕권의 문제, 영혼과 천사의 문제, 물질의 속성, 자연 탐구법, 과학이나 정치적 논의의 한계 같은 사회적 힘과 과학적 힘을 함께 다루었습니다. 그랬지만 17세기 이후, 논의의 모순은 자연과 사회의 견고한 구분에 가려 은폐되고 말았습니다.

　자연과 문화의 이분법이 선험적으로 전제되어 있지 않은 세계에서 산다는 것은 어떤 일일까요? 매 순간 내가 마주치는 모든 관계에서 긴장 넘치는 활력과 책임감을 느끼게 되겠지요. 이제 우리는 기호-요리를 맛볼 준비를 마쳤습니다. 이제부터는 신화가 좋아하는 특정 기호들을 살펴 가며, 그 기호와 함께 도출해 낼 수 있는 문화 제작 근저의 논리, 즉 타자와의 윤리에 대해 알아봅시다.

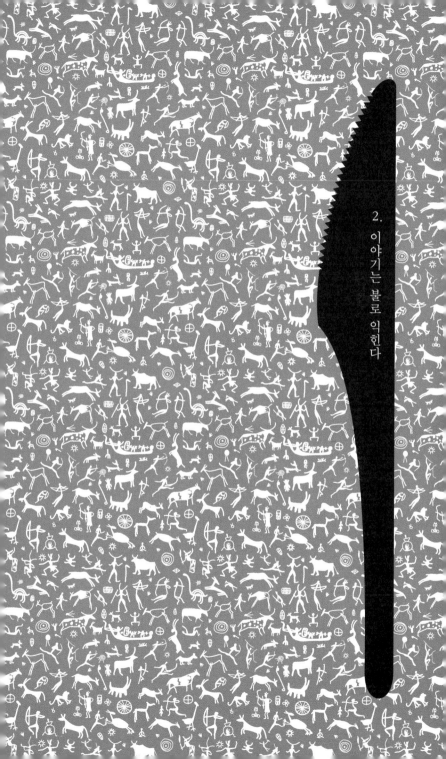

2.
이야기는 불로 익힌다

자기 변용의
화염

불의 인류사

요리는 불맛이죠. 불을 중심으로 인류사를 살펴보겠습니다.
약 600만 년~500만 년 전에 등장한 초기 인류는 채식을 했습
니다. 원시 인류의 턱뼈와 치아를 연구했더니, 이들의 어금니
는 마치 돌같이 단단하고 넓적해 곡식과 채소를 갈기에 적합
해 보였습니다.린다 시비텔로, 『인류 역사에 담긴 음식문화 이야기』, 최정희·이영미·
김소영 옮김, 린, 2017 180만 년 전쯤 인류는 아프리카의 사막화 때
문에 식물채집이 어려워지자 부득이 육식을 해야 했습니다.
이때가 호모 에렉투스의 시대이지요. 호모 에렉투스는 거대
한 육식동물과 경쟁을 해야 한다는 진화압에 눌려 주요 부위
만 빼고 몸의 털을 잃도록 진화하게 되었습니다. 보통 호랑이

나 사자, 표범 등 대형 육식동물들은 털옷을 입고 있지 않습니까? 한낮의 태양별 아래에선 체온 조절이 어려워, 한마디로 말해 더워서 그들은 주로 밤에 사냥을 하지요. 이런 동물들과 경쟁하기 어려웠던 호모 에렉투스는 털을 없애 낮 사냥으로 진로를 바꾸었습니다.

차츰 털을 벗게 되면서 낮을 장악하게 된 인류는 부수 효과로 언어를 발달시켰습니다. 보통의 영장류들이 하루의 상당 부분을 가족과 친구들끼리 털 쓰다듬기로 보내는 것과 대비해 보면 잘 드러납니다. 친족 사이의 감정적 유대와 공감을 위해 촉감을 발달시킬 수 없었던 호모 에렉투스는 혀를 놀리는 방향에서 교감의 기술을 발달시키기로 했습니다.세라 블래퍼 허디, 「제4장 독특한 발달과정」, 『어머니, 그리고 다른 사람들』, 유지현 옮김, 에이도스, 2021 참고 이때부터 불이 인류사에 적극적으로 개입합니다.

불을 사용하게 된 것은 50~100만 년 전으로 보입니다. 불로 조리하게 된 음식은 더욱 부드러웠고 덕분에 씹어 넘기기가 좋았습니다. 고단백식을 할 수 있게 되자, 열량 소비가 큰 두뇌 활동을 돕기에도 유리해졌지요. 인류는 적극적으로 육-화식火食으로 생활 방식을 조정해 갔습니다. 육식이 본격화되자 큰 짐승을 사냥하고 분배하기 위해 다양한 협력 기술을 개발할 수도 있었습니다. 동물을 잡기 위해 생태학적 지식을 쌓고 활용했고요, 불을 피울 수 있는 나무, 불을 피우게 하는 마찰력 같은 것도 심도 있게 연구했습니다. 불은 열기로 고기를 익게 했을 뿐만 아니라 그 온기로 사람들을 모으기도 했지요. 이렇게 불은 자연과 인간, 인간과 인간 사이를 중재하는 역할을 하게 되었습니다.이상희·윤신영, 『인류의 기원』, 사이언스북스, 2015

불의 능력은 중재력입니다. 중재를 다른 말로 하면 '기술'입니다. 다양한 것들을 연결시키고 녹여 변용하는 능력이지요. 인류는 불을 기술 상징으로 보고 불의 철학을 했습니다. 그것을 잘 보여 주는 것이 현재까지도 남아 있는 전 세계의 불 축제입니다. 제임스 프레이저는 유럽의 다양한 불 축제 민속을 조사했는데요제임스 프레이저, 「제63장 불축제의 해석」, 『황금가지 2』, 박규태 옮김, 을유문화사, 2021 참고, 1년 내내 유럽 도처에서 불 축제가 벌어지는데 여기에는 큰 공통점이 있다고 합니다. 성대한 모닥불을 피우면서 불 위로 뛰어넘기! 가축들을 불 속에 몰아넣거나 그 주위를 돌기! 횃불을 들고 행렬을 지어 밭과 과수원과 목장, 외양간 주위를 도는 일도 있고요, 불붙은 원반을 하늘 높이 던진다든지 불타는 수레바퀴를 동산에서 아래로 굴리는 관습도 있습니다. 이런 불장난은 지금도 유럽 어디서나 볼 수 있다고 합니다. 프레이저는 불 의례가 얻고자 하는 효과도 상당히 공통적이라고 지적하는데요, 모두 농작물과 사람의 건강과 다산을 기원하고 흉작이나 질병을 피하기 위해서였다는 것입니다.

축제가 불 테마를 선호한 까닭은 무엇일까요? 프레이저는 다음과 같이 답합니다. 첫째는 만물을 생장시키는 태양의 힘을 모방하기 위해서이고, 둘째는 정화淨化; purification를 위해서입니다. 불은 실재적으로 보면 이글거리는 태양의 모습을 닮았습니다. 개념적으로 보면 태움인데 그 과정에서 만물의 형태를 바꿉니다. 그러니 '정화'는 단순히, 순수한 상태로 돌아간다는 뜻이 되지는 않습니다. 불은 화학작용이며 그 과정에서 안정적으로 결합된 모든 요소를 해체해 결정화되기 이전 상태로, 즉 원초의 분해력으로 충만한 상태로 돌립니다. 그래서 '정화'란 새로운 조합의 가능성으로 들어간다는 의미가 됩니다. 다양한 민속 축제들이 불을 통해 파종기나 수확기와 같이 농경의 주기적 리듬을 암시한 것은 이 때문입니다. 그러니 태양의 힘에 대해서도 다시 생각해야 합니다. 불인 태양도 무조건 익히는 데에 있지 않습니다. 태양 역시 동쪽에서 떠올라 서쪽으로 지는 것, 융합되고 분해되고 다시 조합되는 전체 주기성을 의미할 수 있습니다.

불-축제에는 흥미로운 점이 더 있습니다. 프레이저가 소개하듯, 사람들은 단지 타오르는 불을 관찰만 하지 않습니다. 불 위를 뛰어넘는다거나, 그 주위를 돌거나, 불-원반을 하늘로 올리거나, 그것을 땅에 굴리는 등, 불에 데려고 하거나 아예 불처럼 행동합니다. 넘어가고, 돌아가고, 오르고 내리고 하는 불꽃을 흉내 낸 모든 동작은, 세상 만사는 정지를 모르는 운동임을 깨닫게 합니다. 불을 모방한 움직임들은 변용을 욕망하는 인간의 몸부림인 것이지요.

전기공학에서는 운동을 물체가 시간의 경과에 따라 그 공간적 위치를 바꾸는 일로 정의하기도 합니다. 불이란 만물이 관계하면서 자기 변용이 일어나는 사태 자체입니다. 축제 때 사람들이 이런 불을 흉내 냈다는 것은 식물을 기르고 고기를 구우며 살아야 하는 인간 자신이 변용의 주체여야 함을 강조했기 때문이 아닐까요? 집단적이면서도 신체적인 불-축제, 이 철학의 장에서 인간은 불의 능력을 '쥐는' 자가 아니라 불과 함께 '불처럼 변용되는 자'로 자기를 정의했습니다.

주어야 받는 불

신화 역시 불맛입니다. 레비-스트로스가 『신화학 1』에서 소개하는 신화들 다수는 불의 기원을 다룹니다. 레비-스트로스는 부제목에도 불을 여러 번 씁니다. '날것과 익힌 것'이라는 제목도 '불'이라는 기호를 함축하고 있고, '꿀에서 재까지' 역시 '불', 즉 태양열과 화력이라고 하는 두 개의 불로 중개된 상태를 가리킵니다.

주목해야 할 것은 신화가 보여 주는 불에 대한 태도입니다. 불맛 나는 신화를 한번 읽어 보겠습니다.『신화학』1권은 불의 기원에 관한 신화로 시작됩니다. 보로로족에서부터 아피나이에족, 오페에족 등 제족Gê族 언어를 쓰는 부족들에게서 발견되는 불의 기원 신화는 불을 '받았다'고 합니다. 그 상황을 전반적으로 다루고 있는 아피나이에족 신화를 읽어 보지요.M9. '아피나이에족 신화: 불의 기원',『신화학 1』, 195~197쪽 참고

① 한 사람이 처남을 아라앵무새의 **둥지 위로 올려보내** 새끼를 잡아 오라고 했다. 앵무새가 맹렬하게 버티는 바람에 소년은 겁을 먹었고 매형은 화가 나서 사다리로 썼던 나무기둥을 치우고 가 버렸다. 소년은 허기와 목마름으로 고통을 겪으며 바위 틈바구니에서 5일을 지냈다. 새들은 그를 두려워하지 않고 날아다녔으며 **새똥으로 그를 덮었다.**

애초 소년의 관심은 불이 아니었습니다. 일반적으로 보면 불이란 기술력의 상징이지요. 인간에게 기술은 수단인 것이고, 목적을 위해서 반드시 필요한 무엇으로 이해되곤 합니다.김덕영,『프로메테우스 인간의 영혼을 훔치다』, 인물과사상사, 2006 참고 하지만 신화는 불을 얻는 데에는 어떤 목적도 없다고 합니다. 앞으로

더 많이 나오겠지만, 신화는 주체의 목적의식 같은 것은 철저히 부정합니다. 만약 불을 얻게 된다면 그것은 우연입니다. 소가 뒷걸음치다 쥐를 죽이는 경우 이상도 이하도 아닙니다.

신화를 읽을 때는 기호의 배치에 신경을 써야 합니다. 소년이라는 기호는 어떤 움직임 속에 있나요? 소년은 땅 위에서 나무 위로 올라갔다가, 한참을 고생해서 다시 땅에 내려옵니다. 결론적으로 말씀드리면, 이런 식으로 땅과 하늘 '사이'에 운동이 일어날 때 불을 얻을 수 있습니다.

이런 움직임을 만들기 위해 제시되는 이유도 곱씹어 보겠습니다. 소년이 나무 위에 버려지는 까닭은 가족의 먹거리를 장만할 수 없어서입니다. 공동체의 먹거리가 소년 한 사람의 안위보다 중요하다는 점도 눈여겨보아야 합니다. 신화의 주체에게는 궁극의 목적도 따로 없지만, 주체로 존재한다는 것도 관계 속에서 어떤 역할이 있을 때에만 가능합니다.

계속 읽어 가겠습니다. 소년이 나무 위에서 내려오는 과정, 새를 무서워한 소년이 새와 가까워지는 과정이 흥미롭지요? 그것은 똥 때문입니다. 여기서 우리는 신화가 말하는 더러움이란 경계의 무너짐, 즉 땅에 속한 것과 하늘에 속한 것 사이에 중재가 일어나는 일과 관련된다는 것을 알 수 있습니다. 그렇게 생각하면 똥칠하기 전에 소년이 어떤 상태였는지 잘 알 수 있습니다. 소년은 두 발을 단 자로서 '사람'이라는 자기 포지션을 고집했습니다. 그러니 두 날개를 단 것들과 만날 수 없었습니다.

수렵채집인들에게 사냥이란 마구잡이로 먹을 것을 포획하는 일은 아니었다고 해요. 사냥꾼은 동류인(둘 모두 자연의 한 種이기에) 동물과 사회적 관계로 맺어진 자였다고 합니다.마르셀 에나프, 「5장 희생의 시대」, 『진리의 가격』, 김혁 옮김, 눌민, 2018, 265쪽 그는 불처럼 자기 변용을 일으켜 사냥감과 가족이나 친구가 됩니다. 동물-친척이나 동물-벗의 관용에 의존할 수 있게끔, 동물의 언어를 구사하는 것이 사냥꾼의 능력이었습니다. 똥칠, 그것은 변용의 시작이니 이제 소년은 인간과 동물 사이에 있게 되었다 할 수 있습니다. 이 '사이', 다른 종과 새로운 관계가 열리는 영역의 창조야말로 '불의 기원'과 관계가 있습니다.

② 이때 표범이 지나가다 소년의 그림자를 발견하고 그를 잡으려 했으나 실패. **소년은 표범의 주의를 끌기 위해 침을 뱉었고 그때부터 대화가 시작되었다.** 표범은 두 마리의 아라앵무새 새끼를 원했고 소년은 차례로 표범에게 그것을 던져 주었다. 표범은 소년을 잡아먹지 않기로 약속했고 물도 주마고 했다. 표범이 다시 놓아 준 나무기둥을 타고 내려온 소년은 표범의 등을 타고 냇가로 가서 실컷 물을 마셨고 잠을 잤다. 표범은 소년을 깨워 씻겨 주었고 그를 양자로 들였다.

표범의 집에는 자토바나무 둥치 한쪽 끝이 불에 타고 있었는데, 그전까지 불을 본 적이 없던 소년은 그것이 집을 데우고 고기를 익힌다는 사실을 이제 알게 되었고 표범의 호의로 구운 고기를 먹고 다시 잠들었다.

소년은 이제 표범과 대화할 수 있게 됩니다. 대화에 앞서 침을 뱉네요? 침, 즉 물입니다. 물이야말로 하늘과 대지 중간에 있는 것이니, 소년의 '사이' 능력이 증강되고 있음을 알 수 있습니다. 곧바로 소년은 표범에게 앵무새를 잡아 주게 되는데요, 인간-가족에게는 먹거리를 만들어 줄 수 없어 친척들로부터 내쳐져야 했던 것과 비교됩니다. 이 앵무새를 바친 덕분에 소년은 표범-가족의 일원이 됩니다. 앵무새는 새이지요, 역시 하늘과 땅 사이에 있습니다. 소년은 침으로, 새로, '사이'에 있는 것들을 경유하며 자기 소속을 바꿉니다.

③ 다음 날 표범은 사냥을 나갔고 표범의 아내는 소년을 구박했다. 돌아온 표범이 아내를 다그쳤지만 다음 날도 같은 일이 반복되었다. 표범은 소년에게 활과 화살을 주고 흰개미집을 과녁 삼아 활 쏘는 법까지 가르쳐 주며 포악한 여자를 죽이라고 했다. 소년은 양어머니를 죽였고, 표범은 그것을 인정하면서 소년에게 구운 고기를 가지고 마을로 돌아갈 길을 알려 주었다.

표범은 양아들에게 모든 것을 주지요. 불마저 말입니다. 신화는 불과 같은 고도의 문명을 표범, 즉 초자연적 존재가 그냥 준다고 합니다. 물론 '그냥'은 표면적인 말일 뿐, 심층의 메시지는 소년이 똥, 침 등 중재 능력을 키웠기 때문에 불을 얻게 된다고 하는 이야기입니다. 그럼 표면적으로 왜 '그냥'을 강조할까요? 구운 고기, 멋진 집, 성능 좋은 활… 좋은 모든 것이 자연에 이미 다 있다는 것을 강조하기 위해서입니다. 문명의 이런 장치들은 인간이 열심히 노력한다고 해서 얻을 수 있는 것이 아닙니다. 반드시 '신', 즉 '자연'의 선의로만 받을 수 있습니다. 이런 의미가 신화의 표면에 흐르고 있으니, 아피나이에족은 겸손하게 불을 다루었을 것입니다.

이 불을 몰래 가져오면 어떻게 될까요? 큰 화를 부르게 되겠지요. 뒤에서 차차 보시게 되겠지만 신화는 자기 자리를 고집하는 자('나는 두 발 달린 인간이다!'), 제 욕망에 빠진 자('익힌 고기는 표범만 먹어야 한다')에게 다각도로 경고를 보냅니다.

무문자 사회의 신화는 아니지만, 자연의 선의로 받아야 할 것을 몰래 빼내는 일에 대한 죄의식이 잘 드러난 것이 바로 프로메테우스 신화입니다. 프로메테우스는 신으로부터 불을 훔쳐 인간에게 갖다 줍니다. 그 벌로 바위에 묶여 가슴이 찢어지고 또 찢어지는 벌을 받습니다. 프로메테우스 자체로만 보면 비극입니다. 그런데 기호적 관점에서 보면 프로메테우스 신화도 불의 성질을 보여 주기에 집중한다는 것을 알 수 있습니다. 프로메테우스의 찢김과 붙여짐은 물질의 분해와 재조합 능력이고, 불의 변용력과 같기 때문입니다.

프로메테우스의 불-도둑질 이야기는 인간의 편의에 따른 기술 사용에 대한 부담감을 말해 줍니다. 프로메테우스에 따르면, 문명은 창조된 것이 아니라 훔친 것입니다. 여기에는 자연의 어떤 것도 주인을 가질 수 없다는 점, 내 것이 아니기 때문에 절대적 권리를 행사할 수 없다는 점, 내 욕망과 그것의 펼침이 자연에 꼭 일어날 필요는 없는 부당한 일이라는 의미가 들어 있습니다. 프로메테우스 신화는 훔침이라는 기호를 통해 죄의식을 작동시키는 것입니다.

이러니 기독교에 '원죄'가 있는 것처럼 신화 세계에도 원죄 개념이 있다고 할 수 있겠습니다. 그런데 두 죄의식에는 큰 차이가 있습니다. 프로메테우스도 절대 반성하지 않습니다. 아피나이에족의 소년도 양어머니를 죽이면서 미안해하지 않고요. 신화는 원죄를 지을 수밖에 없음, 즉 기술이 가져오는 불균형에 대해 무조건 반성하라고 하지 않습니다. 아무것도 훔치지 않았던 순진무구한 상태로 돌아가라고 하지 않고, 제 욕망이 부른 자연의 편중을 보다 넓은 관점에서 조망하며 대칭성을 회복하라고 하지요. 그래서 신화는 불의 사용에 따른 대가가 무엇인지, 그리고 어떤 책임을 질 것인지에 더 집중합니다. 이것을 마지막 대목에서 알 수 있습니다.

④ 표범은 '너를 부르는 소리가 세 번 들릴 텐데 바위의 부름과 아로에이라 나무의 부름에는 답하되 **'썩은 나무의 부드러운 부름'은 못 들은 체하고 지나가라고 충고했다. 소년은 표범의 권고를 잊고 모든 부름에 답을 하고 말았다. 바로 이런 이유로 사람들의 생명이 단축됐다.** 소년에게 또 다른 부름이 들려왔고 그는 이에 대답했다. 그것은 식인귀 메갈론캄두레였는데 여러 가지 변장을 할 수 있었기에 소년의 아버지로 변했지만 소년에게 정체를 들켰다. 소년은 식인귀와 싸웠으나 졌고, 식인귀는 소년을 채롱에 담아 자기 가족에게 데리고 갔다. 가는 길에 식인귀는 코아티coati: 남미 곰의 일종 사냥을 위해 멈췄다. 소년은 식인귀에게 코아티를 쫓기 전에 풀을 베어 길을 만들라고 하고는 채롱에 돌을 채워 넣고 자기가 먼저 이 길로 달아났다. 소년은 마을로 돌아와서 모험담을 이야기했고, 모든 인디언이 불을 찾아 떠났다. 자호새와 자쿠새가 이들을 도왔고, 맥貘, tapir은 커다란 장작을 날랐다. 마침내 표범이 나타나 '나는 이 아이의 양아버지요'라고 말하며 불을 사람들에게 선물로 주었다.

마지막이 불의 능력에 제한을 두는 것으로 끝나 흥미롭

습니다. 불은 변용력 때문에 모든 것과 연결됩니다. 쉽게 말해, 불이 붙기 시작하면 한도 끝도 없이 태워 버릴 수 있습니다. 그것은 좋지 않지요. 적당히 맺고 끊을 수 있는, 변용력의 한계가 설정되어야 합니다. 표범은 그것을 썩은 나무의 부름으로 가르칩니다.

돌과 나무의 부름에는 답해도 됩니다. 돌과 나무의 마주침 자체가 불을 일으키게 하니까 여기까지는 변용을 일으키는 관계로 합당합니다. 썩은 나무는 왜 안 될까요? 썩은 나무란 나무이기를 그친 것, 즉 죽음입니다. 산 자가 죽음과 연결되면 어떻게 될까요? 살아 있으면서도 죽은 것, 요샛말로 하면 좀비가 됩니다. 신화는 이처럼 아무 때나 아무렇게나 막 섞여 들어가 있는 상태를 경계합니다. 불의 신화에 따르면 나와 너가 마구 뭉개져 하나가 되는 것은 둘 모두 재가 되는 일이니 옳지 않습니다. 적합한 때와 장소를 가려 돌과 나무와, 무엇보다 다른 인간과 관계 맺을 수 있어야 합니다.

인터넷의 발달로 엄청나게 빠른 속도로 타인과 연결되는 요즘입니다. 신화는 어떻게 생각할까요? 부정적인 답이 돌아올 것 같습니다. 무차별적인 연결은 아무 연결도 아닌 것, 재가 되는 것, 즉 사회적 죽음이나 다름없으니까요. 세상의 구석구석과 연결되면 될수록 고유한 자기 자리를 잃을 위험이 큽니다. 신화에 따르면 기술의 힘은 연결 확장에 있지 않습니다. 아피나이에 소년에게는 적합한 관계를 이루기 위해 자기 변용을 할 기회를 주는 것이 불이었습니다.

불값은 목숨값

남아메리카 불의 기원 신화는 많은 경우 단명短命의 신화와 연결된다고 합니다. 불을 때려면 장작이 필요하지요, 장작을 얻으려면 나무가 있어야 합니다. 중앙 브라질 토착민들은 돌만으로는 나무를 찍어 넘길 수 없겠다고 생각했습니다. 심지어 문두루쿠족에게는 마른 나무나 썩은 나무라는 구분이 없었다고 하지요. 이들에게는 단지 살아 있는 나무만이 존재합니다. 죽으면 나무가 아니니까요. 이 인디언들은 나무를 얻기 위해서 불의 힘을 꼭 빌렸습니다. 나무 밑둥에 며칠 동안 불을 놓아, 살아 있는 젖은 나무를 천천히 연소시킨 뒤 기본적인 도구로 찍어 넘겼습니다. 잡은 고기를 익히기 위해서는 먼저 살아 있는 나무를 죽여야 한다는 점을 놓치지 않았던 것입니다.

　이런 조건이라면, 화식을 위해서는 적어도 두 번의 살인이 일어날 수밖에 없습니다. 앞 절에서 사냥꾼에게 사냥감은 친척이나 친구였습니다. 숲 사람들에게는 자의적으로 베어야만 하는 나무 역시도 친척이나 친구였을 것입니다. 레비-스트로스는 유로크족 이야기를 언급합니다. 유로크족은 땔나무로 쓰기 위해 살아 있는 나무를 자르는 법은 없었다고 합니다. 이런 태도는 철제 도끼가 유입되기 전 대부분의 아메리카 인디언들에게 공유되었을 겁니다. 땔감은 서 있건 또는 쓰러져 있건 죽은 나무에서만 얻어야 했지요. 이 규칙을 어기는 것은 그들에게 명백히 살인 행위였습니다.

왜 살인이냐고요? 살아 있는 숲의 한 존재는 모두 나와 대화가 가능하니까요. 야생의 사고에서는 자연의 모든 종은 동등하며, 얼마든지 대화의 채널을 열 수 있습니다. 아피나이에족 소년이 표범과 가족이 될 수 있었던 것처럼요. 신화의 관점에서 인간과 동식물은 언제나 함께 문화를 구성할 수 있는 동등한 존재들이 됩니다. 그러니 내 배를 불리기 위해 살아 있는 나무를 자른다면 그것은 잠정적 살인입니다.

물론 어쩔 수 없이 살아 있는 나무를 태워야 할 때도 있겠지요. 화전을 할 때가 그렇습니다. 그런데 이때에도 인디언들은 막연하지만 뭔가 잘못되고 있다는 감정을 느낀다고 합니다. 팀비라족의 한 신화M71가 그것을 잘 보여 주는데요, 속에서 타고 있던 쓰러진 나무둥치 위를 걷던 한 인디언이 자신의 정원에서 실수로 불에 데었습니다. 상처는 치료될 수 없다는 판결이 났어요. 결국 호의적인 유령(한때는 조부모였고 숲의 정령이 된 유령)이 나타나 겨우 살렸는데, 이때 주인공은 피로 더러워진 손으로 구운 고기를 먹음으로써 내장의 통증을 치료할 수 있는 능력을 얻게 됩니다.

속이 타고 있던 그 나무는 살해당한 나무겠지요. 누군가의 땔감이 되기 위해서 말입니다. 나무를 죽였으므로 누군가는 반드시 벌을 받게 됩니다. 이것이 주인공이 속병을 앓게 되는 이유지요. 숲에서는 내가 죽이지 않아도 내가 벌을 받습니다. 만물이 공생의 끈으로 연결되어 있으니까요.

조부모 유령이 소년을 고쳐 주는데요, 결국 이 신화는 숲 안에서 서로 병 주고 약 주는 이야기, 숲-가족 잔혹극입니다. 조부모 영혼의 호의로 용서를 받게 된 주인공은 피로 더럽혀진 몸이 되면서 내장의 고통을 치유하는 방법을 얻습니다. 피 묻은 모습이니 그도 찍혀 타게 된 나무나 마찬가지가 된 거예요. 그는 겉으로는 타지만 안으로는 치유되는 형상을 갖게 된 것인데, 이로써 '인간-나무'가 되어 새 삶을 살게 됩니다. 죽인 자는 죽은 자의 형상을 취함으로써만 계속 살아갈 수 있습니다.

여기서 아피나이에 신화에서 불을 훔친 소년이 표범-어머니를 죽이는 모티프도 다시 해석해 볼 수 있습니다. 불을 얻는다는 것은 자연 어머니를 죽이는 일이고, 어머니를 죽이는 일이라는 점에서 자식인 자신을 부정하는 일이기도 합니다. 불의 기원 신화는 '문명' 안에 내재되어 있는 근원적 비극을 놓치지 않으려 합니다. 문명이란 누군가의 편의를 일부러 도모하는 일이며 필연적으로 동족상잔을 수반합니다. 죽인 것들은 모두 내 어머니요, 내 형제입니다. 신화는 불이라는 기술의 사용에 대해 그토록 무시무시한 주의를 주면서 조심하라고 한 것입니다.

운명을 요리하는
기술

절제, 다채로운 삶을 여는 지혜

불값이 목숨값이며 더 나아가 어머니를 죽이는 일과 마찬가지이기 때문에, 불을 얻기 위해서는 특별한 태도를 갖춰야 합니다. 만약 이 태도를 갖추지 못하면 정말 화를 입게 됩니다. 운명이고 뭐고 할 것 없이 재가 되고 말 것입니다. 신화는 바로 이런 관점에서 불의 윤리를 만듭니다. 그것은 무엇보다 '절제'입니다. 불의 기원 신화가 명백히 절제를 강조하기 때문에, 신화는 식재의 마련과 조리, 나눔에 있어서 전반적으로 절제를 중시하게 됩니다.

보로로족의 신화 '불의 기원'을 볼까요?M55. '보로로족의 신화: 불의 기원', 『신화학 1』, 287~288쪽 참고 물론 여기서도 불은 인간 스스로가 개발할 수 있는 기술이 아닙니다. 어쩌다 얻는 선물입니다. 굵은 글씨에 유의해 주세요.

① **아주 오래전 원숭이는 사람이나 마찬가지였다.** 몸에 털도 없었고, 카누를 타고 항해를 했으며, 옥수수를 먹었고, 그리고 그물로 된 침대에서 잠을 잤다. 어느 날 원숭이와 프레아들쥐가 함께 항해를 했는데, 농장에서 돌아오던 터라 배 밑에 옥수수가 가득했다. **쥐는 게걸스럽게 옥수수를 쏠았다. 걱정이 된 원숭이는 배에 구멍이 날지도 모른다며 쥐를 말렸으나** 충고를 무시했던 프레아들쥐 덕분에 둘 모두 피라니아가 이빨을 벌리고 있는 물에 빠져 죽을 지경이 되었다. 하지만 원숭이는 수영을 잘해서 피라니아 아가미를 붙잡고 물가에 닿았다. 프레아들쥐는 피라니아에게 먹혔다.

② 원숭이는 얼마 후 물고기가 먹고 싶어 넋이 나간 표범을 만났다. 원숭이는 표범을 저녁 식사에 초대했는데, 표범은 불을 찾았다. 원숭이는 멀리 붉게 지고 있는 해를 가리키며 '저기, 저 불을 찾아와!'라고 했다. 표범이 해를 못 찾고 돌아오자 원숭이는 다시 독려해 표범을 더 멀리까지, 해가 지는 먼 곳까지 보냈다.

③ **그 사이 원숭이는 막대기 두 개를 반대로 맞대어 돌리며 불을**

만드는 기술을 발명했다. 그리고 사람들에게 불 피우는 기술을 가르쳐 주었다. 원숭이는 불로 생선을 구워 뼈만 남기고 다 먹었다. 그런 후 나무 위로 올라가 꼭대기에 앉아 있었다.

④ 표범은 지쳐 돌아와 분노했고 원숭이를 잡아먹겠다며 흥분했다. 우선 원숭이가 먹고 남긴 생선뼈 흔적을 따라 추적했지만 실패했다. **원숭이가 휘파람을 불며 나무 위에서 표범을 불렀는데,** 표범이 내려오라고 해도 내려가지 않았다. 나무를 마구 흔드는 표범에 대항해 원숭이는 계속 저항했지만 결국 표범에게 입을 벌리라고 했다. 그리고 **표범의 입속으로 뛰어들었다.** 표범은 으르렁거리며 입을 혀로 핥으면서 숲으로 들어갔다.

⑤ 표범은 원숭이가 뱃속에서 난리 치는 바람에 고통을 겪었고, 원숭이에게 참아 달라고 애원했지만 소용없었다. 원숭이는 결국 칼로 표범의 배를 가르고 나와, 표범의 가죽을 벗겨 머리띠 크기로 잘라 자기 머리를 장식했다. 원숭이는 적개심을 갖고 자기 주위에 다가오는 다른 표범에게는 겁을 주어 쫓아 버렸다.

위 신화에서는 원숭이가 불 피우는 법을 발명하게 됩니다. 원숭이는 표범보다 지혜가 뛰어나니, 이번에는 원숭이가 초문화적 존재로 나온다 할 수 있습니다. 그런데 어째서 원숭이가 표범보다 우월한 존재가 되었을까요? 원숭이는 게걸스러운 프레아들쥐와 달리 절제할 줄 알았습니다(①). 탐식이야말로 초문화적 존재에게는 어울리지 않는 일이라는 것을 알 수 있습니다. 이런 절제의 미덕을 갖춘 자는 불 피우기를 발명할 수 있고, 그 기술을 나누어 줄 수도 있습니다.

마지막 부분을 해석해 보겠습니다. 원숭이는 왜 표범의 뱃속으로 들어갔다 나오는 걸까요? 여기서 표범은 탐식가입니다. 표범은 원하는 것을 얻으려고 세상 끝까지 달려가고, 필요하면 나무를 흔들어서라도 욕망을 채워야 하는 욕심쟁이지요. 절제의 화신인 원숭이는 바로 그 표범의 배를 터지도록 채운 뒤 안에서부터 그것을 찢어 버립니다. 우선 확인할 수 있는 것은 마구 채운 욕망은 터지게 되어 있다는 메시지입니다.

원숭이의 절제는 예의와 연결됩니다. 원숭이는 표범의 가죽으로 만든 머리띠 같은 장신구를 차고 돌아다니면서 다른 욕심쟁이 표범들을 두렵게 합니다. 장신구를 찬다는 것은 내가 '누구에게 어떻게 보이는지' 신경 쓰는 행동입니다. 타자들과의 관계 속에 내가 있다는 것을 의식하는 행위지요. 여기서 장신구는 원숭이의 문화성을 의미합니다. 불은 문명의 수단이고, 최고最古의 문명을 소유한 최고最高의 문화는 결국 만물의 관계를 고민한다는 뜻입니다. 타자에게 내가 어떻게 보일지를 알고 어떻게 나를 드러내야 할지를 아는 것이 예의이므로, 불을 다루는 자, 즉 문명인이라면 반드시 예의가 있어야 합니다.

오페에족의 불의 신화에서도 예의가 중시됩니다.M56. '오페에 신화: 불의 기원', 『신화학 1』, 289~290쪽 참고 옛날에 표범의 어머니가 불의 주인이었습니다. 동물들이 불씨를 훔치자고 합의한 뒤 온갖 수를 다 썼지요. 표범 어머니를 잠재워 간지럽히고, 그때 근육의 힘이 빠진 틈을 노려 불을 빼앗자는 둥 별의별 시도가 다 있었지만 모두 실패했습니다. 코티아들쥐, 맥, 긴수염원숭이, 개 등등 모두 표범 어머니의 불같은 눈동자 앞에서 나가떨어졌지요. 그때 굳이 이 일에 참여할 '필요도 없는' 프레아들쥐가 나섰습니다. "안녕하세요. 할머니, 어떻게 지내세요? 저는 불을 가지러 왔습니다." 그리고는 프레아들쥐는 불을 탈취해선 목에 걸고 가 버렸지요. 프레아들쥐가 불을 훔쳤다고도 할 수 있습니다. 하지만 녀석은 먼저 인사를 했지요. 그러니 받았다고 해야 합니다.

"안녕하세요. 요즘 어떻게 지내세요?" 초등학교 앞에서 아이들 등교하는 것을 가끔 보게 되는 저는 이 프레아들쥐 신화를 알게 된 뒤로 인사하는 풍경에 뭉클해집니다. 모르는 어른에게 인사를 드린다는 것은 지금까지의 감사를 비롯해 앞으로 신세질 것을 예고하는 일이기도 하니까요. 우리는 서로에게 남입니다. 생존을 위해 상대에게서 끊임없이 받고 있고, 누군가에게 끊임없이 주기도 해야 합니다. 원하든 원하지 않든 말이지요. 그것을 절실하게 이해한다면 받거나 줄 때 정말 상대방에게 고마움을 느끼지 않을 수 없게 될 것입니다. 그럼 또 절제하며 주변을 살피게 되겠지요.

불을 절제하는 자를 다른 말로 하면 불을 잘 중재한 자라고 할 수 있습니다. 절제와 예의가 자연의 다른 타자를 고려하는 행위라면, 이 중재는 왜 필요할까요? 파린틴틴족의 신화 '새들의 색깔'을 읽으며 생각해 보겠습니다.M719. '파린틴틴족의 신화, 새들의 색깔', 『신화학 1』, 569~570쪽 참고

① 매우 친한 두 늙은 인디언이 수리독수리의 둥지를 털러 가기로 결정했다. 그들은 사다리를 만들었는데 한 명이 독수리 둥지가 있는 나무 위로 올라가 새끼를 발견했다. 나무 아래에 남은 다른 인디언이 새끼의 생김을 묻자 위의 인디언이 "네 마누라의 그것처럼 털이 나 있다"라고 대답했는데, 화가 난 아래의 인디언 이파니테게는 사다리를 치우고 가 버렸다.

불의 기원 신화는 대체로 '새둥지 터는 사람' 모티프를 포함합니다. 하늘에 떠 있는 그 뜨거움과 대지를 연결시키려

다 보니, 나무처럼 '높이'를 갖는 기호를 쓰는 것입니다. 새둥지 이야기에서는 언제나 두 사나이가 나오죠. 부자 관계일 때도 있고 처남-매부 관계일 때도 있는데, 여기서는 오래된 친구로 나옵니다.

위에 올라간 친구가 이파니테게를 모욕했다는 것이 표면적인 이야기이지만, 사실 파린틴틴족은 이 도입부를 통해 '높은 곳에서 바라보는 일'은 '아래에서 바라보는 일'과 연결되어 있다는 점을 강조합니다. 누군가의 성기를 보려면 그는 땅에 바싹 몸을 엎드려야 할 테니까요. 여기서 나무 위에 올라간 사나이는 위와 아래를 동시에 조망하는 존재로서 훌륭한 중개항이 되는 것입니다.

② 다른 인디언 카노레우는 닷새 동안 물 한 모금, 음식 한 점 먹지 못하고 말벌과 밤낮없이 물어 대는 **모기에게 뜯기면서 나무 위에 있었다.** 드디어 독수리가 새끼를 부르며 둥지로 왔고 독수리는 인디언 가까이에 앉아 질문을 했다. **인디언은 재치 있고 재미있게 답했으므로 독수리의 호감을 얻게 되었고,** 마침내 카노레우의 복수를 돕기로 한다. 독수리는 카노레우의 온몸이 털로 다 덮일 때까지 몸을 털며 깃털을 떨어뜨렸고, 카노레우는 결국 독수리로 변했다. **변신에 성공하자 독수리는 카노레우에게 나는 법과 굵은 나뭇가지 분지르는 법을 가르쳤다.**

③ 독수리와 독수리-카노레우는 마을로 들어가 커다란 소리를 질러 대며 부리와 발톱으로 이파니테게를 공격했다. 마을의 다른 인디언들이 쏜 화살도 모두 이파니테게에게로 날아갔다. 인디언들은 화살에 매달린 줄로 이파니테게를 빼내 오려 했지만 줄이 끊어져 **결국 광장에 창자와 뇌조각 가득한 핏물 웅덩이가 생겼다. 독수리들은 먹이를 둥지까지 운반해 다른 독수리와 나누려 했는데, 먹고자 한다면 '문신'을 해야 한다는 조건을 걸었다.** 아라앵무새는 피로 깃털에 빗질을 했고 무툼새는 날개 끝과 부리에 뇌척수액을 발랐고, 탕가라-후새는 부리에 피를, 앵무새 암컷과 수컷은 깃털을 담즙으로, 왜가리는 깃털을 뇌척수액으로 칠했다. 수루쿠아-후새는 가슴을, 자쿠-페문-후새는 목을 피로 물들였다. 새들의 모든 색깔이 인디언의 피, 담즙, 뇌수로 칠해졌고 마침내 새들은 살을 먹었다.

카노레우는 직접 불을 가져오는 사람은 아니지만 신화 화소의 기능적 측면에서 불을 가져온 자의 역할을 충실히 해냅니다. 하늘과 땅을 중재했고 인간과 동물 사이를 중재하니까요. 모기에 물어뜯긴 그의 몸은 피칠갑되었을 테니, 똥칠갑되었던 아피나이에 소년과 비슷합니다. 많은 것을 변용할 능력을 갖추게 된 카노레우!

덕분에 세상은 다채로워집니다. 인간의 내장과 새들의

색깔 혹은 식물의 색깔에는 어떤 관계가 있을까요? 인디언들은 깃털이나 식물의 다양한 생김 혹은 꽃의 색깔을 미적 대상으로 보지 않는다고 합니다. 미적 대상일 경우 명암이나 색조의 차이를 기술하고 분석하는 것이 중요한데, 인디언들은 그런 일에는 전혀 관심이 없기 때문입니다. 레비-스트로스에 따르면 인디언들에게 색채의 의미는 총체성 속에서의 변별 기호라고 합니다.『신화학 1』, 587쪽 색이란 온-자연을 분할하고 분류하는 기호이기에 빨갛거나 노란 색의 의미를 물으려면 감각적 쾌락의 차원을 살필 일이 아니라 특정 공동체가 속한 시공간의 지세학地勢學적이고 천문학적인 의미를 먼저 물어야 합니다.

카노레우는 재치 있고 재미있게 답했으므로 절제했고 예의가 있었다 할 수 있습니다. 그럼 ③에서처럼 인간의 내장으로 다양한 색채표가 만들어졌다는 말은 어떻게 이해하면 좋을까요? 우선 ⓐ **신화가 인간의 신체를 우주론적 차원과 평행적으로 이해한다는 것을 알 수 있습니다.** 인간의 신체는 하나하나가 우주 자연의 총체적 색채 관계를 표현합니다. 새들의 문신 새기기는 혼탁한 동물종들을 질서의 차원에 두겠다는 것을 의미합니다. 파린틴틴족의 '새들의 색깔' 신화의 메시지는 선명합니다. ⓑ **대립하는 두 항을 중재함으로써, 더 많은 다양성이 만들어진다!**

주변을 돌아보면 욕심나는 것투성이지요. 신화는 무엇과 변용을 해나가며 살아야 할지를 고민할 때, 어떤 자기다움에도 머물지 않는 절제를 통해 참으로 다채롭게 살아갈 수 있다고 합니다. 과도한 연결, 무한한 삶의 확장을 경계하는 이유는 낯선 사건들이 우리 일상에 더 많이 깃들기를 바라기 때문입니다. 최고로 좋은 삶은 다양한 가치들이 함께 어우러지는 것이지요.

겸손, 차이를 존중하는 능력

신화가 일상의 모든 순간에 의미를 부여하고, 자연 전체의 최적화된 관계에 맞게 자기 행위양식을 조정해 갔다는 점이 놀랍습니다. 자연(본능)을 따르는 것은 사회의 나쁜 구성원이 되는 일입니다. 본능에 저항할 수 있는 정도가 그 사람 삶의 수준을 결정합니다. 그래서 자기 규율에 철저히 복종하는 인디언들의 자존심이 얼마나 강했을지 상상이 됩니다. 레비-스트로스가 『슬픈 열대』에서 칭찬한 카두베오족의 안면도식도 떠오릅니다. 카두베오족은 얼굴과 몸에 우주 질서를 새기고 그 법칙에 충실한 자가 되기 위해 일생을 노력한다고 합니다. 문화적 수준을 최고도로 높이기 위해 영아 살해도 서슴지 않았지요. 세상 모든 짐승이 새끼를 물고 빠는데, 인간이라면 그런 원초적 모성도 절제할 줄 알아야 하거든요. 그들은 먹고 싶을 때 먹고, 싸고 싶을 때 싸는 저 같은 사람을 비루하다 볼 것입니다. 흑!

그런데 신화 속에서 부肺는 연결이며, 다양한 관계에 대한 지향입니다. 하여 그들의 자존심은 많은 것을 소유한 자의 오만함과는 다릅니다. 톨리팡족의 신화를 보겠습니다.M524. '소

화의 기원', 『신화학 3』, 689~690쪽 참고

옛날에 인간들과 동물들은 항문이 없었다. 그래서 그들은 입으로 변을 보았다. 항문 푸이이토는 천천히 동료들과 거닐다가 그들의 얼굴에 방귀를 뀌고는 달아났다. 화가 난 동료들은 서로 협력했다. 그들이 자는 척하고 있자 푸이이토가 그들 중 한 명에게로 다가와서는 평소에 하던 행동을 준비할 그때 동물들은 그를 사냥하여 잡아서는 썰어 토막을 냈다.

각 동물들은 자신의 몫을 받았는데, 오늘날 우리가 보는 각 동물들의 구멍의 크기에 따라 크고 작은 몫(조각)을 받았다. 이것이 살아 있는 모든 창조물들이 하나의 항문을 갖고 있는 이유이다. 항문이 없다면 이 창조물들은 항상 터질 것 같은 고통을 느끼며 입으로 변을 보아야만 했을 것이다.

2. 이야기는 불로 익힌다

인간과 동물에게 항문 없는 시절이 있었네요?^^ 신화 제목이 소화의 기원인데 실제로 뭘 먹는지 잘 모르시겠다구요? 어이구, 왜 이러십니까? 바로 방귀입니다. 푸이이토가 동료들 얼굴에 방귀를 날리니까, 입으로 뭔가를 넣는다는 점에서 이것도 식사가 됩니다.

톨리팡족은 왜 소화의 기원에 대해 이해하려 했을까요? 항문이 있고 없고가 소화랑 어떻게 연결될까요? 항문이 없으면 들어간 음식이 곧바로 밖으로 배출됩니다. 혹은 입으로 먹고 입으로 싸느라 한정도 없고 경계도 없이 엉망진창인 형태로 있어야 합니다. 톨리팡족은 자연종들의 항문을 보며 신체가 무엇을 가둘 수 있게 하고, 가둠으로써 그 안에서 형질 변화를 일으키게 한다는 의미를 읽습니다. 항문은 뚫린 신체에 형식을 만드는 장치, 즉 문화적 기호입니다.

흥미로운 것은 톨리팡족이 항문의 성질을 교만하다고 보고 있다는 점입니다. 항문은 경우 없이 막 방귀를 뀌어 대며 동료를 모욕했고, 그래서 벌 받습니다. 항문, 즉 열린 신체를 제멋대로 여닫는 것, 자기중심적으로 자타를 구분하는 것은 오만한 일인 것입니다. 여기서 특정 문화를 그 자체로 가치 있다고 보는 태도가 경계되고 있음을 알 수 있습니다. 항문은 때에 맞게 열리고 닫힐 줄 알아야 하며, 그 폐쇄적 도도함을 늘 경계해야 합니다.

이제 항문이 어떤 벌을 받는지 볼까요? 모두에게 딱 맞는 항문으로의 변용입니다. 역시 다양성이 강조됩니다. 각각의 동물이 저마다의 항문을 갖고 있다고 한 말의 의미가 무엇일까요? 우리 각자에게는 저마다의 형식으로 자연과 자기들 사이의 관계 중재법이 있다는 뜻입니다.

왜 항문 이야기가 소화의 기원이 될까요? 먹은 것을 소화시켜 양분으로 바꾸는 과정이 곧 문화 작용이기 때문입니다. 문화란 나 아닌 것을 들여와 바꾸고, 그것을 통해 다시 바뀐 나를 만드는 일인 것이지요. 앞서 항문 푸이이토의 친구들은 입으로 변을 보았습니다. 들여야 할 곳을 뱉는 곳으로 쓴다는 것은 타자들과 관계 맺는 방식이 뭉개졌음을 뜻합니다. 이 문제가 푸이이토의 분해를 통해 해결되어, 이제 각각의 종은 자기에 맞는 항문을 갖고 관계를 여닫게 되는 겁니다.

항문 푸이이토가 가장 경계해야 할 것은 교만입니다. 그럼 어떤 것이 겸손일까요? 불 계열에 놓인 담배의 기원 신화로 이 부분을 설명드려 보겠습니다.M327. '와라우족의 신화: 담배와 샤먼의 힘(능력)의 기원 (1)', 『신화학 2』, 592-594쪽 참고

① 오래전에 한 인디언이 그물침대 잘 짜는 여인을 아내로 얻었는데 아이는 얻을 수 없었다. 두번째 부인은 쿠루시와리라고 불리는 아이를 낳았는데, 아이는 의붓어머니를 계속 곤란하게

2. 이야기는 불로 익힌다

하면서 방해했다. **하루는 의붓어머니가 아이를 밀게 되었다. 넘어져서 울며 아이는 집을 떠났다.** 친어머니도 아버지와 바빴고, 아무도 아이가 가출하는 것을 보지 못했다.

아이가 집을 떠나는 이유는 가족들이 그를 돌보지 않아서입니다. 의붓어머니는 그물침대 만들기에만 빠져 있고, 친어머니는 아버지와의 사랑에 빠져 있습니다. 부부 중심의 핵가족이 절대적인 우리 시대의 상식에서 보면, 수완 좋은 의붓엄마, 사이 좋은 친부모, 있을 것 다 있는 가족인데 아이는 불행하다며 가출합니다. 이유가 뭘까요? 각자가 자기 것만 하고 있어서입니다.

② 저녁이 되자 식구들은 걱정이 되어 아이를 찾아 나섰다. 아이는 이웃 오두막에서 다른 아이와 함께 놀다가 발견되었다. 아이는 부모가 휴가 여행을 떠난 것이라고 생각해 다시 사라졌다. 이때 마투라-와리라 불리는 이웃 아이도 사라졌다. 세번째 오두막에서 같은 일이 반복되었다. 두 소년이 카와이-와리라 불리는 세번째 소년을 데리고 떠났다.

자식을 돌보지 않는 한 부모의 문제가 이웃의, 또 그 이웃의 아이들마저 모두 가출시키는 것으로 보아 이 가족들을 다시 연결시키려면 대단한 수준의 매개력이 동원되어야 함을 알 수 있습니다. 이때 '담배'가 필요합니다.

③ 세 아이를 찾으러 여섯 명의 부모가 나섰지만 세번째, 두번째 부부가 차례로 포기하게 되었다. 멀리 떠난 아이들은 말벌과 친구가 되었다. **말벌은 당시 말을 할 수 있었고 사람을 쏘지 않았다. 아이들은 검은 말벌에게 사람들을 쏘라 했고 붉은 말벌에게는 쏠 뿐만 아니라 뜨거움도 주라고 했다.** 마침내 첫번째 부부가 바닷가에서 성장한 소년이 된 아이들을 만났다. 우두머리인 첫번째 아이가 자신은 계모에게 구박을 받았으며 부모가 자신을 돌보지 않았다며 이를 거절했다. 아들은 부모가 사원을 짓고 담배를 가지고 그를 '부르면' 나타나겠다고 했다.

이후의 이야기는 담배를 피우면서 부르면 돌아오겠다는 아들의 약속을 실현시키기 위해, 훌륭한 담배를 찾아 나서는 부모의 모험으로 이루어집니다. 위에서 소년들이 무색무취였던 말벌에게 독을 부여하는 것으로 나오지요? 결국 담배를 찾은 부모는 샤먼이 됩니다. 자기 할 일만 중요해서 아이들은 안중에도 없던 이들이 마을 전부, 숲 전체가 필요한 일을 하게 되는 것이지요. 신화에서는 자기 일이 따로 있지 않고, 의존할 수밖에 없는 모두의 일을 생각하라 합니다. 우리를 생각하기 위해서는 먼저 타자를 바라볼 수 있어야겠지요. 눈앞에 아이가 있다는 것을 놓치고 만다면 부모일 수 없어요. 마을의 구성원일 수 없어요, 숲의 한 생명일 수 없어요.

담배 기원 신화의 변주로 웃음과 비명 기원 신화가 있습니다. 당연합니다. 담배는 연기이며 입으로 나가는 것인데 웃음과 비명 또한 입에서 뭔가가 나오는 일이니까요. 남아메리카 인디언들은 웃음이나 비명의 기호를 보면 금방 담배를 떠올린다고 합니다. 그런데 웃음과 비명 기원 신화 역시 눈앞의 타자가 누구인지를 보라는 메시지를 강하게 전하고 있어 흥미롭습니다. 먼저 웃음의 문제를 다룬 보로로족의 신화, '표범의 아내'를 보겠습니다.M46. '보로로족의 신화: 표범의 아내', 『신화학 1』, 281 쪽 참고

① 생명을 건진 대가로 인디언 한 사람이 자신의 딸을 표범에게 주어야 했다. 그녀는 아이를 분만할 때가 되었는데, 남편인 표범은 사냥을 떠나면서 혼자 남게 된 아내에게 어떤 경우에도 웃지 말라고 주의를 주었다. 얼마 지나지 않아 커다란 벌레(표범의 어머니-시어머니)가 나타나 추하고 우스꽝스러운 소리를 냈다. 이 소리로 시어머니는 며느리를 웃기려 한 것이다.

표범에게 생명을 빚진 인디언이 있다고 합니다. 보로로

족은 표범을 불의 주인으로 생각하지요. 그러니 여기에 불의 관계학이 들어 있다고 생각할 수 있습니다. 임신한 아내는 웃지 않아야 합니다. 당연하지요, 아직 태아가 익지 않았으니 말입니다. 그릇은 닫혀 있어야 합니다. 그런데 손자를 보아야 할 시어머니는 왜 며느리를 웃기려 했을까요? 그것도 추하고 우스꽝스러운 소리로요. 시어머니는 벌레, 즉 분해자입니다. 또한 표범이지요. 최상위 포식자로서 만물을 잇고 풀 수 있는 능력의 담지자이니까, 며느리가 낳을 손자만 편애할 수는 없습니다. 벌레-시어머니는 만물이 연결되는 것을 원하니 뚱, 입 다물고 있는 며느리가 참을 수 없었을 것입니다.

② **여인은 끝내 웃음을 참지 못해 고통받으며 죽어 갔다.** 표범은 발톱으로 제왕절개를 하기에 적당한 시간에 돌아와 뱃속의 쌍둥이를 꺼냈는데, 아이들이 후에 보코도리 씨족과 이투보레 씨족의 문화창조 영웅이 되었다.

며느리는 최선을 다해 참으려 했습니다. 비록 실패했지만, 절제하려는 노력을 멈추지 않았어요. 신화가 이런 절제의 노력을 칭찬하지 않을 리 없지요. 며느리는 이 초자연적 존재 앞에서 무례하지 않으려 애쓴 덕분에 위대한 영웅 아들을 낳을 수 있었습니다.

다음은 비명의 경우입니다.M53. '투쿠나족의 신화: 표범의 사위', 『신화학 1』, 284~285쪽 참고

① 길을 잃은 사냥꾼이 표범의 거처에 도착했다. 표범의 딸들은 사냥꾼이 잡으려고 했던 원숭이가 자기들의 친구라며 그를 집 안으로 초대했다. 표범의 아내는 사냥꾼을 숨겼지만, 귀가한 표범은 인간의 살냄새를 맡았다. **표범은 저녁거리로 야생돼지를 가져왔다. 사냥꾼 앞에 나타난 표범은 사냥꾼을 머리부터 발끝까지 핥은 후에 자기 가죽을 벗고 인간의 모습을 취했다.** 그리고 요리가 될 때까지 손님과 편안히 잡담했다.

가죽을 벗으면 표범도 인간이 됩니다. 신화도 정신과 육체가 이분적으로 나누어진다고 보는 것입니다. 그러나 신화는 이 둘을 조화롭게 연결시킬 '송과선'(데카르트) 같은 것은 찾지 않습니다. 외피야 얼마든지 바꿀 수 있고(표범의 경우), 내용도 얼마든지 바꿀 수 있는 것(인간-아들이 되었다가, 표범-아들이 되었다가 하는 아피나이에족의 새둥지 터는 소년M9. '아피나이에족 신화: 불의 기원', 『신화학 1』, 195~197쪽 참고)이 '존재'이니까요.

② **표범의 아내는 사냥꾼에게 몰래, 고기가 몹시 매울 것이지만 절대로 불쾌한 모습을 보여서는 안 된다고 주의를 주었다. 사냥꾼은**

엄청난 고통을 참으며 저녁을 먹었고 표범은 그를 축하했다. 그러면서 무사히 사냥꾼이 마을로 돌아갈 수 있게 해주었다. 사냥꾼은 마을로 가던 길에 다시 길을 잃고 표범의 집으로 돌아왔고, 표범의 딸들과 결혼하게 되었다. 한참이 지난 후 사냥꾼은 마을로 돌아갈 수 있었으나, 그의 어머니가 보니 아들의 몸은 표범의 가죽처럼 점으로 뒤덮이기 시작했고 성정은 거칠고 사나워져 있었다. 어머니는 숯으로 아들의 몸을 칠해 감추었으나, 아들은 숲으로 달아났고 영영 돌아오지 않았다.

식사를 함께한다는 것은 중요합니다. 같은 식탁 위에서는 서로를 잡아먹지 않아야 하거든요. 〈센과 치히로의 행방불명〉에서 치히로도 요괴들의 세계에서 사라지지 않기 위해 그곳 음식을 먹어야 했습니다. 사냥꾼도 표범의 식사를 할 수 있어야, 표범의 식탁에 함께할 수 있습니다. 그런데 이것이 쉬운 일이 아니지요. 신화는 식탁을 옮겨 다니는 일이 엄청나게 힘들다고 합니다. 위에서는 취향이 맞지 않은 것이라고 나와 있는데요, 이것은 충분히 이해할 수 있는 일입니다. 마늘을 즐기는 한국인을 이해할 수 없는 외국인들도 있지 않습니까. 우리도 '고수'라든가 타 문화의 여러 양념이 잘 맞지 않아 불쾌할 때도 많고요. 그런데 이런 문화적 차이에 불쾌함을 표현해서는 안 됩니다. 신화는 차이를 혐오해서는 안 된다고 가르칩니다. 투쿠나족의 표범-사위는 차이를 감당하기 위해 비명을 참았던 것입니다.

불의 신화는 가르칩니다. 최고로 풍요로운 삶, 만물이 조화롭게 관계를 맺는 삶을 꿈꾸는 자는 곁의 타자가 보이는 다름을 겸손하게 받아들여야 한다고요. 자기를 낮추고 타자의 삶을 존중할 때, 불을 쓸 수 있는, 즉 문명의 이기를 누릴 수 있는 자격이 생깁니다.

3.

편식된
식재의
생태학

먹을 수 있다고 모든 것을 먹지 않습니다. 먹는다면 그것은 의미화된 무엇입니다. 그래서 인디오의 변덕스러운 혼을 연구했던 인류학자 카스트루는 야생의 식인을 타자 능력 섭취의 기호식이었다고 말합니다.에두아르두 비베이루스 지 카스트루, 『인디오의 변덕스러운 혼』, 존재론의 자루 옮김, 포도밭출판사, 2022 참고

먹는 것의 의미화와 마찬가지로 먹는 자의 의미화도 있습니다. 음식 기호학이라고 해야 할까요? 한국인이라면 김치지! 불고기지! 할 때, 김치와 불고기가 한국인의 기호가 됩니다. 음식은 차이 나는 민족들의 기호화에 좋지요. 음식은 '자기 은유'의 주된 도구였습니다.오누키 에미코, 「제1장 자기 은유로서의 음식」, 『쌀의 인류학』, 박동성 옮김, 소화, 2001 참고

그런데 음식임에도 불구하고 이런 차이화에는 차별이

작동할 수 있습니다. 아이누 사람들은 오랜 시간 조리하는 자기들이야말로 문명인이라며 날것을 좋아하는 일본인을 야만적이라고 한답니다. 일본 사람들은 한반도나 중국 대륙에서 쓰는 '마늘'을 두고, 자기들은 손도 대지 않을 야만적 양념이라며 고개를 절레절레 흔든다지요. 당황스러우시죠? 내가 너보다 우월한 이유는 김치를 먹어서 혹은 마늘을 먹지 않아서이니 말입니다. 취향에 불과한 자기 은유가 편협한 자문화중심주의의 외피를 두르는 때는 언제일까요?

민족지적 조사에서 다양하게 발견되는 자기 은유의 편협함을 보자면, 인류란 어디서나 타인을 부정할 준비가 되어 있는 사악한 존재처럼 느껴집니다. 그런데 이런 정보 옆에 신화를 나란히 두고 보면 조금 다른 생각이 듭니다. 분명 신화의 기호적 배치는 문화를 구성할 수 없는 존재, 불을 쓰지 못하는 자들을 비하합니다. 하지만 문화 자체가 고정된 무엇이 아니기에 날마다 자기 변용(불의 사용)을 통해 관계의 철학을 구현해야만 합니다. 또한 문화적으로 산다는 것은 차이를 더욱 더 확장하는 것이지, 마늘이냐 두반장이냐 선택을 강요하는 태도와는 거리가 멀다고도 하지요. 자기 은유를 갖고 자의식을 붙들게 되는 일상은 관계의 신화 기호를 통한 타자와의 마주침으로 새롭게 열려 가게 됩니다. 신화는 기호-요리입니다. 신화의 기호는 오누키 에미코가 말한 민족적 자기 은유로 사용되지 않습니다. 신화의 관심은 오직 관계이기 때문입니다.

관계의 철학인 신화가 특히 좋아하는 음식과 관련된 기호들이 있습니다. 『신화학』에 따르면 남북아메리카에서 발견되는 몇 가지 식재-기호들은 차이를 긍정하고 다채로운 관계를 모색하는 데에 꽤 쓸모가 있다고 합니다. 간식인 꿀, 농경의 상징인 옥수수, 육식의 기원인 야생돼지, 마지막으로 '사람'이 그것입니다. 이 네 가지 식재료들은 숲에서 각자가 처한 존재론적 상황을 설명해 주고, 그 안에서 찾아야 할 윤리의 구체적 방식에 대해 알려 줍니다. 이것은 다종다기한 숲 전체의 건강을 고민하기 때문에 대단히 생태적입니다.

꿀

: 반(反)신석기 혁명과 화전(火田)의 상상력

양의성과 주기성

헨젤과 그레텔이 과자의 집에 들어갔던 것 기억나십니까? 백
설공주도 사과 먹다 결혼하는 이야기고요, 전천당도 과자 가
게 이야기입니다. 많은 이야기에서 나오는 식재료가 쌀이나
밀이 아니라 과자인 이유는 어디에 있을까요? 이 책의 프롤
로그에서 저는 그것을 욕망으로 해석해 보았습니다. 남아메
리카 신화는 이 욕망 다루기의 어려움과 방법을 다룹니다. 열
대가 좋아하는 식재는 꿀입니다. 다른 먹거리도 많은데 왜 하
필 꿀일까요?

　　레비-스트로스는 신화의 기호들이 양서류兩棲類적이라
고도 했습니다. 물에서도 뭍에서도 사는 개구리처럼 신화가

선호하는 이미지들은 특정한 분류 체계에 완전히 갇히지 않기 때문입니다. 꿀은 기호적으로 보면 양의적이어서 차이 나는 관계를 잇기에 좋습니다.

레비-스트로스는 꿀의 대쌍적 기호로 '재'를 언급합니다. 『신화학 2』의 부제가 '꿀에서 재까지'이지요. 여기서 재는 '담배'를 뜻합니다. 연기를 통해 하늘과 땅을 연결시킨다는 점에서 담배 역시 지상에도 천상에도 속하지 않는 양의성을 갖고 있기 때문입니다. 이 양의성──어느 쪽의 필요에도 다 종속되지 않음──때문에 꿀이나 담배는 현실에서는 굳이 먹지는 않아도 되는 기호식품의 지위를 갖고 있습니다.

둘 사이에는 차이가 있습니다. 꿀은 태양 빛에 의해 달여져 끈적한 액체 상태가 되는데, 달여지면 달여질수록 당도가 높아져 맛있게 됩니다. 하지만 담배는 피우면 피울수록 재를 남기게 되어 더는 먹을 수 없게 되지요. 조금 더 자세히 알아보겠습니다. 꿀과 담배는 '취사'를 필요로 하지 않는 먹거리라는 공통점이 있습니다. 하지만 꿀은 인간 대신에 꿀벌의 조리를 필요로 합니다. 벌은 사람들처럼 무리(사회)를 이루고 살지요. 반면 담배는 식사의 범주 바깥에 놓여 있으며 날것으로는 먹을 수 없습니다. 식사의 바깥에 있음에도 담배는 고기를 굽듯이 잎을 말리고 태워 흡입해야 합니다. 재는 취사의 흔적이지만 음식문화의 바깥에 있는 것입니다. 꿀은 자연이 만든 음식이지만 인간이 심취하는 것이고 담배는 인간이 애써 익혀 만들지만 음식이라고는 할 수 없습니다. 이처럼 꿀과 재는 자연이 문화로 이행하고, 문화가 다시 자연으로 이행되는 과정을 동시에 설명할 수 있는 양의적 기호로 쓸 수 있습니다.

신화는 현실에 존재하는 물질이나 이미지의 의미를 최대한 풍요롭게 해석해서 전면적으로 기호화합니다. 그런 점을 염두에 두고 '꿀'에 대해 더 음미해 보겠습니다. 꿀의 가치는 그 맛의 풍부함에 있고, 지나친 욕망(색욕)을 불러일으키기도 합니다. 그런데 또 독극물로도 쓰일 수 있습니다. 꿀의 변종에 따라 독성의 범위가 다양해서 여러 가지 병증에 따라 다채롭게 이용할 수 있지요. 꿀은 좋게도 나쁘게도, 온갖 방향에서 이용 가능합니다. 그러니 꿀이 일으킬 사고의 중대함과 성격, 소비의 상황, 꿀 수확의 장소와 시기 등은 거의 예측이 불가하다고 할 수 있습니다. 담배도 마찬가지입니다. 담배류의 식물 대부분은 향정신성(마약 성분)이며, 꿀과 비슷한 특징이 있습니다.

자연과 문화 사이를 중재하는 꿀의 역할에 주목해서 남아메리카 북쪽에 거주하는 몇몇 투피어 계통 부족은 의례 생활과 종교적 사고에 있어서 꿀을 중심에 둔다고 합니다. 친족 관계에 있는 템베족처럼 마란하오의 테네테하라족은 그들의 축제 중 가장 중요한 축제에 꿀을 헌납합니다. 축제는 매년 건기의 마지막 달인 9월이나 10월에 행해집니다. 순수한 축제는 며칠 동안만이지만 축제의 준비는 6개월에서 8개월 전부터 시작됩니다. 3월이나 4월부터 야생 꿀을 따야 하고 이 꿀을 저장하기 위해 특별히 지은 의례용 오두막 천장에 매달아 놓은 호리병박 그릇에 꿀을 보존해야 합니다. 보통 오두막 천장에 120개 내지 180개의 호리병박 그릇이 매달려 있고, 각 그릇에는 1리터 이상의 꿀이 담겨 있는데 나란히 줄지어 매달려 있는 것이 6줄에서 8줄 정도 된다고 합니다. 꿀 채집이 계속되는 동안 부락민들은 매일 밤 노래를 하기 위해 모여 앉습니다. 여자들은 의례용 오두막 안 '꿀 밑에', 남자들은 춤추는 마당, 즉 '바깥'에 머뭅니다. 이때 부르는 노래는 다양한 사냥감과 그에 연관된 기술에 관련된 것이라고 합니다. 이렇게 꿀 축제는 풍성한 사냥을 기원합니다.

꿀 채집과 축제를 진행하는 것은 공동체의 중요한 인물입니다. '축제의 주인'이라는 직함을 갖게 되는데요, 꿀의 양이 풍부하게 확보되면 '축제의 주인'은 이웃 마을 주민들을 초청합니다. 마을 사람들은 손님을 위해 많은 카사바 술을 준비하고 사냥물을 쌓아 놓습니다. 잔칫날은 환영으로 주인 쪽과 손님 쪽 모두 엄청 시끄러운데요, 새로운 방문객들이 오두막으로 다 들어서면 함성과 나팔 소리가 그치고 절대적인 침

묵이 흐른다고 합니다. 이어 마을별로 남자들이 합창을 하고, 축제를 개최하는 마을 차례가 되면 순환적 노래의 연쇄가 닫힙니다. 바가지에 든 꿀은 그대로 먹을 수 없고 커다란 항아리에 부어 물에 타서 희석시킵니다. 축제는 꿀이 떨어질 때까지 계속되고, 다음 날에는 모두가 집단 사냥에 나서 잡은 고기를 구우며 향연을 벌입니다.『신화학 2』, 60~61쪽 참고

담배처럼 꿀의 양의성은 하늘과 땅을 잇는 데에 있습니다. 그럼 이 차이 나는 두 항의 연결은 어때야 할까요? 하늘과 땅이 좋은 관계를 맺는다는 것이 무슨 의미일까요? 꿀이 등장하는 이야기를 읽어 보겠습니다. 문두루쿠족의 '농업의 기원 신화'입니다.M157b. '문두루쿠족의 신화: 농업의 기원', 『신화학 2』, 89~90쪽 참고

① **옛날 문두루쿠족은 사냥감과 재배식물을 몰랐다.** 그들은 야생 덩이줄기와 나무버섯을 음식으로 삼았다. 카사바 식물의 어머니 카루에박이 인디언들에게 카사바를 준비하는 기술을 가르치면서 조카에게 숲의 한 곳을 개간하라고 명했다. 그곳에 바나나, 목화, 카라, 옥수수, 세 종류의 카사바(마니옥), 수박, 담배 그리고 사탕수수가 자랄 것이라고 알렸다. 그다음 **그 땅에 구덩이를 파고 자신을 그 안에 묻으라 하고는 자신이 묻힌 곳을 밟지 않도록 조심하라고 했다. 며칠 후 카루에박의 조카는 식물들이 그녀가 누워 있는 곳에서 자라고 있는 것을 보았다. 그러나 부주의해서**

그곳을 밟고 말았고, 식물들은 성장을 멈추었다. 그때까지 자란 키가 현재 식물들의 키다.

② 여기에 불만을 품은 한 주술사가 구덩이 속의 노파를 죽게 했다. **카루에박의 충고를 들을 수 없게 되자** 인디언들은 날 마니쿠에라를 먹게 되었는데, 이것은 카사바의 변종으로 독이 있어서 **날로 먹은 이는 모두 죽게 되었고, 다음 날 그들은 모두 별이 되었다.** 그런데 생生 마니쿠에라를 먹고 이어서 익힌 것을 먹은 다른 인디언들은 꿀파리로 변했다. 그리고 익힌 마니쿠에라의 부스러기를 핥은 인디언들은 신 꿀과 구토를 유발하는 꿀을 만드는 벌이 되었다. 수박을 먹었던 최초의 문두루쿠족도 역시 죽었다. 수박은 악마가 가져온 것이었기 때문이다. 씨앗을 보존했다가 심어 익힌 수박은 해害가 없었고, 그때부터 사람들은 수박을 마음대로 먹었다.

문두루쿠족의 신화는 불의 기원에서와 마찬가지로 농경의 기원도 선물(증여)로 설명합니다. 좋고 귀한 모든 것은 원래 자연에 다 있고 위대한 자의 호의로 주어집니다. 카사바 식물의 어머니가 어떤 대가도 바라지 않고 겨우 야생 덩이줄기나 나무밖에 몰랐던 인디언들에게 자신의 힘을 나누어 주다니, 그 스케일이 놀랍습니다. 그런데 바나나, 목화, 카라, 옥수수, 마니옥, 수박, 담배 등을 한가득 안고 온 식물의 어머니 카루에박이 원한 것은 단 하나, '주의하라!'였습니다. 그러나 조카의 부주의로 식물의 성장이 멈추지요. 농경은 신중한 자의 몫이어야 하는 것입니다.

왜 농부들은 더 큰 부를 얻지 못했을까요? 욕심을 부렸기 때문입니다. 주술사는 그저 받은 것에 감사할 줄 모르고 더 안 준다며 그녀를 모욕하지요. 자기밖에 모르는 이기심을 식물 어머니가 용서하실 리 없습니다. 이제부터 인간에게 주어질 것은 독毒뿐입니다. 그래서 구토를 유발하는 꿀을 먹고 모두 죽게 됩니다.

클라이맥스는 신화 후반부에 있습니다. 독밖에 없던 대지에서 몇몇 인디언들이 새로 주의 깊은 연구를 한 것입니다. 그들은 '날것을 먹은 뒤 익힌 것을 먹는' 방법을 알아냈습니다. 이런 순서로 식사를 함으로써 그들은 꿀벌의 일종인 꿀파리로 변해 풍요롭게 살 수 있는 길을 찾아갑니다. 식물의 생장과 꿀파리의 순서 있는 식사는 무엇을 의미할까요? 이 인디언들은 날것과 익힌 것은 놓일 자리가 달라야 한다고 생각했을 뿐만 아니라, 이 둘 사이에는 선후가 있다고도 생각했습니다.

선후는 자연계에서는 정말 중요하지요. 봄에는 개구리가 울어야 하고 겨울에는 곰이 자야 합니다. 자연의 각 종들은 자기 차례에 맞게 피고 지며 서로 맞물린 조화를 찾아냅니다. 게다가 자연은 멈춤을 모르니까 순서란 우주적 차원에서 보면 낮과 밤, 동과 서, 봄·여름·가을·겨울의 거대한 주기성을 의미하게 됩니다.

순서는 종 다양성을 일으킨 계기가 되기도 하지요. 사철 다른 꽃이 피는 들판을 떠올려 볼까요? 같은 공간이라도 시간에 따라 다른 빛깔과 향기를 뿜내는 꽃이 핍니다. 초원이 이러한 순서를 가질 수 있는 것은 때마다 다르게 찾아오는 곤충과 새가 있기 때문입니다. 순서가 있다는 것은, 하나의 장소가 매시간 다른 관계성으로 풍요로울 수 있음을 의미하는 것이죠.

앞의 신화에서도 꿀벌이 되는 인디언과 독벌이 되는 인디언이 나옵니다. 농경의 어머니는 욕심을 부려 자기 몸 불리기만 했던 초원의 비대칭적 배치를 농부의 꿀을 통해 대칭적으로 만들었습니다. 이런 신화를 음미하며 대칭을 살아 내는 삶은 어떤 것일까요? 순서를 잘 찾기란, 자연 전체의 계절적 배치를 읽는 가운데 그 한 부분으로 자기를 밀어 넣는 일입니다. 꿀과 같은 양의적 기호는 항과 항의 직선적 연결이 아니라 만물의 상호 관련된 리듬(주기)을 생각하게 합니다. 만물의 온-주기를 고려하기에 시선은 숲 전체로, 천상으로 확장됩니다.

벌의 채집 예찬

신화는 꿀을 통해 농경에서 제일 조심할 것은 탐욕임을 가르쳤습니다. 이 탐욕을 떨치기 위해서는 목숨을 걸 각오를 해야 했지요. 이번에는 목숨을 건다는 것이 어떤 일인지를 알아보겠습니다. 오페에족의 신화 '꿀의 기원'입니다.M192. '오페에족의 신화: 꿀의 기원', 『신화학 2』, 107~110쪽 참고

① 옛날에는 꿀이 없었고 늑대가 꿀의 주인이었다. **주위의 동물들이 아침부터 꿀로 범벅이 된 늑대의 아이들을 보았지만 늑대는 이를 부인했다.** 동물들이 꿀을 요구하자 늑대는 아라티쿰 과일을 주며 이것이 자기가 갖고 있는 전부라고 우겼다.

꿀의 주인은 늑대입니다. 불의 기원에 등장했던 표범과 달리 이 늑대는 욕심이 많습니다. 그럼 꿀을 가질 자격은 없겠는데요? 과연 누가 늑대에게서 꿀을 뺏어 올까요?

② 어느 날 작은 땅거북은 꿀을 탈취하겠다 선언했다. 그는 **배에다 그의 등껍질을 떼어 붙인 후 늑대 굴로 쳐들어가서 꿀을 요구했다.** 늑대는 부인했지만 거북이 거듭 요구하자 그에게 바닥에 누워 입을 벌리게 하고 천장에 걸어 놓은 바가지에서 흘러내리

는 꿀을 마음껏 먹도록 허락했다.

그것은 계략이었다. 완전히 축제 기분에 빠져 있던 거북이 빈틈을 보이자, 늑대는 아이들에게 죽은 나무를 모아 거북을 굽게 했다. 하지만 거북은 껍질을 배에 붙인 탓에 감각을 잃어 고통을 모르고 계속 꿀을 먹었고, 늑대들만 연기로 괴로워했다. 바가지의 꿀이 비자 거북은 조용히 일어나 장작 숯불을 흩어 버리고 늑대에게 다가가 지금 모든 동물들에게 꿀을 나누어 주어야 한다고 말했다.

짠! 대칭성 회복의 열쇠는 거북이가 쥐고 있군요. 그런데 왜 꿀을 구하러 나서는 이가 '작은' 땅거북일까요? 땅거북은 등을 배로 만들 수 있는 능력이 있습니다. 등과 배를 따로 갖지 않으니 거북이는 양의적인 것입니다. 안 그래도 양의적인데 꿀을 먹은 뒤 거북은 더욱 양의적이 됩니다. 즉 자연 전체의 관계성에서 볼 때 치우침 없이 만물이 관계하도록 뭔가를 판단하고 선택할 수 있는 능력을 더 갖게 됩니다. 그것이 오직 꿀 먹은 거북만이 '이제는 꿀을 나누어야 할 때!'라는 우주적 선언을 할 수 있는 이유지요. 사실 거북에게는 결정적 능력이 하나 더 있습니다. 바로 정중함입니다. 늑대의 거짓말과 잘 대비되지요. 이것은 불의 신화에서 보았던 겸손의 또 다른 변용입니다.

③ 늑대는 도망을 쳤다. 거북의 명령에 따라 동물들은 늑대를 포위했고, **프레아들쥐가** 늑대가 숨어 있는 숲 둘레에 불을 질렀다. 불길이 둥글게 에워싸자 자고새 한 마리가 불기둥을 피해 도망쳤다. **거북만은 자고새로 변해 도망친 것이 늑대였다는 것을 알았다.**

거북은 자고새에게 시선을 놓지 않았다. 거북의 명령에 따라 동물들은 새가 날아간 방향으로 돌진했고 추격이 며칠간 이어졌다. 자고새를 덮칠 때마다 새는 다시 날아 도망갔다. 거북은 다른 동물의 머리 위에 올라가, **자고새가 벌로 변하는 것을 보았다.** 벌 사냥이 시작되었지만 아무도 잡을 수 없었다. 용기를 잃은 동물들에게 거북이 말했다. "아니야. 우리는 겨우 석 달 동안밖에 걷지를 않았어. 이제 겨우 갈 길의 반밖에 안 왔잖아. 저기, 너희들 뒤쪽에 말뚝을 좀 봐. 쫓아갈 방향을 지시하고 있잖아."

꿀을 충분히 먹은 덕분에 작은 거북은 더 이상 작지 않게 되었습니다. 숲의 모든 동물에게 명령을 내리고 방향을 지시할 정도의 능력이 생겼지요. 때문에 거북만 늑대의 몸바꿈을 놓치지 않고 볼 수 있습니다. 거북에게 만물의 변화무쌍한 삶을 통찰할 능력을 주었으니, 꿀은 정말로 대단한 식재입니다. 그런데 이런 거북의 주도로도 늑대를 잡기 위해서는 여섯 달

동안이나 벌이 날아간 방향을 보고 걸어야 합니다. 꿀의 원래 주인을 찾기 위해 이토록 긴 시간이 필요하다는 것은 꿀의 익힘을 상기시킵니다. 거북이는 이치에 통달한 만큼 섣불리 꿀을 따서는 안 되고 충분히 익을 때를 보아야, 즉 태양과 대지가 최고로 적합한 거리에 놓일 때까지를 기다려야 한다고 생각했습니다.

④ 그들은 걷고 또 걸었다. 마침내 거북은 다음 날이면 목적지에 도달할 것이라고 선언했다. 그다음 날 실제로 그들은 벌들의 '집'을 보았는데, 그 벌집 입구를 독 있는 말벌이 지키고 있었다. 새들은 한 마리씩 차례대로 접근을 시도했다. 말벌들은 '자신이 갖고 있는 물'을 투하해서 새들을 공격했고, 새들은 도취해 떨어져 죽었다. 이 새들 중 가장 작은 딱따구리(혹은 벌새?)가 말벌을 피해 꿀을 얻었다. 거북은 말했다. **"이제 우리는 꿀을 가졌다. 그러나 얼마 되지는 않아. 우리가 다 먹어 버린다면 곧 바닥이 날 거야."** 거북은 꿀을 집어 각 동물들에게 집을 짓게 하고 꿀을 딸 수 있는 식물을 얻기 위한 꺾꽂이 가지 우마 무다를 주었다.

석 달씩 두 번이나 걸은 뒤 마침내 새들은 말벌에게서 꿀을 얻을 수 있었습니다. '걷고 또 걸었다'라고 하는 말은 꿀을 얻기 위한 노력의 지난함을 뜻합니다. 남아메리카의 오페에족이 말하는 꿀 기원의 신화와 비슷한 것으로 북아메리카 메노미니족의 신화 '단풍나무 설탕의 기원 2'M501b, 『신화학 3』, 610~611쪽 참고가 있습니다. 한 할머니가 나무껍질 용기를 발명해 수액을 수집했는데 매우 진했습니다. 조물주는 할머니를 통해 기쁘게 시럽을 먹었어요. 하지만 그는 이렇게 쉽게 수액을 얻게되면 인간들이 게을러질까 봐, 며칠 밤낮을 수액을 끓이는 고통을 감내하도록 했습니다. 바쁘게 만들어 못된 습관을 갖지 못하게 하기 위해서였지요. 신화는 탐식과 게으름을 부덕하다고 봅니다. 인간은 수고로워야 하고, 힘들여 지혜를 얻어야합니다. 이것은 벌도 상도 아닌, 인간의 숙명입니다.

그런데 그다음이 또 압권이지요. 거북은 승리에 도취되지 않고 또다시 조심합니다. '우리가 다 먹어 버린다면 없어질 거야!' 제일 좋은 꿀에 대한 독점이 있어서는 안 됩니다. 거북은 각자 자기 방식으로 꿀을 얻게 꺾꽂이를 해서 재배할 것을 권하지요. 그러면 저마다 필요한 만큼만 꿀을 얻기 위해 노력하게 될 테니까요. 다음 부분에 앵무새, 아라앵무새, 잉꼬가 차례로 나와 저마다 꿀통을 안고 있는 모습이 나오는데요, 신화는 자율과 절제야말로 다양한 색과 날개를 가진 차이를 낳으리라고 봅니다.

꿀을 딸 수 있는 나무를 준다는 것도 재미있습니다.『신화학

_{2』, 87쪽 참고} 보통 꿀은 나무둥치 표면에 붙어 있거나 나뭇가지에 매달려 있는 벌집에서 채취하는데, 속이 빈 나무둥치 속에 벌집을 만드는 벌도 있습니다. 남아메리카의 만다사이아벌은 그들이 분비한 밀랍과 채취한 찰흙을 함께 반죽해서 둥근 모양의 항아리를 만드는데요, 이 항아리의 용량도 다양해서 때로는 수 리터씩 풍미가 대단한 꿀을 만들어 낸다고 해요. 지금 우리가 읽고 있는 신화가 말하는 꿀도 만다사이아벌과 같은 종류의 벌이 만든 것 같습니다.

⑤ 오랜 시간이 지난 후 동물들은 꿀 농장에 대해 염려했다. 그런데 그곳은 타 버릴 듯 뜨거웠다. 많은 새들이 꿀 농장에 다다르려고 했으나, 그 뜨거움 때문에 앵무새는 만가바 과일나무 위에, 아라앵무새(아라히야신스)는 안락한 숲에서 쉴 수밖에 없었다. 마지막으로 잉꼬가 하늘까지 높이 날아 꿀 농장에 도달했다. 동물의 우두머리가 곧 꿀 농장에 가 보았다. 사람들은 심으려고 받아 둔 꿀을 먹어 치우고 있었다. 걱정에 찬 우두머리는 다음과 같이 말했다. "이것은 오래가지 않을 것이다. 우리는 곧 꿀을 갖지 못할 것이고, 아주 조금, 아니야, 전혀 갖지 못할 것이다. **그러나 조금만 기다리면 이제 모두가 꿀을 갖게 될 것이다.**"

꿀 농장의 뜨거움은 오페에족 사람들에게 건기의 정점, 즉 태양이 최고 높이에 이르렀을 때를 가리킵니다. 이때 꿀은 최고로 풍부해집니다. 하지만 우두머리는 그 지극한 풍요 앞에서도 기다리라고 합니다. 탐식에 대한 계속된 경고입니다.

⑥ 얼마 후 동물의 우두머리는 주민들을 불러 모아서 손도끼를 가지고 꿀을 따러 가라고 말했다. "**이제 숲은 꿀로 가득 차 있다. 모든 꿀이 있다. 보라 꿀, 만다과리 꿀, 자티 꿀, 만다사이아 꿀, 카카포고 꿀 등 정말 모든 꿀이 있다.** 당신들은 꿀을 따러 가기만 하면 된다. 만일 어떤 종류의 꿀이 마음에 안 든다면 다음 나무로 가라. 거기에는 다른 꿀이 있을 것이다. 당신들은 당신들이 원하는 만큼 꿀을 딸 수 있다. 당신들이 가지고 간 바가지나 다른 그릇에 담을 만큼만 꿀을 딴다면, 꿀은 결코 떨어지지 않을 것이다. 그러나 가져올 수 없는 꿀은 그 자리에 남겨 놓아야 한다. 또한 다음번을 위해 입구(손도끼로 찍어 낸 속이 빈 나무둥치 구멍)를 꼭 막아 놓고 돌아와야 한다." 그 이래로 사람들은 충분한 꿀을 갖게 되었고, 숲을 개간할 때마다 꿀을 찾을 수 있게 되었다. **이 나무에는 보라 꿀, 저 나무에는 만다과리 꿀, 또 다른 나무에는 자티 꿀 등 모든 꿀이 있다.**

탐식하던 늑대가 꿀의 주인이던 시절에 꿀은 하나밖에

없었고, 원망과 분노는 하늘을 찔렀습니다. 거북이 등을 배로 만든 덕분에 비대칭적으로 치우쳤던 꿀 생산이 숲 전체로 고루 퍼지게 되었습니다. 동물들은 우두머리의 가르침대로 기다렸습니다. 때에 맞게 자신의 욕망을 조절할 줄 알았고, 그 결과 '모두'가 꿀을 누릴 수 있게 됩니다.

신화는 꿀을 통해 순서와 주기, 마침내 다채로운 삶까지를 설명합니다. 보라 꿀, 만다과리 꿀, 자티 꿀, 만다사이아 꿀, 카카-포고 꿀 등 온갖 종류의 꿀이 있는 삶이야말로 풍요롭습니다. 인류사 최고의 혁명을 농업혁명이라고들 합니다. 농경은 '식물의 단종화와 동물의 가축화'로 정의되지요. 그런데 신화는 동식물의 다종화로 나아가는 것이 농경의 본질이라고 봅니다. 이것은 오히려 채집에 가깝죠. "만약 어떤 종류의 꿀이 마음에 안 든다면 다음 나무로 가라. 거기에는 다른 꿀이 있을 것이다!" 누구나 원할 때에 알맞은 꿀을 가질 수 있으리라는 기원은 채집의 목표이니까요. '보라!' 거북이의 명령은 감동적입니다. 그 의미는 '다양한 삶을 욕망하라!'이니까요.

인류사는 구석기에서 신석기로, 수렵채집에서 농경으로라고 하는 역사 발전의 궤 위에 있다는 것이 상식입니다.재레드 다이아몬드, 『총·균·쇠』, 김진준 옮김, 문학사상, 2005 참고 농경시대로 진입하지 못했다며 19세기 비서양의 여러 지역들은 제국주의자들로부터 미개하다 손가락질도 받았습니다. 그런데 오페에족 사람들은 농경으로의 '퇴보'를 거절하고 채집으로 '도약'하라고 권합니다. 정확히 반反신석기적 태도이지요. 오페에족 꿀의 기원 신화에 따르면, 재배란 더 많은 것을 위한 자연력의 이용이며 그때의 '더 많음'이란 질적인 많음, 즉 보다 다양한 것, 도처의 뭇 생명이 가진 다채로운 욕구의 충족이지 단순한 생산량의 증가는 아닙니다. 그래서 오페에족은 채집이 농경보다 훨씬 더 우월한 생활방식이라고 합니다. 채집에서 사람은 필요한 만큼 얻고, 부족한 만큼을 찾아 이동합니다. 발 딛고 있는 숲의 이 자리가 나에게 이롭다면 타인에게도 이로울 수 있음을 늘 주의하지요. 오페에족 인디언들에게 농경은 이런 지혜를 갖기 어렵게 하기에 거절해야 마땅했습니다.

인류학자 제임스 스콧은 동남아시아 산악지대의 화전민들을 연구했습니다.제임스 C. 스콧, 『조미아, 지배받지 않는 사람들: 동남아시아 산악지대 아나키즘의 역사』, 이상국 옮김, 삼천리, 2015 이들은 조미아라고 하는 파쇄지대破碎地帶를 중심으로 '국가'라는 중심에서 끊임없이 이탈하는 방식으로 살아간다고 합니다. 국민국가가 자명한 정치체가 된 현대에는 국민으로 사는 것이 참 당연해 보입니다. 그런데 잘 생각해 보면, 원한다고 누구나 '국민'이 될 수는 없습니다. 국민이 되기 위해서는 자격이 필요하고 특히 세금을 낼 수 있어야 합니다. 조미아적인 방식으로 살아가는 사람은 국가 안에서는 잘 보이지도 않겠지요. 세금을 낼 수 있게끔 잉여 재산을 축적할 수 있으려면 밭을 갈아 일년 내내 수확을 준비해야 하는데 채집과 화전을 하며 거주지를 계속 옮겨 다니는 사람들은 정주할 수가 없을 테니 말입니다.

스콧은 인류의 자랑스러운 성취인 농경이 실은 국가의 역사화 작업 속에서 자명해졌을 뿐임을 지적합니다. 벼농사를 통해서 알 수 있듯이 단일면적당 생산량을 거의 정확하게 계산할 수 있는 작물은, 그것을 재배하는 인구 자체를 계량화할 수 있습니다. 수확에 따른 물 관리가 요구하는 집단화, 저장량의 손쉬운 과세課稅 등, 벼농사는 생산물과 생산자를 거대한 통치기구에 고착적으로 밀착시킬 수 있는 방편이었습니다.

농경은 작물을 일괄 선택 재배함으로써 사람의 욕망도 단일화시킵니다. 탐욕이라는 말을 다시 음미해 보겠습니다. 그것은 특정한 대상에 과도하게 매달리는 욕망입니다. 문제는 그 특정한 대상이 나에게만 의미 있지 않고 모여 사는 사람들 전부가 똑같이 원한다는 데에서 발생하지요. 탐욕이 싹트는 장소란 이미 특정 욕망의 저수지입니다. 농경은 욕망의 저수지가 되기 쉽기에 신화는 그 점을 일찍부터 경계했습니다. 꿀의 기원 신화를 읊은 사람들은 신석기혁명을 이루지 못한 것이 아니라 이루지 않은 것이죠.

스콧의 연구에 따르면, 많은 사람들이 벼농사에 길들여지지 않기 위해 화전火田을 선택했고 이 언덕에서 저 언덕으로 풀숲을 돌아다니며 살았다고 합니다. 산악지대란 쫓겨난 사람들의 은신처가 아니라 자율적 삶을 선택한 자들의 이용처였습니다. 당연합니다. 욕망의 저수지이니만큼 획일화된 삶의 방식 때문에 각종 전염병에 시달리고, 시기와 질투로 얼룩진 정치투쟁에 시달려야 했을 테니까요. 또 수탈을 위해 벼농사화한 국가이고 보니 농사에 필요한 인력을 확보하기 위해 사람들을 착취하고 괴롭히기도 잘했겠지요. 남들보다 더 많이 갖기 위해 바둥거리면서 결국 남들과 다를 바 없이 사느니, 조금이라도 나다운 넉넉함을 찾기 위해 그들은 평지(농지)를 벗어날 수밖에 없습니다.

스콧은 이들 탈주민들에게서 발견되는 신화를 소개합니다. 농경을 피해 달아난 이들이 읊는 이야기에는 '원래 문자를 갖고 있었지만 결국 부주의해서 잃어버렸다'는 에피소드가 들어가곤 한다 합니다. 문자라는 것이 꼭 있어야 되는 것이 아니라는 점. 그것을 얻거나 잃는 일은 우연이지 필연이 아닙니다. 스콧도 강조하듯이 문명은 야만에서 문명으로, 단선적으로 전개되지 않습니다. 다양한 형태의 삶 방식이 존재함에도 불구하고 농경에 기반한 탐욕적 제국 질서가 갑자기 도입되어, 역으로 미개한 야만이 지정될 뿐입니다. 그 장소가 미개한지 그렇지 않은지를 결정하는 것이 '문명'이라면, 도대체 그것이 누구의 문명인지 더 주의 깊게 관찰해야겠습니다.

농경의 피, 눈물

농경이 계속되는 과정에 인간 중심의 과도한 생산에 대한 윤리적 부담감이 꾸준히 제기되었습니다. 그것을 제임스 프레이저의 『황금가지』에서 확인할 수 있습니다.

　레비-스트로스의 『신화학』은 제임스 프레이저James George Frazer(1854~1941)의 『황금가지』로부터 영향받았습니다. 프레이저는 인류학자는 아니었고요, 원시종교의 상상력에 관심을 가지고 동서고금의 다양한 의례를 연구했습니다. 의례를 떠받치는 것이 신화이기 때문에 레비-스트로스는 프레이저에게 관심을 가질 수밖에 없었습니다. 그리고 프레이저가 분석한 자료들은 기본적으로 제국주의 시대 영국이 전 세계에서 수집한 민속자료들이었습니다.

　레비-스트로스가 프레이저로부터 받은 영향을 간단히 세 가지로 정리할 수 있습니다. 우선 프레이저도 장수했습니다.^^ 두번째, 프레이저도 고대에서 중세로, 근대로 단선적으로 이어지는 인류의 문명사를 부정합니다. 계속 우리가 비판하고 있는, 고대인은 미개하고 현대인은 진보했다는 그 사고 말입니다. 프레이저는 인류의 근원적 사고는 모든 문명의 종교제의를 관통하고 있다고 보았고, 아무리 산업화된 나라라 해도 기본적으로는 원시신화가 품은 상상력과 윤리학을 버리지 못한다고 분석했습니다.

세번째는 인류가 만든 모든 이야기는 즉흥적 수다가 아니라 자연학이자 문화학이라는 점입니다. 신화란 문화 제작술입니다. 즉 인간의 여러 문화는 자연의 이치를 인간사에 덧입힌 결과입니다. 그래서 과학이지요. 레비-스트로스가 '야생의 과학'이라고 했던 것과 달리 프레이저는 신화를 '과학'이라 보지는 않았습니다. 하지만 프레이저는 밀농사의 서유럽과 벼농사의 아시아에서부터 아즈텍의 식인 풍습에 이르기까지 똑같이 발견되는 자연 인식을 언급하며, 결국 인간의 신화는 자연을 이해하기 위한 방편이었음을 보입니다.

프레이저가 발견한 인류 제의의 대표적 자연관은 자연의 주기성, 곧 순서를 따르는 삶입니다. 파종과 추수를 위해 농부는 별을 읽고 대지의 온도를 분석해야만 하지요. 표면적으로는 달라 보이는 동서고금의 많은 신화가 실은 우주 자연에 대한 같은 해석에 뿌리를 둔 것임을 밝혔다는 점에서 레비-스트로스는 프레이저를 계승했다 할 수 있습니다. 차이가 있다면, 프레이저가 분석한 세계가 문자문화였던 반면 레비-

스트로스의 세계는 구술문화였다는 점입니다. 프레이저는 농경 정주민의 신화를 중심으로 읽어 나가지만 레비-스트로스는 수렵 채집민의 신화를 중심으로 합니다.

프레이저는 농경신화의 '애도'에 주목합니다. 애도란 신석기혁명으로 내달린 인간의 죄의식이 포함된 태도입니다. 『황금가지』의 39장에 나오는 고대 이집트 오시리스-이시스 신화를 예로 들어 보겠습니다. 오시리스 신은 농경의 신인데 형제에게 죽임을 당해 지하로 끌려 들어갔습니다. 여동생이자 아내인 이시스가 이것을 슬퍼해 울었답니다. 고대 이집트의 농민들은 오시리스와 이시스 신화에 바탕을 두고 추수감사제를 지냈는데요. 이때 설령 곡식을 수확하고 저장할 때 남모르는 즐거움을 느낀다 하더라도 수확자는 슬픔으로 그것을 위장해야 했습니다. 그들이 곡물신의 몸뚱이를 낫으로 잘랐으며 그것도 모자라 곡물신을 방앗간에서 부숴 가루로 만들어 버렸기 때문입니다. 이 애도를 위한 만가挽歌는 추수감사절의 중요한 형식이었습니다.제임스 프레이저, 『황금가지 2』, 59쪽 참고

이집트는 나일강 주변에서 발흥한 문명입니다. 고대 문명의 원류 중 하나지요. 농경이 일찍부터 시작되었을 뿐만 아니라 정주문화와 안정적으로 결합되어 기원전 3,200년부터 국가가 건설되었습니다. 고대 나일강 유역의 사람들이 수확을 애도했다는 것이 무엇을 의미할까요? 일차적으로는 그들

이 죽은 곡식을 자신과 무관한 대상으로 보지 않았음을 알 수 있습니다. 슬퍼한다는 것, 있을 수 없는 일이 일어났다는 것, 그것도 나를 둘러싼 세계에서 나에 의해 벌어졌다는 것은 대지로부터의 수확에 대한 심한 부채감입니다. 해서는 안 될 일을 저질렀다는 미안함인 것입니다.

프레이저는 고대 아테네의 희생제의도 확인합니다. 과거 아테네인들은 곡물 정령의 동물 화신인 황소를 추수감사절 때 희생시키면서 다음과 같은 연극을 했다고 합니다. 우선 도살꾼 한 사람이 황소를 쓰러뜨리면 다른 사람이 칼로 목을 땁니다. 이때 황소를 쓰러뜨린 사람은 곧바로 도끼를 내던지고 도망을 가야 합니다. 황소 목을 딴 자가 그 뒤를 따라 또 도망을 가야 하고요. 한편 황소는 참석자들에게 나누어 먹힙니다. 사람들은 황소를 다 먹고는 그 가죽 속을 밀짚으로 채워 꿰맨 다음 일으켜 세워 쟁기질하는 모양으로 매어 놓습니다. 이제 황소를 앞에 두고 누가 황소를 살해했는지 판정하는 재판이 열리는데요, 결국 도끼와 칼이 유죄선고를 받게 됩니다.제임스 프레이저, 『황금가지 2』, 263쪽

굳이 곡물 정령의 동물 화신을 죽이고, 애써 책임자를 색출하는 듯이 연극을 했다는 것은 마을 전체가 농사에 대해 어떤 책임을 느꼈음을 말해 줍니다. 그런데 농부가 보속하는 것이 아니라 도끼와 칼에게 유죄를 선고합니다. 비겁한가요?^^

하지만 이해할 수 있습니다. 내년에 또 소를 잡아야 하는 사람들에게 과도한 죄의식을 부여한다면 농경을 계속하기란 어려울 것입니다. 또 농부들은 죽음을 나쁜 일로만 생각하지 않았습니다. 새 생명이 싹트기 위해서는 무엇보다 죽은 곡식의 씨를 땅에 뿌려야만 합니다. 삶의 저편은 새 삶이 밀어 보내는 힘들의 세계이기도 한 것입니다. 보다 풍요로운 시간은 그곳에서부터 나옵니다.

애도는 이러한 인간의 조건에 대한 성찰에서 나왔습니다. 그들은 미안하지만 죽일 수밖에 없다는 것을 알았고, 또한 영원히 증식하는 부란 불가능하다는 것도 이해했습니다. 태어났으면 죽어야 하고 죽음으로써 더 큰 생명이 온다는 것, 받은 것은 돌려주어야 하고 준 자는 다시 받게 되어 있다는 것. 순환의 거대한 장에서만 풍요가 가능하니, 나는 소멸을 기꺼이 감수할 수 있습니다.

프레이저는 세계의 곡물 어머니에 대해서도 논하지요. 농경에 들어간 지구의 도처에서는 추수 감사 대상인 곡물의 신을 어머니로 표상했습니다. 당연합니다. 자연은 죽이지만 끝내 낳는 자이니까요. 인도네시아로 가 볼까요? 인도네시아에서는 벼의 생명을 좌우하는 영혼이 있다고 보아, 마치 사람을 대하듯 경외심을 갖고 벼를 대한다고 합니다. 발생기의 벼는 임신한 여자와 같으므로 놀래키지 않으면서 조산을 예방

합니다. 논에서 총을 쏜다거나 경우 없이 큰소리를 지르며 논다거나 하면 마을 전체가 부정 탔다며 제를 지냈다 합니다.

이럴 정도이니 벼 이삭이 나올 때는 어떻겠습니까? 마을에 새 아이가 온 듯 경건하게 맞았겠지요. 추수꾼이 낫으로 벼를 벨 때는 어떤 심정이었을까요? 스스로 씨앗을 떨어뜨릴 벼를 인간의 편의에 따라 베어야 하고 보니, 제왕절개하는 의사 심정이 되어 괴롭고 미안한 마음으로 추수했을 것입니다. 그래서 인도네시아 사람들은 되도록 손으로 칼날 부분을 가리고 벼가 모르는 사이에 재빨리 모가지를 자름으로써 벼의 영혼이 놀라지 않도록 한답니다. 참으로 철저한 마음씀입니다. 고통 없이 죽이는 것으로 예를 다한다!

논일하는 사람들은 특별한 언어를 쓰기도 한다지요. 이삭이 창고에 들어갈 때까지 어떤 일이 진행되는지 벼가 알아채지 못하도록 말이지요. 수마트라의 미낭카바우얼족은 '벼의 어머니'를 찧을 때 절구통에서 찧는 것을 꺼린다고 합니다. 절구통에서 찧으면 쌀 몸뚱이에 상처가 나서 벼의 영혼이 도망가 버리니까요. 가을에 이르도록 작물을 경건히 모시고 추수에서는 충분히 애도를 했을 때에만 곡물의 어머니가 다시 돌아온다는 것을 인도네시아 사람들은 이해했습니다.

농경문화에 바탕을 둔 신화 세계의 애도를 다시 정리해 보겠습니다. 추수의 애도 의례를 떠받치는 인식은 다음과 같은 것입니다. 첫째, 곡물의 영을 인간적 편의에 따라 죽였다는 자기중심주의에 대한 사과입니다. 내가 살기 위해서는 누군가가 죽어야 한다는 이치에 대한 이해이지요. 둘째, 존재하는 모든 생명의 유한함에 대한 안타까움입니다. 우리 각자는 변화무쌍한 이 삶의 문턱을 넘어 생명력이 꿈틀대는 위대한 심연으로 되돌아갈 운명을 가졌다는 통찰입니다. 셋째, 죽음과 삶이 긴밀히 연결되어 있으므로 죽음을 충분히 음미할 때에만 삶이 충실히 되돌아온다는 것에 대한 깨달음입니다. 농경의 슬픔은 추수꾼 개인의 것이 아닙니다. 농경의 애도는 수렵문화가 통찰해 낸 주기적 삶, 관계적 삶에 대한 인식에 뿌리를 두고 있습니다.

이처럼 온 삶이 맞물리며 서로 살리고 죽임을 성찰한 농경문화를 떠올려 보면, 어째서 농경이 산업혁명으로 연결될 수 있었는지가 의아해집니다. 산업혁명은 생산 증대가 최고의 목적이니까요. 신화가 쟁기질이라든가 낫질을 곡물신에 대한 살해라고 보았다는 점을 고려한다면 생산 그 자체만을 목적으로 농업 기술을 발달시킬 수는 없었을 것입니다. 사실 그렇습니다. 기원전 8,000년경 지금의 이집트 북동부에서 이란고원까지 이어지는 비옥한 초승달 지대에서 농경문화가 시작되었습니다. 기원전 3,000년 무렵 소가 쟁기질을 시작한 이래 1830년대 바퀴 달린 현대식 쟁기가 개발되기까지 무려

4,830년이 넘는 시간이 필요했습니다. 왜일까요? 인류는 생산 기술을 발명시키지 않기 위해 애썼을 수도 있습니다. 농부라면 무조건적인 잉여 생산을 생각할 리가 없으니까요.

공장에서 물건을 만든다, 이러한 조건을 떠받치는 신화는 무엇일까요? 상품과 인간 사이에는 애도가 아니라 어떤 태도가 들어가 있을까요? 노동자요 상품 구매자로 자신을 변형시킨 근대인들이 '생산, 생산, 오직 생산!'을 외칠 수 있기 위해서 어떤 세뇌 작업이 필요했을까요? 자연 전체의 주기적 이치가 아니라 '나 하나'의 이기적 욕망이야말로 추구해야 할 최고의 가치라고 주장할 수 있으려면 어떤 세계관이 있어야 할까요? 저는 나르시시즘에 흠뻑 빠져 있던 근대 소설이 애도를 쓸어가 버린 주범은 아닐까 의심해 봅니다.

옥수수

: 축적을 경계하는 재배 윤리

잉여 생산, 청년을 노인으로 만드는 저주

꿀의 신화는 양의성과 주기성을 기반으로 작동했습니다. 인
디언들은 꿀이라는 기호 덕분에 순서를 따르며 전체의 부분
으로 자기를 잘 변용하는 삶이 최고임을 알 수 있었습니다.
그럼 그렇게 주기를 따르며 움직이기 위해 구체적으로는 어
떤 행동 지침을 마련했을까요? 일상적 윤리 모색에 큰 역할
을 한 기호는 '옥수수'였습니다. 프레이저는 농경 신화에서
옥수수 기호가 차지하는 비중이 상당하다고 합니다. 레비-스
트로스도 같은 이야기를 합니다. 특히 옥수수는 남아메리카
에서 기호-식재로 큰 사랑을 받았습니다.

옥수수는 만 년 전 멕시코에서 처음 재배되었습니다.정혜

주, 『옥수수 문명을 따라서』, 이담북스, 2013, 54쪽 참고; 다나카 마사타케, 『재배식물의 기원』, 신영범 옮김, 전파과학사, 2020 참고 옥수수가 재배종으로 선택된 이유는 많습니다. 우선 보통의 풀이 강수량과 기온에 따라 웃자라거나 아예 자라지 못할 경우가 있는 것에 반해, 옥수수는 강수량과 기온이 생장에 큰 영향을 미치지 않을뿐더러 저장도 쉽습니다. 또 대부분의 가축이 옥수수를 잘 먹기 때문에 사료로 쓰기도 좋아, 인수 공통의 먹이 역할을 할 수도 있고요. 무엇보다 농부들은 옥수수의 생장 속도를 눈여겨보았습니다. 현대에 소들은 보통 16개월에서 20개월 사이에 도축됩니다. 태어날 때 36킬로그램인 소를 1년 안에 544킬로그램 정도로 만들어야 할 때, 옥수수에 들어 있는 오메가-6가 이를 풀보다 훨씬 효율적으로 돕는다고 하지요. 옥수수는 그 자체로도 재배가 쉬워 충분히 많이 길러 낼 수 있을뿐더러 가축의 생장, 그리고 인간의 몸집을 빠르게 불리기에 효과가 있었습니다. 옥수수에는 축적의 심상이 들어가 있는 것입니다.

남아메리카의 여러 부족은 옥수수와 함께 어떤 이야기를 만들었을까요? 놀랍게도 옥수수 신화들은 '더 많은 것'을 경계합니다. 과도한 생산에 대한 두려움을 놓치지 않는 거예요. 이와 관련해서 두 개의 신화를 맛보도록 하겠습니다. 첫 번째는 아피나이에족의 신화입니다.M87. '아피나이에족의 신화: 재배식물의 기원', 『신화학 1』, 346~347쪽 참고 이 신화는 이후로도 계속 분석될

예정이니 특별히 잘 보아 주세요.

① 야외에 혼자 있던 홀아비가 별을 사랑했다. **별은 개구리의 형상으로 내려와 젊고 예쁜 여자로 변한 다음 그와 결혼했다.** 당시 사람들은 농업을 몰라 야채가 아니라 썩은 나무와 고기를 같이 먹었는데, 별이 고구마와 이남igname(열대산 참마)을 가져와 먹는 법을 가르쳐 주었다.

불을 가져다준 것이 불타는 눈을 지닌 표범이었던 것처럼, 재배 기술 역시 사람들 바깥에서 선물로 주어집니다. 재배식물이 홀아비의 '신부'가 된 별 덕분에 인간계에 들어온다는 것부터가 재배가 문화적 관계를 이끌 것임을 암시합니다. 하늘에서 별이 개구리의 형상으로 내려온다는 점이 우리의 눈을 끕니다. 뭍에서나 물에서나 살 수 있는 개구리도 꿀처럼 양의적 존재입니다. 개구리의 알집은 꿀의 봉방을 닮았기도 하고요. 개구리는 눈이 촉촉하니 그 형상으로 하늘에서 내려왔다면 비를 암시할 수도 있습니다. 특히 개구리는 '먹는 법'을 알고 있습니다. 먹는 법을 아는 자로서 키우는 법도 알고 있으니, 만물의 관계 문법에 능하다는 것이고 문화적으로 수준이 높다는 것입니다. 이렇게 양의적이면서 또한 주기적(전체 관계적)이기 때문에 곡식을 키울 수 있습니다.

② 남자는 아내를 호리병박에 감추었으나 그의 막냇동생이 그녀를 찾아내어 공공연히 같이 살았다. **별은 시어머니와 목욕을 하던 중 사리그로 변해, 시어머니가 옥수수 이삭이 달린 큰 나무를 알아차릴 때까지 그녀를 괴롭혔다.** 사리그로 변한 별은 썩은 나무 대신 먹을 것이 있음을 알렸던 것이다. 그녀는 나무 위로 올라가 옥수수 이삭을 땄고, 다시 내려와 시어머니에게 옥수수 케이크 만드는 법을 알려 주었다.

별이 개구리였다가 인간이었다가 사리그가 될 수 있다는 것은 그녀가 자연의 여러 관계망을 자유자재로 탈 수 있음을 다시 한번 강조하는 것입니다. 별은 앞 장에서 꿀을 찾아 나섰던 거북이와 성격이 같다 할 수 있죠. 물의 양서류인 개구리에서부터 땅의 설치류인 사리그까지 넘나들 수 있을 정도로, 초월적(천체적) 수준의 주기성을 구체적 국면에서 자유자재로 펼치는 능력자입니다. 남편의 허락 없이 시동생의 부인이 된 것은 불륜이어서 나쁜 일 같지만, 아메리카의 수렵채집 사회가 우리처럼 핵가족 중심의 가족애를 철저히 고수할 필요를 느끼지 못했다는 점과 신화의 기호 작용에 대해 주의를 기울이면 조금 다른 해석이 나올 수 있습니다. 별이 친척들에게 골고루 문화를 가르쳐 주는 것은 아닐까요? 자연 사이의 여러 관계를 중재했던 별은 인간 사이의 여러 입장들 사이를 중재할 수도 있었습니다. 이렇게 두 명의 남편을 거느리면서 중재력을 더욱 높이게 되자 별은 고구마 정도 소개하는 것에서 훨씬 더 나아가 옥수수 케이크까지 만들 수 있게 합니다.

③ 마을 사람들은 새로운 음식을 기뻐하며 옥수수 나무를 찍고 또 찍었다. 그러나 쉴 때마다 찍힌 홈이 메워졌고 결국 동네의 두 청소년이 더 좋은 도끼를 찾아 나서게 되었다. 그 와중에 소년들은 마을 사람들 사이에 금지된 사리그를 잡아서 구워 먹고 말았는데, **다 먹자마자 등이 굽은 노인으로 변했다.** 사람들은 계속 도끼질을 했고, 별은 그들에게 벌목하는 법과 농장 만드는 법을 알려 주었다. 하지만 남편이 죽자 다시 하늘로 올라갔다.

그런데 케이크도 먹을 수 있게 된 사람들이 멈출 줄을 몰랐습니다. 그들은 옥수수 나무를 찍고 또 찍었습니다. 더 많이, 더 많이! 그것도 모자라 더 좋은 도끼를 구하러 나서기까지 했습니다. 더 많이, 더 더 많이! 이처럼 신화는 농경이 생산력의 증대와 기술에 대한 과도한 욕망으로 연결될 수 있음을 간파합니다. 그리고 바로 경고를 내리지요. 별은 하늘로 올라가 버립니다. 별이 마지막으로 가르친 것은 농장 만드는 법입니다. 농장의 울타리 안에서만 옥수수를 키우라고 한 것입니다. 아피나이에족의 재배 기원 신화만이 아니라 팀비라족, 크라호족, 카야포-고로티레족의 옥수수 신화도 비슷한 결론을 내리는데요, 사리그를 먹은 청년들의 급격한 노화와 가르침을 멈춘 별이 재배의 기원을 이해하는 데 가장 중요한 대목이 됩니다.

공짜는 없습니다. 불의 신화에서처럼 재배 기원의 신화에서도 기술력의 증가, 생산력의 증가는 단명과 연결됩니다. 신화는 경고합니다. 현대문명은 최고의 미덕이라고 칭송하지만 '축적'은 천체의 주기라고 하는 장엄한 리듬을 비틀고, 이른 죽음으로 이끈다고요. 잉여 생산을 목표로 하다가는 청년이 노인이 되어 버린다고요. 정말이지 생산량만 찬미하는 시대는 십만 년 호모 사피엔스의 역사 속에서 최근 몇백 년의 일일지도 모릅니다.후지하라 다쓰시, 『트랙터의 세계사』, 황병무 옮김, 팜커뮤니케이션, 2018 참고

농부, 곡식의 말을 듣는 자

재배는 정주에 바탕을 두고 공동체에 문화적 특색을 부여하는 장치입니다. 그런데 고착화된 욕망의 재생산을 부른다는 점에서 그 사용에 주의가 필요합니다. 이제부터는 신화가 재

3. 편식된 식재의 생태학

배 기술을 어떻게 생각했는지를 알아보겠습니다. 마쉬구엔 가족의 신화는 재배 기술의 핵심을 다음과 같이 논합니다.

① 옛날에는 재배식물이 없어서 인간들은 도기용 흙을 먹고 살았다. 흙을 구워서 암탉이 하는 것처럼 삼켰다. 인간들은 이가 없었던 것이다.

아피나이에족 재배 기원 신화에서 보듯 재배식물이 없다는 것은 문화를 이루지 못했음을 의미합니다. 차차 보게 되시겠지만 신화는 문명 이전의 인간에게 이가 없었다는 이야기를 많이 하는데요. 잘 씹지 못한다는 것은 문명인이 아니라는 증거이니, 테이블 매너의 으뜸은 먹을 때 소리를 잘 내는 것이라고까지 합니다. 왜일까요?

씹는 일은 어디에서 이루어지나요? 네! 입안입니다. 씹으려면 입안에 조금 더 넣고 있어야 합니다. 그릇이라는 틀이 필요하다는 의미에서 문화적입니다. 씹기란 막 들어온 무엇을 소화 직전의 무엇으로 완전히 넘겨 버리기 전의 중간단계이며, 음식을 영양소로 변화시키기 직전의 제 고유한 변용력을 시험하는 일이 되니까 문화력의 상징이 됩니다. 그래서 씹지 않고 뭔가를 질질 흘리는 것은 틀을 갖고 있지 못함을 의미하기에 반문화적이 되지요. 신화에서 재배식물이 없었던 이들이 도기용 흙을 먹고 살았다는 것은 이 모든 심층적 메시지를 한번에 보여 주고 있습니다. 그릇(틀)을 만들어야 할 것을 씹지도 않고 삼키고, 즉 분해시키고만 있으니까요.

② 남자인 달이 은밀히 **월경 중인 소녀를** 찾아가 그녀와 결혼함으로써, 인간에게 재배식물을 주었고 씹는 법도 가르쳤다. 달은 물고기에게 인간 아내를 잉태하게 했고, 아내는 해, 금성, 지하세계의 해, 밤의 해를 낳았다. 밤의 해인 아들은 너무 뜨거워 어머니의 내장을 태웠고 그녀는 아이를 낳다가 죽었다. 장모는 달 때문에 딸이 죽었다며, 이제 달이 아내를 먹는 일밖에 남지 않았다고 했다. **달은 아내를 부활시켰으나 지상의 삶에 지친 그녀는 몸은 땅 위에 남겨 두고 영혼은 저승으로 가기로 했다. 달은 얼굴을 붉게 칠하고 시체를 먹음으로써 인류 최초의 장례를 치렀다. 달은 시체를 먹는 자가 되었으므로 마을을 떠나기로 했다.**

여러 가지로 흥미로운 대목이 많습니다. 우선 마쉬구엔 가족은 다른 부족보다 훨씬 더 고도의 문화적 수준을 갖고 있다는 자부심이 있었나 봅니다. 재배식물은 별이 가져다주는데 여기서는 남자-별이므로 아피나이에 신화의 '여자-별'과 기호적 배치는 상반됩니다만, 재배의 위험을 경고하고 농경의 윤리를 제시한다는 동일한 메시지가 전해집니다. 밤과 물고기, 소녀 사이에서 많은 것이 태어났지만 그런 일들에 지쳐 차라리 저승으로 가겠다고 선언하는 어머니도 있습니다. 해, 금성, 지하세계의 해 등 다양하게 출현한 삶은 다시 죽음으로 넘어가게 되고 결국 이 부족은 죽음과도 새롭게 관계 맺는 형식을 갖게 됩니다. 달이 '얼굴을 붉게 칠하고 시체를 먹게' 되니까요. 우리는 이렇게 문화가 수준을 높이는 과정에서 어머니를 죽이는 아들이 있었다는 점을 놓칠 수 없습니다. 불의 기원에서는 표범-어머니를 죽이는 아들이 있었고 아피나이에족 신화에서도 곡물-어머니를 죽이더니, 여기서도 자식들이 지친 어머니를 저승으로 보냅니다.

③ 세번째 아들은 지하세계에 살았는데, 인디언들이 벌목하고 화전하기를 방해하는 비를 관장했다. 달은 다른 아들과 하늘로 올라갔지만 계속 뜨거웠던 막내 때문에 지상의 돌이 갈라지는 일까지 있자, 그를 가장 높은 하늘에 걸어 두었다. 달이 강에 놓은 덫에 모든 시체가 걸렸는데, **두꺼비가 시체를 감시하여 달에게 매번 '탄타나로키-이로키'라는 소리를 내어 알렸다. 그러면 달은 내려와 몽둥이로 시체를 죽여, 사지를 잘라, 불에 구워 먹었다.**

마쉬구엔가족의 인류사관人類史觀에 따르면 인간은 불을 먼저 가지고 있었습니다. 도기용 흙을 구울 수는 있었으니까요(①). 불을 이미 갖고 있었던 그들은 재배식물을 얻음으로써 가족이라는 집단을 이루고, 그다음 다시 하늘과 땅의 운행을 연구한 뒤(뜨거운 별은 가장 높은 곳으로 보내야 한다), 이번에는 어로漁撈에 도전할 수 있게 됩니다. 마치 죽방에서 멸치 잡듯 달은 능숙하게 어로를 하는데요. 배고플 때 강에 뛰어들어 잡히는 대로 물고기를 길어 올리는 것이 아니라, 덫이라는 어로 기술을 쓰고 물고기 시체를 모아 굽는다는 점에서 강의 물고기 재배가 됩니다(③). 신화가 강조하는 점은 두꺼비 소리입니다. 달은 두꺼비가 때 되었음을 '알릴 때에만' 움직입니다. 그래서 이 신화의 마지막은 '듣기'에 주의합니다.

④ 땅 위에는 달의 딸들이 있었다. 인디언들이 경작해 얻은 마니옥, 옥수수, 바나나, 고구마 등이다. 이들은 달을 아버지라 불렀고, 달은 딸들을 계속 관찰했다. 어쩌다 인디언들이 마니옥 껍질을 흩뜨려 놓거나 잘 씻지 않으면 **딸-마니옥은 울면서 아버지에게 달려갔다.** 농부들이 채소를 곁들이지 않고 식사를 할 때에도 딸은 화를 내며 아버지에게 달려갔다. "그들은 나에게 아무것도 주지 않는다!" 반면 인디언들이 마니옥을 함부로 소비하지 않고, 껍질을 한 장소에 모아 두며 함부로 밟지 않으면 딸은 만족해했다. 그녀는 침을 잔뜩 넣어 그녀인 마니옥을 잘 발효시킨 맥주를 만들어 주는 인디언을 좋아했다. 달의 다른 딸들도

비슷한 반응을 보였다. 인디언들은 달의 딸들을 기쁘게 하기 위해 노력했다. 딸이 불행해진다면 달은 다시 자신 곁으로 딸을 부를 것이다. 그러면 인디언들 역시 다시 흙을 먹게 될 것이다.M299. '마쉬구엔가족의 신화: 재배식물의 기원', 『신화학 2』, 450~452쪽 참고

달의 딸들은 끊임없이 인간들이 자기를 어떻게 대했는지 평가합니다. 그녀들은 조금이라도 법도에 어긋나면 당장 아버지에게 달려가 불평불만할 준비가 다 되어 있습니다. 신화는 인간이 문화적 존재에서 반문화적 존재로 언제든지 퇴화할 수 있다고 봅니다. 그 퇴화의 조건도 엄격하게 밝히고 있지요. 우선, ① 마니옥과 같은 재배식물을 '다른 음식과 함께' 잘 먹어야 합니다. 그다음 주의할 점은 ② 쓰레기의 처리입니다. 만약 인디언들이 마니옥 껍질을 흩뜨리며 밟기라도 한다면 풍요로운 재배는 더 이상 불가능합니다.

달이 경고하듯, 문화적으로 산다는 것은 내가 먹는 것의 처음과 끝을 소중히 하는 일입니다. 먹기와 치우기 전부를 귀하고 특별한 일로 대하는 마음이 필요합니다. 농부는 재배 과정에서 이 두 가지를 잘했는지 못했는지 끊임없이 마니옥 아가씨에게 묻고 그 답을 들어야 합니다. 내 행위의 목적과 수단이 바로 너에게는 어떤 의미인지 묻고 들을 자세가 되어 있지 않다면 농부는 들판에 나갈 수 없습니다.

농사, 공손한 의사소통

마쉬구엔가족의 신화는 재배에 임하는 인디언의 핵심 자질이 쟁기를 쥐는 손에 있지 않고 의사소통하는 능력에 있다고 봅니다. 농경의 관점에서 문화적 인간이 된다는 것은 마니옥의 말씀을 들을 수 있음을 뜻합니다. 여기에는 자연과 문화 사이의 직접 소통이 끊긴 탓에 자연을 오직 생물학적 수식을 통해 이해하는 현대과학과는 전혀 다른 앎이 작동하고 있습니다. 어로를 잘하기 위해서는 두꺼비의 말을 경청해야 하고, 재배를 잘하기 위해서는 마니옥의 불평과 만족에 귀 기울여야 합니다. 신화는 이것을 공손의 재배술이라고 합니다.

레비-스트로스가 말하고 있듯 신화 속에서 언어는 인간의 것이 아닙니다. 마쉬구엔가족은 언어를 종種 간 대화를 이끄는 것으로 보았습니다. 그리고 종 간 대화에서 핵심은 공손함입니다. 팀비라족에게도 재배식물의 기원을 가르치는 신화가 발견됩니다.M89. '크라호족의 신화: 재배식물의 기원(세 개의 판본)', 『신화학 1』, 348쪽 참고

못생긴 홀아비가 별에게 반해 결혼을 했는데, 남편의 막냇동생이 형이 숨긴 그녀를 찾아내어 함께 살게 된 뒤, 별은 가족들에게 옥수수와 요리법을 둘러싼 비밀을 알려 주었습니다. 옥수수 농장은 무척 잘 일구어져 새 도끼가 필요했는

데 소년들이 사리그로 변한 별을 구워 먹고 말았습니다. 소년은 갑자기 늙어 백발이 되었지요. 여기까지는 아피나이에 신화와 비슷합니다. 그런데 신화는 마지막에 이런 이야기를 덧붙입니다. 남편이 아내에게 '사랑스레 간청했다면 아내는 또 다른 비밀을 많이 털어놓았을 것이다'. 하지만 남편은 무뚝뚝했고, 결국 둘 모두 하늘로 올라가게 되어 마을의 풍요로움은 끝나고 맙니다. 옥수수의 비밀을 알려 주고 사리그가 되어 인간에게 잡아먹힌 별은 자연의 메시지를 대신 전하는 존재입니다. 우주적 수준의 전체 질서가 옥수수 수준의 부분에서 활기를 띠고 표현되는 것이지요. 이 메신저의 말에 귀 기울이는 사랑스런 태도 없이 재배의 지속은 불가능합니다.

농사란 농부의 의사소통과 관계되어 있으니 귀 기울이는 능력과 함께 요구되는 것은 재배식물에게 응답하는 능력일 것입니다.M293. '보로로족의 신화: 왜 옥수수 이삭이 빈약하고 작은가', 『신화학 2』, 438쪽 참고

① 부레코이보라는 신이 눈부신 옥수수밭을 갖고 있었다. 그의 네 아들 중 보페-조쿠가 농장 관리를 맡았다. 최선을 다한 그는 여인들이 옥수수를 따러 올 때마다 만족한 마음으로 '휘, 휘, 휘' 휘파람을 불었다. 어느 날 한 여인이 옥수수를 따러 왔고, 그는 평소처럼 즐겁게 휘파람을 불었다. 거칠게 옥수수를 따다

가 결국 손을 다친 여인은 고통에 차 보페-조쿠를 모욕하며 그 휘파람 소리를 비난했다. 그러자 신령이 휘파람을 불어 옥수수를 시들게 했다. 옥수수는 더 이상 자발적으로 싹트지 않아, 사람들은 그때부터 땀 흘리며 옥수수를 경작했다.

옥수수의 만족한 휘파람 소리를 듣지 못할 뿐만 아니라 제 성에 차지 않아 상대를 모욕한 여인 때문에 옥수수밭 전체가 시들었군요.

② 부레코이보는 사람들에게 **파종할 때 하늘에 간청하면서 숨을 내쉰다면** 다시 풍요로운 수확을 하게 될 거라고 했다. 또 아들에게는 씨를 뿌릴 때 인디언들에게 물어보라고 했다. 함부로 대답하는 사람은 누구도 수확을 얻지 못할 것이었다. 보페-조쿠는 길을 떠나 농부들에게 물으며 다녔다. **제일 마지막에 답한 농부는 폭언으로 그를 모욕했다.** 그래서 옥수수는 이전처럼 아름답게 자라지 않았다. 때문에 큰 **이삭을 수확하고 싶어 하는 인디언들은 그때부터 부레코이보에게** 간청하며 수확한 첫 곡식을 그에게 바친다.

보로로족은 인간과 옥수수 정령이 서로 진지한 대화를 나눌 때에만 이삭이 무겁게 열릴 것이라고 보았습니다. 이것은 후에 추수감사절의 기원이 될 것 같습니다. 게다가 보로로 족의 추수감사절은 풍요에 대한 단순한 감사가 아니라, 무례에 대한 사과의 의미가 있어 흥미롭습니다.

작물과 인간과의 대화는 템베족의 신화에도 잘 나와 있습니다. 그런데 템베족은 단지 잘 듣고 시키는 대로만 하자고 생각하지는 않았습니다. 템베족은 공손히 식물 정령의 말씀을 듣더라도 때로는 더 고차원적으로 문제를 풀어 가야 한다는 것을 강조했습니다.M294. '템베족의 신화: 왜 마니옥(카사바)은 느리게 성장하는가', 『신화학 2』, 439쪽 참고

옛날 인디언들은 마니옥을 몰랐다. 그들은 마니옥 대신에 카마푸를 경작했다. 한 인디언이 농장에서 일하던 중 조물주 마이라가 갑자기 나타나 어떤 일 중이냐고 물었다. **인디언은 무뚝뚝하게 대답하기 싫다고 했다.** 마이라는 떠났다. 빈 밭을 둘러싼 나무들이 쓰러졌고, 그 가지가 인디언의 밭을 덮었다. 그는 화가 나서 칼로 마이라에게 덤빌 생각을 했다. 마이라가 보이지 않아 호리병박을 공중으로 던지며 화풀이를 하다가, 실패해서 떨어진 칼에 목이 박혀 죽었다.

마이라는 카마푸 밭을 갈고 있는 다른 인디언을 만나 물었다. **그는 공손히 대답했다.** 그러자 밭을 둘러싼 나무들이 마니옥으로 변했고, 마이라는 그에게 마니옥 심는 방법을 가르쳐 주었

다. 마이라는 마을까지 그를 따라가 다시 마니옥의 뿌리를 캐러 가라고 했지만 남자는 망설였다. 막 묘목 심기가 끝났기 때문이다. 그러자 조물주는 인디언에게 1년 후에나 마니옥을 얻을 수 있을 거라고 했다.

카마푸는 남아메리카의 가지과 식물로 자생적이라고 합니다.『신화학 2』, 440쪽 참고 카마푸가 아니라 마니옥을 얻기 위해서 신의 도움이 필요한 것이라고 하니, 아마 카마푸는 때를 가리지 않고 여기저기 마구 자라는 식물인 것 같습니다. 대신 마니옥은 건기와 우기의 간격과 같은 주기를 훨씬 더 많이 타는 식물이겠고요. 신화는 자연종의 동등성을 이야기하지만, 생을 영위하는 각각의 부분은 생태적 조건에 따라 종들 사이에 다른 선호도를 보이게 마련입니다. 템베족에게는 카마푸보다 마니옥이 더 좋은 것이고, 신화는 카마푸와 마니옥이라는 기호를 통해 종들의 동등성과 차이성을 말했습니다.

보셔요. 위 신화도 분명히 강조하지요. 재배는 신의 부름에 공손히 대답할 때에만 가능합니다. 그런데 템베족의 신화는 농부의 능력으로 하나를 더 꼽고 있습니다. 그것은 사려 깊음입니다. 막 묘목 심기가 끝났기에 성숙을 위해서는 시간이 필요하다고 생각한 남자 때문에 마니옥을 1년마다 얻게 되거든요. 신은 그에게 언제나 마니옥을 얻을 수 있게 했습니다. 그러나 인디언은 그 허락에도 불구하고 식물의 과생산을 선택하지 않습니다. 많은 마니옥! 신은 탐욕으로 치닫고 있는 생산지상주의의 자본주의도 허락했습니다. 하지만 우리 시대에는 사려 깊은 농부가 없네요. 잉여 생산은 반드시 가져야만 하는 궁극의 열매가 아닙니다. 템베족은 더 많은 것을 주려고 한 신의 뜻도 거절할 수 있을 정도로 자연 전체의 공생을 고려한 신중함을 발휘했습니다.

재배의 핵심은 주의 깊게 신의 언어를 듣고 공손히 그 말씀에 답하는 것입니다. 사실 대단히 어렵지요. 무엇보다 신이 인간과는 다른 언어를 쓰기 때문입니다. 에두아르도 콘에 따르면 숲(열대)에서는 문화적 수준에 따라 계층화된 언어들이 사용된다고, 아마존 인디언들이 생각한다 합니다.에두아르도 콘, 『숲은 생각한다』, 차은정 옮김, 사월의책, 2018 참고

마쉬구엔가족의 신화를 보면 신의 언어는 '휘파람'입니다. 자연이 내는 휘파람, 하면 무엇이 떠오르시나요? 저는 가을 들녘 곡식을 가르는 바람 소리가 떠오릅니다. 가을 전체가 내는 소리, 싹튼 것이 다 익고 저물어야 함을 알리는 소리 말입니다. 풍요의 만족과 수확의 부담이 들판을 장엄하게 물들입니다. 인디언들은 우주 자연이 부는 휘파람 소리인 신의 언어, 진리의 언어를 들으려고 했습니다. 우리 시대의 자연학자 존 베이커도 자연 언어의 휘파람성에 대해 다음과 같이 말했

습니다. 대자연의 휘파람에는 온도와 냄새가 다 들어갑니다.

쏙독새의 노래는 포도주 줄기가 높은 곳에서 깊고 소리가 크게 울리는 나무통 속으로 떨어질 때 나는 소리 같다. 고요한 하늘 위로 향기가 피어오르는 그윽한 소리다. 환한 낮에는 그 소리가 가냘프고 메마르게 들리지만, 해 질 녘에는 부드러워져 고급 포도주 향이 느껴진다. 노래에서 냄새를 맡을 수 있다면, 이 노래는 으깬 포도와 아몬드 그리고 짙은 숲의 냄새가 날 것이다. 소리는 넘쳐흐르고, 한 방울도 사라지지 않는다. 숲 전체가 소리로 가득하다._{존 A. 베이커, 『송골매를 찾아서』, 서민아 옮김, 필로소픽, 2022, 50쪽}

휘파람과 함께 새소리 역시 인디언들이 이해해야 할 주요 언어입니다. 새는 땅과 하늘을 중재할 수 있기 때문에 매개력이 높다는 점에서 그 언어 역시 위상이 높습니다. 그래서 우리 식으로 말하면 과도한 외국어 교육이 인디언들 사이에서도 이루어지는데요, 아라파호족은 어린아이들이 말을 빨리 배우고 지식을 익히게 하기 위해 찌르레기새의 살과 알을 먹인다고 합니다. 몬태나주의 그로-방트르족은 어린아이가 말이 늦고 이해력이 부족할 때 불에 구워 딱딱해진 찌르레기새의 알을 먹이기도 하고요. 이들은 너무 수다스러운 사람을 보면 그의 어머니가 찌르레기새 알을 많이 먹었을 거라고 추측한다 합니다.『신화학 3』, 360~361쪽 참고 제가 옛날에 닭고기를 참 좋아했는데요, 그 때문에 저희 아이들이 재잘재잘을 잘하는 것인가 요즘 돌아보고 있습니다.^^;;

무문자 사회에서는 '소리'가 대단한 중요성을 차지한다고 합니다. 우리 시대가 시각 중심인 것과 많이 다릅니다. 레비-스트로스에 따르면 소리는 '상징의 밀도'가 대단히 강해서 함부로 의미 코드를 사용해서는 안 된다고 합니다. 여기에 자의적인 감상은 들어갈 여지가 없습니다. 그래서 인디언들은 쓸데없이 너무 많은 소리가 나거나 혹은 때에 맞는 소리가 나지 않을 때, 불운을 예감했습니다. 그래서 마지막으로는 자연의 순서(주기성)를 깡그리 무시한 소리에 대한 경고를 알아보고 가겠습니다.M171. '카두베오족의 신화: 새들의 색깔', 『신화학 1』, 551쪽 참고

① 세 명의 아이가 오두막 앞에서 자정을 넘길 때까지 놀았다. 부모는 전혀 주의를 주지 않았다. 아이들이 매우 늦게까지 놀고 있던 어느 날, 하늘에서 흙으로 만든 솥이 내려왔다. 솥은 화려한 꽃으로 장식되어 있었다. 어린아이들은 꽃을 보자마자 가지려 했다. 하지만 팔을 뻗치자 꽃이 솥의 다른 쪽으로 이동했다. 아이들은 꽃을 얻으러 솥 안으로 기어들어 갔다.

② 그러자 솥이 공중으로 떠올랐다. 어머니가 놀라 한 아이의

다리를 잡았으나 부러져 버렸고 상처에서 피가 흘러 호수가 되었다. 그때까지 새들은 전부 흰색이었는데, 피-호수에 몸의 일부나 전체를 담근 뒤로 다양한 색깔을 갖게 되었다.

휘파람 소리는 생멸의 조화로운 관계성을 의미합니다. 그 반대에는 어떤 소리가 있을까요? '야단법석'입니다. 대부분 잠을 자야 할 때 제멋대로 떠들고 논다는 것은 잠을 청하려는 이들에게는 무례한 일입니다. 부모가 아이들에게 주의를 주지 못하니, 부모 자식 관계도 제대로 되어 있지 않습니다. 이 집안은 위아래도 없는, 순서고 주기고 아무 상관이 없는 엉망진창입니다. 이런 아이를 가르치기 위해 하늘에서 솥이 내려옵니다. 솥, 그릇이란 문화의 상징입니다. 도기용 흙을 먹어야 했던 반문화적 미쉬구엔 가족처럼 떠드는 아이를 키우는 사람들은 문화적이지 않았을 테지요. 이들에게 내려오는 하늘의 솥이 꽃으로 장식되어 있다는 것 자체가 화려한 꾸밈, 즉 여러 빛깔로 표현된 생의 가치들이 조화롭게 어울릴 수 있는 규범을 갖추었음을 의미합니다. 결국 하늘로 올라가다 찢어진 그들의 육체 덕분에 새들의 다채로운 세계가 시작됩니다. 다양성이란 문화의 상징입니다. 여기서도 솥, 즉 문화는 다양함의 모체입니다.

리투아니아에서는 20세기까지 일식日蝕이 일어나는 동

안 악귀를 쫓기 위해 어린아이들이 막대기로 금속 집기를 두드리는 관습이 있었다고 합니다.『신화학 1』, 549쪽 참고 악귀가 나타났다는 것 자체가 조화로움이라는 전체적 질서가 깨졌다는 의미겠지요. 유럽의 봄 축제 중, 성聖 금요일 축제 때 젊은이들이 탁자나 나무침대 등을 큰소리 나게 부순다고 하는데요, 그보다 더 옛날에는 죽은 자의 가구를 요란하게 부수는 관습도 있었다고 합니다. 이탈리아에서는 1월 1일 밤에 불꽃놀이도 하고 식기도 부순다고 하는데요, 새해맞이 자정의 불꽃놀이는 뉴욕 타임스퀘어나 파리의 샹젤리제 등 대도시에서 여전히 즐기는 소란이지요. 야단법석이 악귀를 몰아내는 데에 효과적이라는 것은, 그 소란스러움을 통해 때와 장소에 맞지 않은 여러 일들에 경고를 보낼 수 있기 때문이었습니다. 새해는 새 주기의 시작이니, 온통 소란스럽게 해서 때에 맞지 않는 것들을 몰아냈던 것입니다. 신화가 더는 울림을 갖지 않는 현대라지만, 사람들의 무의식 저변에는 여전히 조화로운 소리에 대한 감각이 작동함을 알 수 있습니다.

야생돼지

: 고기를 먹으면 고기가 되리니

남아메리카의 다자연주의

재배식물의 왕, 옥수수를 통해 알 수 있듯이, 신화는 농경을
만물의 목소리에 존경과 감사를 담아 귀 기울여 응답하는 행
위라고 봅니다. 불의 기원에 이어 꿀과 재배식물의 기원을 보
았으니, 이번에는 실로 현대인에게 문제가 되는 육식 문제를
살펴보겠습니다. 육식 자체의 의미를 따지는 신화가 있는 것
은 아닌데요, 육식의 재료가 되는 야생돼지가 많이 이야기되
는 것에 착안해 고기의 문제에 접근해 보려 합니다. 문두루쿠
족의 '야생돼지의 기원' 신화입니다.M16. '문두루쿠족의 신화: 야생돼지의

기원', 『신화학 1』, 221~222쪽 참고

① 모두 걷기에 숲에서 사냥을 했다. 조물주 카루사케베가 아들 코룸타우와 야영지에서 조금 떨어진 곳에 머물렀다. **사람들은 털 달린 사냥감으로 야생돼지 카에테투만 알고 있었다.** 카루사케베는 카에테투를 사냥하지 않고 인함부새(쓴맛의 스프를 내는 하급 사냥감)를 사냥했다. 카루사케베는 아들을 여동생의 야영지에 보내, 인함부새와 여동생 남편들이 잡은 야생돼지 카에테투를 교환하려고 했다. 소년의 고모는 조카를 모욕하며 돌려보냈고, 아들은 울면서 아버지에게 돌아왔다.

먹음과 관련해서 신이 먹는 것과 인간이 먹는 것이 다를 뿐만 아니라, 위계적이라는 것이 흥미롭습니다. 고모가 받은 고기의 수준을 문제 삼으며 화내는 것으로 보아 야생돼지가 인함부새보다는 상위의 음식임을 알 수 있습니다. 문화적 수준 차이는 마땅한데, 그렇다고 그것이 서로를 모욕할 일은 아닙니다. 다음 대목을 보면, 문화적으로 차별되는 음식이더라 해도 교환을 통해 주고받을 수 있어야 함을 알 수 있습니다.

② 카루사케베는 아들에게 야영지 윗부분을 새털로 궁륭穹窿 모양으로 둘러싸도록 했고, 이 와중에 아들은 새와 두꺼비로 모습을 바꾸었다. 카루사케베는 그 안에 담배 연기를 뿜어 넣었다. 마을 사람들은 연기에 취해 **'당신들의 음식을 먹으시오!'라**

고 외치는 카루사케베의 소리를 '짝짓기'를 하라는 소리로 알아듣고 꿍꿍거리며 사랑의 행위에 빠져들었다. 그러자 모두 야생돼지로 변했다. 연기를 막으려고 코를 막았던 나뭇잎이 돼지의 콧등이 되었고, 몸뚱이에는 카루사케베가 개미핥기에게 빌려 던진 털을 뒤집어쓰게 되었다.

야생돼지를 먹던 이들이 야생돼지가 되었습니다. 신화는 먹는 자와 먹히는 자가 얼마든지 교체 가능하다고 봅니다. 이는 앞에서 살펴본 불의 신화가 인간이 장작이 될 수 있다고 했던 것과도 연결됩니다. 인간과 야생돼지의 교환 변신은 그들이 먹는 것과 짝짓는 것을 혼동했을 뿐만 아니라, 거기에 정신없이 빠져들었기 때문에 일어난 일입니다. 먹음이란 관계 맺음이니까, 먹기가 짝짓기와 혼동된다는 것은 타당합니다. 우리말에서도 '먹는다'라는 표현을 성관계를 비속적으로 표현하기 위해 쓰지요. 신화는 짝짓기를 문화적 행위로 봅니다. 문화적 행위의 남용은 문화의 수준을 초과해서 그 경계를 무너뜨리게 되어, 남용자는 금방 비-문화의 영역, 즉 자연계로 퇴행하게 됩니다. 고모네 가족은 인함부새를 먹는 조카와 야생돼지를 교환함으로써 차이 나는 두 가족을 문화적으로 연결해야 하는 의무를 저버렸기에 문화 바깥으로 나가게 됩니다.

③ 마을에 남았던 인디언들은 야영지에서의 일을 알지 못했다. 매일 카루사케베는 몰래 털로 된 우리(돼지들의 산)에 가서 돼지를 한 마리씩 유인해 내어, 화살을 쏘아 돼지를 죽이고 문을 다시 잠근 뒤 마을로 가지고 갔다. 주인공(카루사케베)이 없을 때 한 사기꾼이 울타리의 비밀을 알아냈지만 그의 부주의로 돼지들이 도망치고 말았다.

마을 사람들은 자기들이 먹는 야생돼지가 동족임을 모르고 계속 먹습니다. 하지만 그것도 머지않아 불가능해지지요. 사기꾼에 의해 풀려난 덕분에 마을 사람들이 먹을 야생돼지가 들로 다 달아나 버리게 되니까요. '야생돼지'라는 기호는 자연과 문화의 경계가 선험적으로 주어져 있지 않으며, 모든 것이 문화적 관계 속에서 파악됨을 알려 줍니다.

우리가 문두루쿠족 야생돼지의 기원 신화에서 가장 주목해 볼 수 있는 지점은 '내가 먹은 것이 내 자식이다'라는 점입니다. 인간은 먹을 수도 있고 먹힐 수도 있는 존재입니다. 이 부분은 뒤에 '식인'에 대해 논하면서 더 말씀드리겠습니다. 핵심은 인간과 야생돼지가 존재론적으로는 동등하다는 점입니다.

문두루쿠족만이 아니라 테네테하라족M15이나 카야포-쿠벤크라켄족의 신화M18도 비슷한 이야기를 합니다. 아들의 입장에서 부계 쪽과 모계 쪽 가족이 따로 있는 것을 보면, 아마도 하나의 혈족 안에 영역을 나누고 사는 두 반족半族 관계에서 부계와 모계가 상보적으로 다른 활동을 하며 살아간다는 것을 알 수 있습니다. 이 상보적 관계가 서로를 무시하는 관계로 전환되는 순간, 집단 전체가 붕괴합니다. 그리고 그 결과로 인간은 사냥감이 됩니다.

마을 밖에서 아들과 함께 야영하던 문화 영웅 오왐브레는 아들에게 모계 쪽 부모로부터 식료품을 얻어 오라고 했다. 소년은 푸대접을 받았다. 오왐브레는 복수하기 위해 깃털과 가시로 부적을 만들어 마을 모든 주민들을 산돼지 페카리로 바꾸었고, 페카리들은 오두막에 갇혔다. 오왐브레의 매제이자 라이벌인 타카케가 돼지들을 하나씩 나오게 해서 죽였다. 오왐브레는 타카케의 비밀을 알게 되자 산돼지들을 다 풀어 주었다.M18. '카야포-쿠벤크라켄족의 신화: 야생돼지의 기원', 『신화학 1』, 223쪽 참고

'야생돼지'라는 기호를 통해 우리는 인간에 대한 낯선 정의 하나를 얻게 됩니다. 신화는 자연종을 생물학적 계통도에 따라 바라보지 않습니다. 비베이루스 지 카스트루도 다음과 같이 말합니다.

"인간 존재는 자기 자신을 인간으로 본다. 그렇지만 달, 뱀, 재규어, 천연두할멈은 인간을 자기들이 죽이는 맥이나 패커리처럼 본다." 동물과 정신들은 우리를 비인간처럼 보면서, 그들 자신을 (각자의 동종집단을) 인간처럼 본다는 것이다. 즉, 그들은 자기 집이나 마을에 있을 때 자신들을 인간의 형상을 한 존재자처럼 지각하며(또는 그런 존재자가 되며), 자신의 행동 방식과 특징들을 문화적 외양을 가진 것으로 파악한다. 자기 음식을 인간의 음식처럼 지각하고(재규어는 피를 옥수수 맥주처럼 보고, 콘도르는 썩은 고기의 구더기를 구운 생선처럼 보는 등), 자신의 신체적 특성들(털, 깃털, 발톱, 부리 등)을 문화적 도구나 장신구처럼 본다는 것이다. 그들의 사회체계는 인간 제도의 방식(지도자, 샤먼, 족외혼의 한쪽 집단, 제례…)으로 조직되어 있다.에두아

르두 비베이루스 지 카스트루, 『식인의 형이상학: 탈구조적 인류학의 흐름들』, 박이대

승·박수경 옮김, 후마니타스, 2018, 43쪽

인디언들의 사고 체계 안에서는 자연의 어떤 종도 '인격'(문화적 성숙함)을 부여받을 수 있습니다. 표범이 초인으로서 가족을 이루고 불을 다룰 수 있다고 하는 것이지요. 남아메리카의 민족지가 밝히고 있는 존재론적 동등성이란, 사람이든 페카리든 '문화의 심급'이라고 하는 동일한 재현 방식으로 사고한다는 것을 의미합니다. 우리가 지금까지 살펴본 대

로 이때의 문화란 '절제와 겸손으로 모색하는 대칭적 관계성'
입니다.

남아메리카에서는 자연의 모든 종이 이런 문화 개념을
갖고 있다고 봅니다. 이 단일한 문화 개념은 각자에게 다른
방식으로 펼쳐지지요. 표범에게는 사냥을 끝내고 들이켜는
맥주처럼 시원한 여가의 음료수가 인간의 피일 수 있는 것입
니다. 이는 자연은 동일하지만, 각 문화마다 그것을 재현하는
방식은 다르다고 보는 문화상대주의와는 반대되는 발상입니
다. 둘 다 인간중심주의이지만, 전자에서의 '인간'은 규제적
개념(문화적 이념에 바탕을 둔)이지 구성적(실재로 확정할 수 있
는) 개념이 아닙니다(칸트). 후자는 근대과학의 세례를 입은
것만을 '문화'라고 보며 인간도 문화의 실재적 현존으로 규정
합니다. 필리프 데스콜라나 카스트루 같은 인류학자는 이런
편협한 문화인류학에 반대하며, 남아메리카적 시선을 '생성
되는 복수의 자연을 전제한 다자연주의'라고 명명하고 하나
의 문화틀이 무한한 현상으로 다양화되는 방식에 주목합니
다.Philippe Descola, *Beyond Nature and Culture*; 에두아르두 비베이루스 지 카스트루, 『식인
의 형이상학: 탈구조적 인류학의 흐름들』

이러한 다자연적 관점에 따라 존재는 문화적 틀 안에서
만 각자의 자리를 할당받습니다. 교환을 거부하고 제 배만 채
운다면 문화적이라고 볼 수 없으므로 그 사람은 '인간'이 아

닙니다. 게다가 앞의 신화에서 이 무례한 부족은 자기가 먹고 있는 야생돼지가 제 혈족이라는 것을 모릅니다. 관점의 다차원적 이동, 즉 표범이나 거북이처럼 다양한 수준에서 자연을 통찰할 줄 모른다는 뜻이지요. 그렇기에 이들은 열등한 존재로 추락하게 됩니다.

여기서 신화가 꾸준히 강조하는 동식물종과 인간의 존재론적 동등성 문제를 더 생각해 볼 수 있습니다. 야생돼지가된 식구들을 보면 신화가 '종'을 해석하는 방식을 알 수 있습니다. 돼지는 '우·우·우' 소리 내는 동물이니까, 자연종 중에서 울음이 비슷하다면 그것을 돼지로 보아도 무방하다는 것이지요.

보로로족의 정체성론에 따르면 존재는 형태론적으로 분류됩니다. 인간이나 야생돼지를 계통발생 차원에서 추상적으로 계열화시키지 않습니다. 이런 정체성론은 '되기'라는 모티프를 전면적으로 수용하는데요, '학생이 된다' 혹은 '직장인이 된다', '부자가 된다'처럼 자기를 빈 그릇으로 보고 그 안에 학력이나 경력을 채우는 방식으로 '사람이 된다'는 문제를바라보는 식이 아닙니다. 된다는 것은 무에서 유로, '자기' 안에 뭔가를 양적으로 채우는 일이 아닙니다. 다른 종의 '먹고사는 모습'을 자기에게 입히는 일입니다.

앞에서 존 베이커라는 송골매 애호가 이야기를 잠깐 말

씀드렸는데요. 베이커는 두 발과 좋지 않은 시력을 가졌지만, 10년의 관찰을 통해 송골매가 먹이를 향해 수직낙하하는 그 속도감과 비슷한 속도감을 자전거를 타면서 느끼게 됩니다. 두 날개와 두 발의 차이는 엄연하니 구체적으로 둘이 느끼는 바는 같지 않겠지요. 하지만 베이커는 창공의 높이감이 지상의 깊이감과 어떻게 다를까를 매를 둘러싼 풍경들을 공부하면서 자기 방식으로 이해할 수 있었습니다. 실제로 날 수는 없었지만, 마침내 어느 날 그는 송골매가 먹다 남긴 먹이를 보며 '음~ 맛있겠는걸?' 하게 됩니다. 평일에는 자동차 공장에 출근하는 노동자이지만 주말에 그는 분명 송골매였습니다. 이렇게 우리는 다른 존재가 될 수 있습니다. 상대가 누리는 그 삶에 대한 철저한 이해 속에서 말이지요. 이러한 종적 전환이 가능하다는 것은 새이건 야생돼지이건 근본적으로 우리 모두는 자연의 자식임을 의미합니다.

신화는 인간중심주의적입니다. 그런데 이 인간은 칸트가 말하듯 이성을 사용해서 정언명령에 따라 보편 법칙에 맞도록 행위하는 그런 존재는 아닙니다. 다른 존재와 친족을 이룰 수 있는, 즉 타인에게 자기 책임을 다하려는 능력을 갖춘 인간입니다. 생사를 서로 책임지는 의존적이면서도 대등한 관계에 들어가는 자, 구체적으로 자기 주변의 관계들을 살피는 자가 '인간'일 수 있습니다.

사냥꾼, 자연의 중재자

옥수수도 그랬지만 신화는 먹기의 문제에 주의를 기울일 뿐만 아니라 먹는 것은 늘 가족이라고 합니다. 굳이 가족이라고 한 까닭은 모두가 대지의 자식들이기 때문입니다. 그런데 이토록 동등한데 왜 바로 '그'가 먹잇감으로 지정될까요?

① 조물주가 사람들과 함께 살았을 때 사람들은 야생돼지를 맛보게 해달라고 졸랐다. 할아버지(조물주)는 인디언들이 어디 간 틈을 이용해 마을의 열 살 미만 아이들을 새끼 야생돼지로 만들었고, 부모들이 돌아오기 전에 커다란 나무를 타고 오르도록 했다. 그런 다음 도착한 부모들에게 새끼돼지를 쫓아 잡으라고 했다. 인디언들은 새끼돼지들을 잡아 죽였다. 조물주는 개미에게 나무를 찍어 넘기라고 명령했는데 나무 밑에 두꺼비들이 살고 있었다. 오늘날 두꺼비 등이 울퉁불퉁한 것은 이때 개미에게 뜯겨서다.

② 개미들이 나무를 넘어뜨리자, 땅에 내려올 수 없던 인디언들은 허리띠를 엮어 줄을 만들려고 했는데, 줄이 짧아서 한 명씩 땅에 떨어지면서 뼈가 부러졌다. 인간이 꺾을 수 있는 손가락과 발가락, 구부릴 수 있는 몸을 갖게 된 까닭이 이때의 고통

때문이다. 마을로 돌아온 인디언들은 아이들 살을 먹으며 축제를 베풀었고 조물주에게 같이 살자고 했으나, 조물주는 담배를 주면서 하늘로 떠나 버렸다. 사람들은 이때부터 담배를 제물로 올렸다.M25. '카리리족의 신화: 야생돼지와 담배의 기원', 『신화학 1』, 246~247쪽 참고

여기에는 '내가 먹는 것은 내 새끼이다'라고 하는 자식自食의 테마가 들어 있습니다. 그런데 언뜻 생각하면 신이 왜 자신을 그토록 따르는 인간들을 떠나는지 이해하기 어렵습니다. 하지만 잘 보면 알 수 있죠. 인간의 탐욕이 부자 관계를 끊고 신과의 관계도 끊었던 것입니다. 자기 배 채우기에 급급한 것은 관계적 사고 부족의 증거입니다. 이런 자들은 관계의 최고 형식인 가족을 이룰 수 없습니다. 돼지고기 신화로 혼사 장애를 다루는 결혼담도 읽어 보겠습니다.M302. '타카나족의 신화: 고기에 미친 여인', 『신화학 2』, 478~479쪽 참고

① 고기를 먹고 싶어 하는 한 여인이 있었다. 남편은 능력이 부족해서 항상 고기를 잡지 못했다. 그녀는 자신이 사냥하기로 결심하고 사슴을 추적했다. 며칠을 계속했으나 사슴을 잡지 못했다. 이 사슴은 사람이 변한 것이다. 그녀의 계획을 무산시키려고 남편처럼 사슴도 말했다. **추적하기에 자신은 너무 빠르니까**

서로 결혼을 하기에 좋겠다고. 사슴으로 변한 남자는 그렇게 추적만 하다가는 결코 집으로 돌아갈 수 없을 것이라고도 했다.

포식자인 사냥꾼 남편과 피식자인 사슴 남편(후보자)이 똑같은 충고를 하니까, '아내'라는 기호를 기준으로 둘은 거리상 동등한 위치에 있다 할 수 있습니다. 다만 사냥꾼은 먹잇감을 소유할 수 없다는 의미에서 마이너스 기호인 반면, 피식자 사슴은 그 속도가 증명하듯 재빨리 달릴 수 있는 생명력의 상징이어서 충만한 플러스 기호라는 점이 다릅니다. 둘 다 결혼 관계로 고기에 탐식하는 여인과 맺어지고자 한다는 점에서 먹고 먹힘의 모델이 '가족'이라는 점은 앞에서 살펴본 다른 신화들과 같습니다.

② **여자는 3일이면 집으로 돌아갈 줄 알았으나 이미 3년 동안 계속 사냥을 하고 있었다.** 인간-사슴은 그녀를 붙잡아 뿔로 그녀의 몸을 관통시켰다. 그리고 시체를 버렸는데 표범이 그녀의 가죽은 빼고 살만 먹었다. 그녀의 가죽은 **빽빽하게** 털이 난 덤불숲의 늪식물로 변했다. 그녀 머리의 서캐는 야생 벼가 되었다. 골수에서는 흰개미와 흰개미집이 생겨났다.

사냥꾼인 남편을 무시했을 뿐만 아니라, 남편에게 먹을

것을 가져다주지도 않았던 나쁜 아내는 사슴의 청혼도 거절합니다. 가족 이루기를 거부한다는 점에서 그녀는 자폐적이어서 점점 문화 바깥의 영역으로 빠져나가게 됩니다. 문화 바깥은 창발하는 힘들이 무한히 분쇄되고 재융합하는 근원적 힘들의 장입니다. 결국 그녀는 잡으려고만 하다 잡히게 됩니다. 표범의 입안에서 분해되고, 그런 뒤 늪식물, 야생 벼, 흰개미로 제각각 변신합니다. 문화 바깥에서 일어나는 것은 이처럼 활발한 분해와 재생 작용입니다.

③ 남편은 처음에는 아내의 오만함을 재미있어 했지만 그녀를 찾으러 떠나기로 했다. 도중에 먹이를 쫓는 새들을 만났는데 새들이 아내의 정보를 주었다. 새들은 인간들이 이제부터 늪식물로 둘러싸인 흰개미 집 앞을 지날 때마다 흰개미들의 휘파람 소리를 들을 것이라고 했다. **남자는 새들의 충고를 무시하고 계속 아내를 추적하다가, 결국 큰 강물에 휩쓸려 진흙에 파묻혀 죽었다. 그의 시체에서 수컷과 암컷 두 마리의 스컹크과 동물 카피바라가 생겨났는데 엄청난 냄새를 풍겼다.**

아내는 다시 자연화됩니다. 신화는 이런 아내에게 끌려들어가 남편마저도 분해된다고 합니다. 남편은 늪식물로 둘러싸인 흰개미집 앞을 지나면서도 그것이 아내인 줄을 모르지요. 그가 휘파람 소리를 잘 듣지 않는다는 점에서, 재배식물을 잘 돌볼 수 있던 농부의 의사소통 능력 같은 것은 없음을 알 수 있습니다. 사냥꾼 부부는 악취가 되어 숲을 떠돌게 됩니다. 가족을 이룰 수도, 아니 제 몸 하나 가질 수 없는 자가 되는 것입니다.

상호의존적 관계에서 살아야 한다는 것, 내가 스치는 모든 것들이 한때 나와 가족을 이루던 것이라는 메시지를 들을 수 없었던 것은, 이 사나이가 과거의 '아내'에 집착한다는 것을 의미합니다. 흥미롭지요. 아내를 참 중요시하는데 가족을 못 이룬다니 말입니다. 신화는 '아내'라는 존재를 놓치지 않는다고 해서 가족주의자가 되는 것은 아니라고 합니다. 생멸하는 전체적 장에서 가족이 존재함을 생각할 수 없었기에, 만물과 다른 관계에 들어가는 존재의 다채로운 되기를 도외시했다는 점에서, 그는 편협한 이기심에 빠져 있습니다. 신화는 이런 자기-맹목을 반문화적 행위라고 합니다. 그래서 사나이는 스컹크가 됩니다. 심한 악취를 내는 존재 말이지요. 신화 속에서 더러움은 문화 규범을 갖지 못하는 상태, 질서의 카오스를 의미하기에 나쁜 것입니다.

타카나족의 신화를 보면 먹는 자가 먹히는 자가 되는 것은 생태계적 균형을 취하기 위함입니다. 탐식 때문에 치우친 자리를 비우고 활발한 재생 작용(분해력)으로 자연에 새 활기를 불어넣기 위해서지요. 보로로족 신화 한 편을 더 읽어 보겠습니다.M21. '보로로족의 신화: 야생돼지의 기원', 『신화학 1』, 236~237쪽 참고 생태계적 불균형의 원인은 '나는 나야!'라고 했던 남자들에게 있습니다.

① 남자들은 매일 물고기를 잡으러 갔으나 소득이 없었다. 빈손으로 돌아오는 그들을 아내들은 불쾌히 여겼고 결국 남편들에게 대항하게 되었다. 여자들은 물고기잡이를 하겠다고 선언했다. 그리고 수달에게 물고기를 잡아 오라고 시켜 많은 물고기를 얻었다. **남편들은 더욱 노력했지만 더욱 얻은 것이 없었다.** 남편들은 새를 훈련시켜 아내들의 비밀을 캤다. 그리고 개울가에 가서 수달들을 하나씩 목 졸라 죽였다. 겨우 한 마리가 도망칠 수 있었다.

보로로족은 자기들이 만들어 놓은 남성과 여성의 역할 분할, 즉 '문화구성의 방식'이 절대적이라고 하지 않습니다. 그것은 편의적일 뿐이며 아내들이 더 잘한다면 역할 배분은 달라질 수 있습니다. 문제는 자존심 상한 남자들입니다. 그들은 정중히 물어보지 않고 '훔쳐봅니다'. 그리고 아내들의 성취를 질투하고 모욕합니다. 그러니 그들은 이제 벌 받게 될 것입니다.

② 아내들은 복수하고 싶어 했다. 피키 열매 음료수를 남편들에게 주었는데, 피키씨에 돋아난 가시를 하나도 제거하지 않고 만든 것이었기 때문에 가시가 목에 걸린 남편들은 '우 우 우' 울부짖는 소리를 내며 야생돼지로 변했다. 돼지들이 내는 소리는 남편들이 울부짖는 소리다.

능력도 없으면서, 남편이자 사냥꾼으로서의 자기 지위만 고집했던 남편들은 먹거리를 만들지 못해 부족 전체를 위험에 빠트립니다. 아내들은 이런 남편을 야생돼지로 만들어 버리지요.

남편들은 왜 사냥에 그리도 재주가 없었을까요? 이들은 수달에게 명령할 수 있는 언어가 없었습니다. 앞에서 재배의 능력이란 옥수수의 목소리에 귀 기울여 응답하는 것이라고 했었는데요, 사냥에 있어서도 이는 마찬가지입니다. 수달은 물고기를 먹고 사는 물의 상위 포식자입니다. 물고기를 먹는다는 점에서 역시 물고기를 먹는 인간과 동등하지요. 뭍에 사는 인간이 물고기를 먹을 수 있는 방법은 간단합니다. 수달처럼 생각하고 행동하기!

신화는 먹고 먹히는 것과의 관계를 이렇게 자연종의 다양한 국면 속에서 얼마나 자기를 변용시킬 수 있는가의 관점에서 봅니다. 그리고 그 변용하는 능력은 죽음에 이르기까지 확장됩니다. 본질적으로는 동등한 자들이 자기를 내려놓고 근원적 생명력의 품으로 뛰어드는 일! 야생돼지 신화는 사냥꾼이야말로 그런 중재자임을 강조했습니다.

육식, 타자의 자기화

고기에 미치면 고기가 됩니다. 사냥꾼에 의한 중재력, 이를 다르게 말하면 사냥꾼이 사냥감이 되는 '자기의 타자화'입니다. 자기의 타자화는 조화를 지향한다는 점에서 숲의 대칭성 회복 기술입니다. 신화는 이 회복술이 쓰이는 때를 사냥술의 무능과 유능으로 설명합니다. 먼저 무능한 사냥꾼부터 보겠습니다. 투쿠나족의 신화 '미친 사냥꾼'입니다.M240. '투쿠나족의 신화: 미친 사냥꾼', 『신화학 2』, 252쪽 참고

① 한 사냥꾼의 올가미에는 사비아새(개똥지빠귀)만 잡혔다. 동료들은 무툼새와 자쿠새 등 큰 새들을 가득 잡았다. 사람들은 불운한 사냥꾼을 조롱했고 때문에 사냥꾼은 우울증에 빠졌다. 다음 날도 그는 개똥지빠귀만 얻었고, 급기야 화가 나, 새의 **부리를 억지로 벌려 방귀를 뀌고는 새를 놓아주었다. 그때부터 그는 미쳐 헛소리를 하기 시작했다.** 그의 중얼거림은 아무 의미가

3. 편식된 식재의 생태학

없었다.

② 그는 쉬지도 않고, 뱀, 비, 개미핥기의 목 등에 말했다. **배가 고팠지만 어머니가 주는 음식을 먹지 않았고 끊임없이 떠들다가 닷새 뒤에 죽었다.** 그물 침대 위 그의 시체는 곰팡이와 버섯으로 뒤덮였는데 그는 계속해서 말했다. 사람들이 그를 땅에 묻으려고 하자 "나를 묻으면 독개미들이 너희를 공격할 거야!"라며 저주를 내렸다. 사람들은 충분히 기다린 뒤 계속 떠드는 그를 묻었다.

사냥꾼 기호는 먼저 숲의 치우침이 어떤 것인지를 가르쳐 줍니다. 사냥꾼은 무례했지요. 먹이가 들어오지 않아 열릴 줄 모르는 자신의 입을 속상해하며, 새의 입을 억지로 벌려 악취를 넣으니까요. 먹이로서의 새는 누군가의 입으로 들어가야 하는 존재입니다. 벌린 입으로 들어가야 하는 닫힌 존재이지요. 이런 형식 갖춤이 사냥입니다. 그런데 사냥꾼은 그 새 부리를 억지로 열어 방귀로 채우고 맙니다. 그는 배출구인 항문과 흡입구인 입을 경우에 맞지 않게 연결함으로써 문화의 반역자가 됩니다.

또, 그가 무례한 이유는 말을 잘 못해서입니다. 농경에서처럼 사냥에서도 의사소통이 제일 중요합니다. 그런데 이 사냥꾼은 새와는 방귀로 소통하고, 가족·이웃과는 저주로 소통합니다. 심지어 아무도 못 알아듣는 말을 하며 먹지도 못하는 존재가 됩니다. 언어란 만물과 교감하는 능력인데 그것은 무차별적이지 않고 조건에 맞아야 합니다. 그런 관점에서 보면 사냥꾼의 다언多言은 어머니와의 소통도 불가할 정도이니 뭔가 단단히 잘못되었음을 알 수 있습니다.

여기서 사냥꾼을 먹은 자는 누구일까요? 곰팡이와 버섯입니다. 자연의 분해자들이지요. 신화는 제 위치를 찾지 못하는 자, 즉 사냥 능력이 없는 자, 자연의 많은 종들과 다채롭게 대화할 방법을 모르는 자는 인간으로서 존재할 이유가 없다고 봅니다. 이번에는 이 점을 분해자에 의해 먹히는 '유능한 사냥꾼'의 두 예를 통해 해석해 보겠습니다. 먼저 위토토족의 신화입니다.M364. '위토토족의 신화: 구르는 머리', 『신화학 3』, 115-116쪽 참고

① 야간에 사냥하기를 좋아하는 인디언이 있었다. 그는 숲의 신들을 화나게 했다. **신들은 매일 밤 사냥꾼의 오두막을 침입해 아내의 신체를 토막 내었고**, 사냥꾼이 돌아오는 기척이 들리면 다시 붙여 놓곤 했다. 아내의 건강은 점차 악화되어 갔다.

신체가 토막 나면서 이야기가 시작되니까 무섭습니다. 불행은 어디서 비롯되었을까요? 사냥꾼은 밤을 모를 정도로

사냥에 푹 빠져 있습니다. 신화는 절제를 좋아하니까 이런 능력을 경고할 텐데, 그것이 아내의 쇠약입니다. 신들이 매일 밤 아내의 신체를 토막 내었다는 것은 씹어 먹었음을 뜻합니다. 이를 신들의 식사를 통해 알 수 있지요. 그녀의 신체가 자꾸 토막 나지 않습니까.

숲의 정령들에 의한 분해는 무엇을 의미할까요? 신들의 식사를 뜻합니다. 북서부 아메리카 인디언들의 포틀래치 potlatch는 신의 영력이 돌아온다는 것을 '부서진 동판'으로 표현하지요. 한 해 동안 풍요롭게 (연어) 사냥하도록 해주었던 바다의 신들께 인디언들은 최고의 감사로 동판 던지기를 했습니다.마르셀 모스, 『증여론』, 이상률 옮김, 한길사, 2002 바다에 빠뜨렸다 다시 건져 올린 부서진 동판이야말로 다시 시작되는 한 해의 풍요를 약속하는 것인데요, 부서진 동판이 의미하는 바는 신의 씹음입니다. 부서짐, 해체는 생명의 근본적 상태로의 회귀라는 점에서 죽음이며 또한 재생입니다. 신화는 사냥꾼이 정신없이 먹이를 잡아들일 때 그의 아내가 정신없이 씹히고 있다고 합니다. 신화의 대칭성은 내가 깨트린 자연의 균형을 회복하기 위해 동원되는 것은 사랑하는 내 가족임을 가르칩니다.

② 의심이 생긴 사냥꾼은 갑자기 신들을 방문했는데, 정령들은 한 무더기의 뼈로 피범벅이 된 그들의 희생자를 두고 도망

을 갔다. **이때 몸에서 떨어져 나온 머리가 굴러다니다가 남편의 어깨 위로 올라타서는 '너의 죗값이다'라고 말하며 떨어질 줄을 몰랐다.** 그녀(머리)는 누구를 물려는 것처럼 끊임없이 턱을 움직이며 탁탁 씹는 소리를 냈고, 남편의 음식을 모두 뺏어 먹었다. 남편은 쇠약해졌다. 또 남편은 머리의 똥으로 점점 더럽혀져 똥이 등까지 흘러 내렸다.

머리가 남편의 어깨를 타고 남편의 음식물을 뺏어 질질 흘리고 먹으며 똥을 마구 싸 온몸을 뒤덮는 모습은 앞에서 본 말 많은 미친 사냥꾼의 더러움을 연상시킵니다. 신의 음식이 된 아내는 다시 남편을 분해하려고 달려들지요. 남편과 아내 사이가 뭉개지고, 자타의 구분도 뭉개집니다. 머리가 남편의 몸에서 떨어지지를 않으니까요. 이렇게 경계가 뭉개진 상태야말로 죽음이 되겠지요.

③ 사냥꾼은 물속에 뛰어들려고 했지만, 머리는 잔인하게 그를 물면서 물 위로 올라가 자기를 숨 쉬게 해주지 않는다면 잡아먹겠다고 위협을 했다. 그는 물 밑바닥에 통발을 설치해야 한다고 했고, 그제서야 아내는 나뭇가지에서 그를 기다리기로 하고 떨어졌다. 남편은 통발 구멍 사이로 헤엄을 쳐 달아났다. 하지만 그가 오두막에 돌아오자 머리는 다시 달라붙었고, **머리는**

자신이 불의 여인이 되기를 바란다고 했다. 그리고 카사바 캐는 칼을 요구했고, 사냥꾼은 머리와 카사바용 칼을 달 밝은 밤에 노래하는 앵무새로 변형시켰다.

죽음 상태에서 벗어날 길은 통발을 설치하기, 그리고 카사바 캐는 칼로 아내를 앵무새로 바꾸기입니다. 뛰어난 사냥꾼이 자연과 문화 사이의 경계를 오히려 무너뜨릴 위험이 되므로, 미친 사냥꾼M240처럼 반영웅이 되지 않으려면 그는 반드시 먹고 먹힘의 관계를 결정하는 '양식'을 만들어 내야 합니다. 신화가 관계를 중시함을 다시 한번 느낄 수 있습니다. 관계란 곧 '양식'입니다. 그것이 통발이지요. 그런데 머리가 좀처럼 떨어지지 않습니다. 통발로는 부족한가 봅니다.

마지막에 사냥꾼은 아내를 칼로 깎아 앵무새로 변형시킵니다. 앵무새의 의미는 무엇일까요? 밤까지 사냥하면서 살아 있는 것들의 위치성과 관계성을 파괴했던 자신과는 달리, 앵무새는 밤에도 만물의 관계를 읽고 노래하기를 멈추지 않는 새입니다. 남편의 머리 위에서 머리로 똥만 싸던 아내가 앵무새가 되지요. 즉 먹거나 싸기만 할 수 있던 아내의 입은 통발을 만든 사냥꾼에 의해 노래하는 입이 되었습니다.

아내의 소망은 불의 여인이 되는 것이었지요. 불이란 문화의 매개자이므로, 불의 여인이 된다는 것은 문화적 존재,

즉 친족 관계로 들어가고 싶다는 소망의 표현이고요. 이것이 숲만 돌아다녔던 사냥꾼이 물속 통발을 만듦으로써 가능해집니다. 이 신화는 불과 물을 중재하고, 탐욕을 관계로 바꾼 사냥꾼을 다시 응원하는 것으로 끝난다고 할 수 있습니다.

사냥꾼의 능력은 관계를 맺는 능력에 있지, 많은 것을 끌어들이는 데에 있지 않습니다. 야생돼지는 자기일 수도 있는 것들을 의미하며, 사냥이란 '더 이상 자기가 아니게 된 자기들'과 새로 관계를 맺는 기술입니다. 이때 제일 필요한 것은 무력으로 사냥감을 제압하는 능력이 아니라 먹는 것이 한때 나의 친족임을 잊지 않는 서사 만들기입니다. 그래서 위에서 본 것처럼 이 서사는 '자기의 타자화'를 강조하지요.

아이누 원주민은 겨울에 이와만테 축제를 하는 것으로 유명합니다. 축제 때를 위해, 아이누인들은 어린 곰을 잡아 가족처럼 먹이고 기른 뒤 겨울에 잡아먹습니다. 이들은 곰을 신들의 나라와 인간 사이의 증여적 관계를 알려 주는 메신저로 대한다고 합니다. '곰아, 우리가 너를 이토록 지극히 대접했고 죽은 뒤에도 아름답게 화장해 주었으니, 내년 봄에도 더 큰 풍요를 가져다 다오!'입니다.프레이저, 「제53장 사냥꾼에 의한 야생동물의 회유」, 「제54장 성례전적 동물 살해의 유형」, 『황금가지 2』 참고 이와만테 의례는 부족이 잡아야만 하는 그 존재가 실은 자식이었다는 점을 생생하게 환기시키는 장치입니다. 사냥꾼에게 절대로 요구

3. 편식된 식재의 생태학

되는 상식은 바로 이것이지요. 어떤 경우에도 내가 먹는 타자는 나와 무관하지 않습니다. 아니, 나는 내 가족을 뜯어먹어야 사는 존재입니다.

이런 관점에서 보면 신화는 '과도한 사냥'을 '자연의 주기를 부정하는 일'로 해석한다고도 할 수 있습니다. 당연하지요, 마구 잡아 해치우면 다음 해에 맥獏과 연어는 새끼를 낳지 못하게 될 테니 말입니다. 자연의 거대한 먹이사슬에서 자유로울 수 있는 존재는 없으므로 한 종의 대代 끊김은 전체 사슬의 리듬에 충격을 줄 것입니다. 칼리나족은 달라지는 모습의 달에 각각의 동물을 할당하면서 자연의 주기를 해석한다고 하는데요, 그러니 무절제한 사냥은 정말로 달의 주기를 해치는 일이 됩니다.

칼리나족은 달이 먼저 낮 동안에 잡은 사냥감을 굽는다고 상상한다. 사냥감이 크면 클수록 달은 더욱 늦게 나타나는데, 사냥감을 굽는 데 더 오래 걸리기 때문이다. 만월인 날에는 작은 사냥감을 굽게 될 것이다. 말하자면 쥐나 생쥐일 것이다. 뒤를 이어 오는 날에는 차례로 사냥감의 크기도 더 커진다. 달은 연달아(차례차례로) 고슴도치, 아구티(들쥐의 일종), 파카(중남아메리카의 대형 설치류), 야생돼지 카에테투, 야생돼지 켁사다(카에테투보다 더 뚱뚱하고 크다), 사슴, 개미핥기, 또 다른 종류의 사습…. 마지막 4분기의 마지막 날에는 맥을 굽지 않는다. 그리고 달이 보이지 않을 때 달은 이제 더 이상 맥을 굽지 않는다고 말한다.Ahlbrinck; 『신화학 3』, 214쪽에서 재인용

칼리나족만이 아니라 대부분 인디언의 자연학에서는 각 동물종이 하나의 성좌와 연결된다고 합니다. 성좌의 오르내림이나 남중南中이 어로를 포함한 사냥의 시기, 그리고 재생산의 시기를 알려 주기 때문입니다.『신화학 3』, 216쪽 참고

훌륭한 사냥꾼이라면, 마땅히 일상적 먹음 안에서 내 신체와 정신을 관통하는 무수한 타자들을 떠올리며 매번 다른 방식으로 자신을 죽일 수 있어야 합니다. 인디언들의 세계에서는 사냥꾼을 전사라고도 한다지요. 사냥꾼-전사는 먹이를 죽이는 자가 아니라, 해체되는 자기를 감당하는 자입니다. 먹고 먹히는 생의 비정함을 적극적으로 긍정하면서, 분해이자 탄생인 모든 존재의 운명을 사랑하는 자, 기꺼이 먹잇감이 될 준비를 다하는 자, 그가 야생의 사냥꾼입니다.

3. 편식된 식재의 생태학

사람

: 우리는 모두 식인종이다

자연사(自然死)란 없다

야생돼지 신화는 대체로 사냥꾼이 잡아먹히는 테마를 포함합니다. 이런 육식은 자기의 타자화였습니다. 그런데 인간의 먹힘이 타자의 자기화로 작동할 때도 있습니다. '식인'食人의 문제를 더 살펴보겠습니다.

신화를 보기 전에는 저도 '식인'이라고 하면 끔찍한 생각부터 했습니다. 인간이 인간을 먹는 풍경으로 즉각 떠오르는 것은 풍랑에 난파된 배 안에서의 아비규환이지요. 오로지 생존만을 위해 아이의 살마저 찢어발기는 무도하고 야만적인 광경입니다. 식인의 이미지는 도저히 인간이랄 수 없는, 윤리라든지 도가 땅에 떨어진 상황과 연결될 것 같습니다. 그런데 레비-스트로스는 '우리는 모두 식인종이다!'라고 합니다. 인간에게 식인이란 허기와 상관없으며, 주로 위대한 왕과 뛰어난 적의 능력을 흡수하기 위한 방편이었다는 것이지요.

레비-스트로스의 조사에 따르면 메노미니 인디언들에게는 식인 풍습이 있다고 합니다. 이들에게 식인은 일종의 허세적 의례였습니다. 전쟁을 수행할 때 양식을 가지고 가지 않았는데, 당연히 승리할 것이며 그러면 적의 고기를 먹을 수 있을 것이기 때문입니다. 이들은 적을 죽이자마자 그들의 넓적다리살을 길게 잘라 내어 자신들 허리에 감았다가 저녁이 되면 역겨움을 참으며, '나는 무엇이든 먹을 수 있다!'고 자랑했다 합니다. 이처럼 인류의 식인은 허기 자체와 직접 관계가 없고, 어떤 문화적 코드의 표현이었습니다.『신화학 3』, 626쪽 참고 레비-스트로스는 현대 인류가 장기를 이식하는 일과 야생의 인디언이 식인하는 것을 외부로부터의 힘을 포섭하여 자기 정체성을 증식시키려는 원초적 사고 위에서 발생한 동일한 사태라고도 설명합니다.레비-스트로스, 『우리는 모두 식인종이다』, 강주현 옮김, 아르테, 2015 참고

프레이저 역시 마찬가지 관점에서 식인을 다룹니다. 『황금가지』는 전체가 신성왕의 살해라는 모티프로 구성되어 있습니다. 네미의 숲에서는 종종 왕이 살해되는 일이 있었다고 해요. 그리고 살해자는 다시 왕이 되어 자신을 죽이러 올 누

군가를 기다린다고 합니다.프레이저, 「제1장 숲의 왕」, 『황금가지 1』 참고 신성왕의 살해 관습은 중세 농경 사회에서 파종과 추수감사 때의 의례에서 인간을 곡물의 신으로 꾸며 의사擬似 살해하는 관습으로도 이어집니다. 신성왕도 곡물의 신도 자연의 위대한 생명력을 상징합니다. 이 생명력을 인간의 형상으로 기호화한 것이 '신성왕'이라고 한다면 병들고 늙어 가는 왕을 살려 둘 수는 없겠지요. 왕이 드러내야 하는 것은 국가의 활력일 테니까 말입니다. 그런 조건을 이해했던 왕과 그의 백성들은 기꺼이 늙어 가는 왕을 살해하는 기쁨을 누렸을 겁니다. 곡물의 신을 인격화한 뒤, 그를 살해하는 동시에 찬미하고 내년까지 고이 모시는 행위도 대지에서 나고 자라, 이제 인간에 의해 목숨을 잃게 된 그를 기리고 감사하기 위함이었습니다.

위와 같은 사례는 분명 오래된 식인의 전통이랄 수 있습니다. 그런데 여기서 유의해야 할 점은 죽는 자가 과연 '인간'인가 하는 부분입니다. 신성왕도 곡물 정령의 대리자도 '그 자신'으로 죽는 것이 아닙니다. 왕은 부족 전체의 생명력을 상징하는 기호이기에 살아생전에도 자의적으로 권력을 휘두를 수는 없었습니다. 프레이저는 세계 도처의 예를 소개하고 있습니다. 그 대표로 일본의 천황을 꼽을 수 있겠습니다. 천황은 땅에 발을 내딛어서도 안 되고 햇빛을 쬐어서도 안 되지요. 극장국가 느가라의 왕도 부동의 자세로 우주의 중심인 발리의 자기 왕국을 지켰다고 하고요.클리퍼드 기어츠, 『극장국가 느가라』, 김용진 옮김, 눌민, 2017 왕, 국가의 중심은 하나의 기호였으며, 그 기호의 자리는 만물이 상호간섭하며 요동치는 땅과 하늘로부터 격리되어야만 했습니다. 즉 왕은 자연 그대로의 한 사람일 수는 없었습니다.

프레이저가 소개하는 것 중에 세계 여러 부족에서 발견되는 소녀의 통과의례가 있습니다. 소녀들은 초경이 시작될 조짐만 보여도 큰소리를 지르며 가족들, 특히 남자들로부터 도망쳐 어떤 어둡고 깊은 곳에 유폐되는데요. 때로는 4~5년 동안 굴에서 나올 수 없다고 합니다. 혼자 먹고 자야 하고, 신성왕의 경우처럼 누군가가 음식물을 갖다주어야만 하고 때로는 떠먹여 주어야만 먹을 수 있었다고 합니다. 월경을 시작했다는 것은 한 사람의 여성으로서 자연의 주기성을 타기 시작했다는 뜻이고, 인간들의 사회에서는 자연의 주기성이 아니라 그 부족의 주기성에 따라 사람을 낳아야 하기 때문에 초경을 시작한 소녀는 철저하게 부족의 일원으로 관리되는 것입니다.프레이저, 「제60장 하늘과 땅 사이」, 『황금가지 2』 참고 그런데 이때 소녀 역시 더는 자연적 존재가 아닙니다. 그녀는 이제부터 부족의 일원으로서 다루어지게 되기 때문에 먹을 것, 입을 것에 취향을 가질 수 없습니다. 부부의 인연을 맺을 자와 낳을 아이까지 부족 전체의 우주론을 통해 만들어 내야 할 의무를 지게 되지요.

　이를 두고 레비-스트로스는 문화 속 인간에게 '자연사'自
然死란 있을 수 없다고까지 했습니다. 맞습니다. 우리는 늘 '누
군가의 무엇'으로 살고 죽기 때문입니다. 그렇지 않나요? 누
군가의 아이로 이 세상에 와서 누군가의 엄마로, 나아가 어떤
이들의 친구, 학생, 부하, 상관으로 살아가게 됩니다. 여기에
꼭 사람을 넣을 필요도 없지요. 그 책상의 주인으로, 그 카페
의 사용자로, 그 이데올로기의 추종자로, 그 신의 신민으로입
니다. 몇 킬로그램이나 되는 가방에 신주머니, 물통까지 챙겨
가는 아이들을 보면서 남은 십여 년의 학창 시절이 가혹하게
느껴질 때도 있어, 엄마로서 미안한 감정이 들기도 합니다.
하지만 레비-스트로스의 해석을 확장해 본다면 어떤 인간이
든 그 사회에 들어가기 위해 자신을 변형하고 조건에 맞게 깎
아 내야만 합니다. 초경을 앞두고 몇 년을 굴속에 사는 것이
나 입시를 위해 몇 년을 책상 앞에 있는 것이나 개인의 욕망
과 능력을 전혀 상관하지 않는 처사라는 점에서는 같습니다.
그리고 이런 상황 속에서 생각하면 고대 문화에서 종종 발견
되는 식인이 자연인으로서의 사람을 편의적으로 마구 먹어
치우는 일이라고는 생각하기 어렵습니다.

식인, 타자의 자기화

'야생돼지'를 먹는다는 식으로 인간을 동물화시켜 먹는 것 말고 노골적으로 '인간'을 먹는다라고 기호화하는 작업이 있습니다. 이때 먹는 인간도 역시 기호로서의 인간입니다. 이 '식인'은 두 개의 차원에서 살펴볼 수 있습니다. 우선 '인간'을 먹는 자가 상위 인간, 즉 초인 그러니까 신으로 상정되는 경우입니다. 이때 신에게 먹히는 인간은 신, 즉 자연의 요리로서 자연의 섭생에 도움이 되는 것으로서 먹힙니다. 두번째는 동류의 인간 부족들이 서로를 먹을 때입니다. 이것은 '야생돼지'의 경우와 달리, 그 부족의 지나친 탐심 때문이 아니라 타부족과의 관계 모색이라는 사회적 필요 때문에 일어납니다. 먼저 첫번째 경우부터 살펴보겠습니다.

템베족 신화 M391에 따르면 @먹는 자는 '식인귀', 즉 초인이고, 먹히는 자는 이미 많은 것을 먹은 사냥꾼입니다. 식인귀라고 해서 좀비나 흡혈에 빠진 드라큘라처럼 막무가내로 사람을 잡아들이는 존재는 아닙니다. 식인의 종류에 대해서는 뒤에서 다시 말씀드리겠습니다만, 개념적으로 식인귀는 일단 인간보다 우월한 존재입니다. 신화는 먹고 먹힘에 있어 생태계 포식의 계열화를 그립니다. 식인귀는 최상의 포식자입니다.에두아르도 콘, 『숲은 생각한다』 참고 이 계열화가 우리 시대 생물학의 포식 삼각형과 다른 점은 최상위에 인간을 두지 않는 점입니다.

오그랄라다코타족은 기근이 일어난 지역 전체를 관념화해서 '식인귀'로도 봅니다. 한 소년이 식인귀에게 저주를 품는데, 다음과 같이 말한다고 합니다. "이제 나는 너의 머리와 팔을 말린 가죽처럼 납작하게 하겠다. 그러면 너는 나무도 풀도 물도 없이 살아 있는 어떤 존재도 들어올 수 없는 이 음울한 계곡에 너 홀로 누워 있을 것이다. 태양은 너를 태우고 추위는 너를 어둠으로 만들 것이다. 너는 이러한 고통을 느끼고 괴로워할 것이다. 너는 배고프고 목마를 것이다. 그러나 아무도 너에게 오지 않을 것이다."『신화학 3』, 559쪽 그러니까 ⓑ**식인귀란 개체 하나하나를 초월한 분해자**를 뜻하기도 합니다.

마지막으로 ⓒ**식인귀는 악귀가 된 자기**입니다. 여기서 '자기가 자기를 먹는다'라고 하는 그 어떤 좀비 영화에서도 본 적이 없는 끔찍한 형상이 나옵니다.

① 사냥꾼들은 많은 것을 잡은 후 크게 축제를 열면서 숲속에서 야영했다. **사냥감의 무게로 그들의 훈제 가마가 무너질 듯했다. 머리와 가죽과 창자가 땅바닥을 뒹굴었다.** 다른 사냥꾼들이 사냥을 또 하는 동안 소년이 훈제 가마를 조심스레 돌보았는데 갑자기 이방인이 나타났다. 이방인은 불만스런 얼굴로 사냥감을

살피고 그물침대도 하나하나 세고는 사라졌다. 소년은 돌아온 사냥꾼들에게 이방인 이야기를 했지만 그의 말에 귀 기울이는 이는 아무도 없었다. 밤이 되어서야 간신히 아버지를 설득할 수 있었다. 두 사람은 그물침대에서 내려와 서둘러 숲으로 달아났다. 이윽고 동물들이 울부짖었고 사람들의 비명이 들려왔으며 뼈가 부서지는 소리가 들렸다. 사냥감의 보호신 쿠루피라와 그의 동료가 무례한 사냥꾼들을 학살했던 것이다.

사냥꾼의 잘못은 많이 잡았다는 데에 그치지 않지요. 그들은 잡은 고기의 머리와 가죽, 창자를 함부로 다루었습니다. 앞서 카사바 아가씨도 떠오르시지요? 하지만 '구르는 머리' 신화는 식인귀의 폭력성을 강조하지 않습니다. 식인귀는 사냥꾼의 무절제와 무례를 벌하기 위해 CSI^{Crime Scene Investigation} 못지않게 철저히 현장을 조사하니까요. 부끄럽게도 마당에는 먹다 남긴 머리와 가죽과 창자가 땅바닥을 뒹굴고 있었습니다.

② 부자가 야영지로 돌아왔을 때 피로 물든 그물침대와 도처에 널린 뼈를 발견할 수 있었다. **그 가운데 잘린 머리 하나가 나타나 자신을 데려가 달라고 졸랐다.** 아버지는 소년을 먼저 보낸 뒤 머리를 리아나덩굴로 묶었다. 하지만 무서워 버리려고 했고 그때

마다 머리는 다시 달려들어 데리고 갈 것을 요구했다. 아버지는 머리를 떼어 놓으려고 급히 똥을 누어야 한다며 잠깐 벗어나 오솔길 가운데 구덩이를 파고 나뭇잎으로 덮어 함정을 만들었다. 머리가 초조해하자, 똥이 아직 일이 안 끝났다고 아버지 대신 전했다. 머리는 내가 사람들과 함께 있을 때에 똥이 말하는 일은 없었다고 했다. 머리는 앞으로 움직이다 함정에 빠졌고, 사냥꾼은 서둘러 흙으로 머리를 덮고 마을로 돌아왔다. **밤이 되자 머리는 울부짖었고, 큰 식인새로 변해, 첫번째로 만난 인디언을 잡아먹었다. 한 주술사가 화살을 쏘아 괴물의 한쪽 눈과 다른 쪽 눈을 관통하게 하여 죽였다.**M391. '템베족의 신화: 구르는 머리', 『신화학 3』, 167~168쪽 참고

사람의 '머리'는 생각하기 위해서가 아니라 먹기 위해서 존재한다고 하는 겁나는 인식도 나옵니다. 신체가 무한한 차원으로 분할 가능하고, 인체란 단지 그 어떤 조합의 하나라는 생각이 여기에 잘 나타나 있습니다. 몸체 없이 머리만으로 새로운 주체성을 가지게 된 이 악귀는 때에 따라서 사람과 함께 있었을 때를 회상할 수도 있으니, 인간이었다가 머리였다가 하는 식으로 복수의 주체성을 삽니다. 한 몸에 하나의 통일된 정신만 있어야 한다고 보는 '인간관'에서라면 이것은 정신분열일까요? 신체분열일까요?

신화가 정신과 신체의 조합에 대해 대단히 유연한 방식으로 해석한다는 것을 알 수 있습니다. 그런데 따지고 보면 이 '머리'는 인간의 기억에 끌려다니는 존재가 아니라 인간이었던 자기를 먹어 치우는 존재이니까, 자기동일적이지 않고 자기해체적입니다. 자기해체적이면서도 '탐식'이라는 새로운 정체성을 구현해 버립니다. 신화는 숲이 물체들과 관념들이 동시 창발하는 장소라고 봅니다. 신화의 '자기'는 해체와 종합의 자리입니다. 이 자리가 규범을 잃고, 거대한 생멸의 힘 속으로 빨려 들어가 버릴 때 식인귀는 탄생합니다.

템베족의 신화를 보면, 식인귀는 두 개의 계열로 나눌 수 있는 것 같습니다. 고도의 초인간적 존재로서의 식인귀(ⓐ, ⓑ)가 있고, 인간 이하가 아니라 아예 어떤 동물종도 될 수 없는 분해자, 즉 '먹음' 자체가 되어 버린 식인귀(ⓒ)가 있습니다. 쿠니바족의 신화에도 탐식가인 머리-식인귀가 나오는데요, 머리가 식인귀가 된 이유는 자기가 과도히 무엇을 먹어서가 아니라 근친상간을 해서입니다.M392. '쿠니바족의 신화: 구르는 머리와 달의 기원', 『신화학 3』, 170쪽

한 젊은 인디언이 밤마다 이방인의 방문을 받았다. 그녀는 게니파 잎의 검푸른 액으로 이방인의 얼굴을 문질렀고, 다음 날 그가 자신의 오빠임을 알았다. 사람들은 범죄자를 내쫓고 도망

3. 편식된 식재의 생태학

가는 그의 머리를 잘랐다. 형제가 그의 머리를 주웠는데, 머리는 끊임없이 마시고 먹을 것을 요구했다. 형제는 머리를 버리고 도망갔다. 머리는 마을로 다시 찾아와 물, 돌 등의 순서로 변신을 시도하며 사람들 오두막 문을 마구 두드렸다. 모든 시도가 실패하자 그는 실타래를 굴리며 하늘로 올라갔고 복수하기 위해 달로 변해 누이가 월경하도록 했다.

많은 문화권에서 '먹다'라는 비유를 성교에 씁니다. 근친상간은 가족 내부의 먹음입니다. 앞에서도 말씀드린 것처럼 '먹기'란 외부와의 관계 설정 도구입니다. 그 기술을 내부로 돌린다면 자기를 외부화하는 일이니까 자기해체가 됩니다. 신화의 표면만 보면, 잘못도 없이 오빠에게 곤경을 당하고 마을이 쑥대밭이 되었는데 그 벌을 여동생이 받으니 이상합니다. 그런데 우리는 머리 분리가 친족이라는 문화적 구성의 해체를 뜻하므로, 질서를 다시 도입하기 위해 필요한 일을 '월경'으로 제시한다는 점에 주목해야 합니다. 자연종이 출산을 위해 주기를 만드는 일인 '월경' 덕분에 쿠니바족의 '구르는 머리' 신화는 가족이란 우주 자연의 주기에 인위적으로 개입하는 문화적 장치라는 것을 소개하는 신화가 되니 말입니다.

인간이 먹힌다면 그것은 생태의 전체적 장에 불균형이 일어나서입니다. 때로 이 불균형은 근친상간처럼 가족 간의 금기를 범한 것으로 설명되기도 합니다. 이때 인간을 먹는 자는 인간이 아니라 자연 전체입니다. 다시 씹어 새로운 형태로 사람을 내어놓기 위해서입니다.

두번째, 식인인 타문화와의 관계 문제를 보겠습니다. 이 부분을 이해하기 위해서는 야생의 토테미즘에 대해 알 필요가 있습니다. 문자문화를 거절했던 야생의 사람들은 우주 자연에 법칙이 있다고 생각했고 그 법칙을 주재하는 자들을 '신'이라고 보았습니다. 민족지적 관찰에서 설명되는 이 원시의 신은 경배 대상이 아니라 만물 작용의 원인입니다. 그래서 때로 '영'이라고 하고 '조상'이라고도 불리지만 '사람의 영혼'이나 '할아버지의 할아버지, 그 할아버지의 할아버지'처럼 인간 표상의 대명사는 아닙니다.

남아메리카의 오나족이나 야간족은 신이 '법'을 준다고 생각했지만 이것은 철저히 자연의 운행에 기반한 사회생활의 규약이었고요, 그런 까닭에 신이란 '죽은 자들의 세계', 즉 모든 살아 있는 것들이 출발하고 모든 죽은 것들이 되돌아가는 그 세계의 힘들 전체를 의미했습니다. 사회의 바깥, 문화의 바깥이라는 점에서, 신은 근원적 타자였던 것이죠.피에르 클라스트르, 『폭력의 고고학』, 변지현·이종영 옮김, 울력, 2021, 81쪽 참고 신은 개체적이고 주관적 개념이 아니라, 종합적이고 객관적 개념이라고 할 수 있습니다.

3. 편식된 식재의 생태학

야생의 인디언들은 신을 어떻게 알 수 있을까요? 휘파람 소리를 들을 수 있으면 되지요. 그들은 휘파람이 울리는 세계의 구체적 모습을 관찰합니다. 태양, 바람, 밤, 무엇보다 동식물들을 자세히 보면서 신을 알아차리는 것입니다. 야생의 사고에서 보면 인간은 이런 힘들이 직접 드러나는 세계에서 무한히 작고 무능력합니다. "영양을 보시오. 영양은 달리기만으로도 인간보다 뛰어나지 않소. 곰은 힘 그 자체라고 할 수 있고. 인간이 할 수 있는 것이 일부분뿐이라면 동물은 모든 것을 다 할 수 있소." 아비 바르부르크, 『뱀 의식』, 112쪽 이미지의 인류학자 아비 바르부르크Aby Warburg(1866~1929)도 지적합니다. 푸에블로 인디언들은 자연을 바라볼 때 그 자체, 혹은 생물학적 분류에 따른 동식물의 개체들을 바라보는 것이 아니라 '빠름', '강함'이라고 하는 힘들의 관계 속에서 그것을 통찰한다고요.

이 힘들의 법칙은 실제 물체들의 법칙과는 구별됩니다. 스피노자식으로 말해 자연에서 사유 속성과 연장(길이를 갖는 것) 속성이 서로 인과를 맺지 않는 것처럼, 야생의 사고에서도 영들의 질서와 물질들의 질서는 각기 다른 법칙의 지배를 받습니다. 다만 관념은 물체 없이는 드러날 수 없고, 물체는 관념 없이는 의미화될 수 없기 때문에 둘은 최적화의 방식으로 연합되어야 합니다. 이때 중요하게 지적하고 가야 할 점이 있습니다. 물체적 차원에서 만물은 동등하다는 것입니다. 그래서 돌과 나무가 특정한 영이 들어갈 수 있는 동등한 보기들로서 존재론적으로 같은 위상을 갖게 됩니다. 이런 조건에서 힘들이 정미롭게 발휘되도록 '힘과 물체의 최고 합일이 일어나게 하는 자리를 인식하기'가 존재 생존에 필수 과제가 됩니다. 빠름이 들어갈 제일 적당한 자리, 강함이 들어갈 제일 적당한 자리란 다 따로 있기 마련이니까요.

영들이 잘 맞는 그릇을 찾아들어 간다면 문제없이 자연이 잘 돌아가겠지만, 영과 그 그릇인 물체의 크기가 안 맞게 되면 사고가 납니다. 프레이저가 소개하는 인신왕人神王의 살해를 그런 관점에서 해석할 수 있습니다. 왕의 노쇠한 육체는 엄청난 생기의 영력을 감당할 수 없으므로 영은 서둘러 그 육체를 벗어나야 합니다. 그래서 신민들은 왕도 살리고 자기들도 살기 위해 서둘러 왕을 죽였습니다.

이러한 조건에서 사람은 자기를 어떻게 바라보았을까요? 서부 아프리카의 많은 지역에서는 개인을 복합적 인격을 지닌 것으로 간주한다고 합니다. 인격의 일부는 태어나기 전의 그 개인적 인생 행로를 얘기합니다. 출생 후, 만약 그 개인이 자기에게 허락되지 않은 곳에서 성공을 도모할 경우 실패가 예상됩니다. 예를 들면 가나의 오지에 사는 탈렌시족은 개인인 의식적 인격을 온화하고 비경쟁적이라고 생각합니다.

엄격하고 통제된 신분사회이기 때문입니다. 그런데 그가 만약 공격적이고 경쟁적으로 행동한다면 그것은 그의 전인격이 가한 힘 때문이어서 반드시 치유해야만 합니다. 반대로 나이지리아 델타 지역의 이조족은 사회 자체가 유동적이고 경쟁인데요, 비경쟁적인 사람은 치유 대상이 되지요. 이렇게 사람은 자율적일 수 없고, 전인격적 힘들의 영향을 받으며 사회와도 영들과도 분리될 수 없는 존재로 살아갑니다.메리 더글러스, 『순수와 위험』, 유제분·이훈상 옮김, 현대미학사, 1997, 137~138쪽 참고

영들, 즉 힘들의 자리찾기가 만물의 최고 과제라면 사람은 무엇을 해야 할까요? 사람도 힘 관계를 이해하면서 자기를 그 관계의 장 안으로 밀어 넣을 수 있게 변용시켜야 합니다. 그 방법으로 나온 것이 바로 토테미즘이죠. 토테미즘은 특정한 동물을 공동체의 상징으로 갖고 가는 사회 구성의 원시적 양식입니다. 사람들은 자기들의 연합을 꾸려 가면서 자연 전체의 운행, 즉 영들의 전체 질서에 딱 맞는 삶의 양식을 동물종을 기호로 삼아 만들어 내려고 했습니다.레비-스트로스, 『오늘날의 토테미즘』, 류재화 옮김, 문학과지성사, 2012 참고

왜 동물이 적극적 기호인지는 짐작할 수 있습니다. 빠름 혹은 느림, 높음 혹은 낮음과 같은 힘들 중 하나를 자기화해야지만 인간도 자연에 맞출 수 있는데, 동물은 그 힘의 상징이니까요. 그런데 토테미즘을 쓸 때 모든 동물을 다 갖고 들

어가지 않습니다. 사바나에서도 툰드라에서도 똑같은 전통과 관습을 고집하는 그런 공동체는 없습니다. 우리 각자가 살아가야 하는 삶의 조건은 시공간에 따라 다 다르니까 지금 여기에서 최고의 능력을 발휘할 수 있는 그 힘 하나를 자기 방식대로 자연으로부터 얻으면 됩니다. 그래서 곰을 토템으로 하기를 원하는 사람들은 그들의 아버지를 '곰'으로 지정하고 자신을 그 힘의 자식으로 하는 신화를 사용했습니다. 한반도 사람들도 모두 웅녀의 자손 아닙니까? 이 땅에서도 사람들은 곰의 자식으로 자기를 자리매김함으로써 그 힘의 주체로 스스로를 변용시키려 했습니다. 아비 바르부르크는 토테미즘을 "유기체와 그 유기체에 속하지 않는 대상을 과거 지향적인 방식으로 연결하는 것"아비 바르부르크, 『뱀 의식』, 164쪽이라고 정리했는데요, 웅녀 신화로 적용해 보면 '지금 나에게 없는 곰의 힘을 조상으로 가정해서 연결하기'가 되겠습니다.

그렇게 생각하면 자본주의는 정말 낯선 사회 시스템입니다. 적도에서나 극지 모두에서, 인간이라면 같은 욕망을 갖고, 같은 재화를 필요로 할 것이라고 하는 사고를 전제로 작동하니까요. 이것은 사람을 자연으로부터 완전히 구별되는 관념적 인격으로 추상화한 결과입니다. 야생의 사고를 하는 사람들은 각자가 발 딛고 있는 자리가 얼마나 다른지를 깊이 간파했습니다.

토테미즘이란 공동체 구성의 논리, 문화 제작술입니다. 그래서 각각의 공동체들이 서로를 차별화하는 논리로도 이어집니다. 곰부족과 연어부족을 예로 들어 보죠. 각각의 토템 부족들은 저마다 다른 습속과 성정을 가지도록 사회의 법을 조정하게 됩니다. 이 다름은 절대적입니다. 그래서 피에르 클라스트르는 이 절대적 차이를 보존하려는 노력이 원시의 호전성으로 이어진다고도 분석합니다.

홉스는 만인에 대한 만인의 투쟁을 논했지요. 하지만 클라스트르는 만인이 만인에 대해 투쟁한다는 것은 모든 사람들을 일자一者로 만드는 구심적 세계에서만 가능하다고 봅니다.피에르 클라스트르, 『폭력의 고고학』 곰과 연어, 비와 바람이 갖는 절대적 차이 속에서 그 차이에 집중하는 자들은 일반적 전쟁의 법칙을 따를 수는 없겠지요. 곰으로서 비와 바람에 맞서고 연어로서 곰과 바람에 맞서는 것이 원시의 전쟁인데, 여기서는 무기도 전쟁의 룰도 공통적일 수 없습니다. 부족들끼리는 자기와 타자 간의 차이가 일반적 관계 속으로 말려들어 가지 않기 위해 부단히 대립하게 됩니다. 원시의 호전성에 대해서는 구술문화를 분석한 월터 옹의 연구도 있습니다. 타자의 직접 개입과 그에 따른 변용의 부담 때문에 원시의 사람들은 계속해서 남과 맞서 싸우려는 방어적이자 공격적인 태도를 취하게 된다고요.월터 옹, 「3장 구술성의 정신역학」, 『구술문화와 문자문화』, 임명진 옮김,

문예출판사, 2018 참고 이처럼 클라스트르도 월터 옹도 '야생의 호전성'은 절대적 차이를 지향하는 가운데 나온 감수성이라고 봅니다.

이런 적대적 차이(그러나 척도 없는 차이)의 관점에서 보면 토테미즘은 대단히 자민족중심주의적이게 됩니다. 레비-스트로스를 비롯해 클라스트르나 에두아르도 콘 같은 인류학자들에 따르면 이들은 자신들을 '인간'이라고 보고 자기 아닌 자들은 '비인간'으로 본다고 합니다. 차이의 극대화이지요. 그런데 이 차이화가 차별로 이어지지는 않습니다. 다른 부족, 즉 저쪽 인간들은 언제나 이쪽 인간을 '비인간'이라고 본다는 것을 서로가 알기 때문입니다. 여기서 식사 문제가 중요해집니다. 자기 공동체 바깥은 '비인간'이기에 그것은 먹어도 될 것으로 범주화할 수 있습니다.

투피남바족은 적의 신체를 확실히 씹어 맛봄으로써 자신의 신체를 적에 대한 기억과 적을 통한 예감으로 채웠습니다. 16세기까지 투피남바 사회에서는 적을 죽인 자만이 결혼하고 자녀를 가질 수 있었다고 합니다. 타 부족 사람을 죽여야만 자기 부족 사람을 만들어 낼 수 있었다는 것이죠. 내가 나일 수 있던 때는 적이라고 하는 타자를 흡수할 수 있는 능력을 발휘할 때뿐이었습니다. 카스트루가 관찰한 투피남바족의 식인은 타자와 자기와의 관계에 대한 하나의 사고 형식

3. 편식된 식재의 생태학

이었습니다. 이런 사고에 철저하다면 투피남바족은 결코 배가 고파서 혹은 맛 자체만을 보고 음식을 먹지는 못했을 겁니다. 식인이라는 방법을 통해 나란 무수한 남들의 집합체라는 것을, 내가 먹는 그 많은 것들 없이는 나도 없음을 적극적으로 의식했던 그들이기에 무엇을 어떻게 먹어야 하는지 깊이 연구했을 것 같습니다.에두아르두 비베이루스 지 카스트루, 『인디오의 변덕스러운 혼』 참고

식인에 대한 마지막 정리입니다. 야생의 부족 중에는 사자死者를 먹는 집단도 있었습니다. 그들이 보기에 사자란 인간 공동체 바깥으로 나간 자들인 것입니다. 클라스트르는 베네수엘라 아마존 야노마미족의 자식自食 행위endocannivalisme를 소개했습니다. '족내식인'族內食人인데요, 야노마미족은 시체를 장작불에 태워 타고 남은 뼛조각을 수습해서 빻아 바나나죽에 섞어 먹는다고 합니다. 파라과이의 과야키족은 시체를 잘라서 굽기도 하고요. 여기서는 죽은 이의 가족을 제외한 부족 전체가 시체의 살을 핀도pindo 종려나무 수액에 곁들여 먹는다고 합니다. 이렇게 자식함으로써 이들은 죽은 자를 자기에게 완전히 통합시킵니다. 부족민이 지닌 특별한 영력을 집착해서 보존하려고 하는 것이 아닙니다. 사자라고 하는 위험한 존재, 생의 타자를 흡수하려고 해서입니다. 그들은 자식 행위를 통해 비인간들에게 어떤 장소도 허락하지 않으려고

했지요. 그토록 자기중심적이었던 것입니다.피에르 클라스트르, 「제5
장 남아메리카 인디언의 신화와 의례」, 『폭력의 고고학』, 85쪽 참고

이런 자기중심주의, 타자에 대한 극단적 부정은 20세기
인종학살을 떠올리게도 합니다. 하지만 큰 차이가 있습니다.
야생의 사고는 타자를 먹기 때문이죠. 그것은 배제가 아니라
들여옴이며, 소화 흡수의 방식으로 이적인 타자와 끊임없이
합치를 이루려는 노력을 보이는 것입니다. 아리안 민족주의
는 일반적인 자문화/자민족중심주의와 같은 뿌리에서 나왔
기 때문에 레비-스트로스는 이를 그 자체로 특별한 것은 아
니라고 했습니다. 문제는 현대 자문화중심주의가 '뱉기'를 주
요한 기호식사법으로 채용한다는 데에 있습니다. 뱉으며 먹
는 자문화중심주의는 자기가 아닌 비인간들을 토해 내기에
힘씁니다.

야생의 토테미즘은 문화구성 논리로서, 식구는 서로를
먹지 않는다는 점을 분명히 합니다. 서로를 먹지 않는 대신
남을, 함께, 먹습니다. 그런데 하나의 공동체를 '서로를 먹지
않는 사이'로 규정한다는 것에 어떤 의미가 있을까요? 인간
들은 언제든지 서로를 먹을 수 있는 사이라는 말이 아닐까
요? 자연 상태에서 만인이 늑대이다라고 했던 홉스는 특별히
새로운 말을 했던 것이 아닙니다. 토테미즘은 자연발생론이
아닙니다. 서로를 먹을 수도 있는데, 굳이 안 먹기로 하는 사

이를 만들어 내기 위한 논리이므로 철저한 사회계약론이고, 사회란 계약적이라는 것을 인식한 냉정한 우주론입니다.

아무개의 누구로 먹히고 또 먹히기

레비-스트로스는 인간과 비인간을 구별하지 않는 듯한 야생의 사고에 큰 충격을 받은 바 있습니다.『슬픈 열대』앞에서 우리가 살펴본 것처럼 어떤 인간도 자연사自然死하지 않고, 모든 문화가 자연의 한 존재를 문화 속 인간으로 변형시키기 위해 엄청난 신체 조작의 통과의례를 부여했습니다. 야생의 사람들은 '그 자체로서의 인간'이 없다는 것을 철저하게 사고했습니다.

바로 이 부분이 개인의 자유와 욕망의 자발성을 강조하는 현대자본주의적 상상력에 비추어 낯설게 다가옵니다. 기본적으로 야생의 사고 속에서 사람은 자기소외를 겪을 수밖에 없습니다. 자기의 생사를 자기가 결정할 수 없고, 옥수수를 재배할 때나 야생돼지를 잡을 때나 모든 성취는 자연이 허락하는 딱 그 범위를 넘어설 수 없으니까요. 주체적인 결단과 의지의 발현은 신화에서는 하나도 찾을 수 없는 장면입니다. 이런 소외는 현대에도 만연합니다. 우리 시대에는 회사의 부속품이 된다거나 제도의 희생양이 된다는 것에 대한 극도의 불편함이 있으니까 말입니다. 혼란스럽지요. 그런데 우리 앞에 놓인 과제는 '야생의 사고'와 '근대적 사고' 둘 중에 옳은 것 찾기가 아닙니다. 어떤 사고가 지금 내 삶의 문제를 돌파하는 데 도움을 줄 것이냐입니다.

우리 시대의 '소외'는 안 좋은 뉘앙스를 갖고 있습니다. 이 부분은 마르크스의 소외론을 통해 이해할 수 있습니다. 마르크스는 자본주의 생산양식을 분석하면서 상품의 소외를 논했습니다. 사물이 상품화될 때 두 단계의 소외가 발생하는데요, 우선 상품, 즉 주고받는 대상이 되기 위해서 이 사물과 저 사물의 가치가 등가적이 되어야 합니다. 벌교에서 난 쌀과 이천에서 난 쌀이 '쌀'이라는 이유로 동일해집니다. 농부가 먹을 쌀인지, 임산부가 먹을 쌀인지, 신이 먹을 쌀인지도 중요하지 않게 되지요. 내 아버지가 기르고 내 자식이 먹을 그 쌀이 '쌀 자체'로, 즉 온 맥락이 거세된 상태로 변신해야만 상품이 되니까 여기에서 소외가 일어납니다.

소외는 연쇄적입니다. 소외가 소외를 부르지요. 상품을 소유한 사람 각자가 '소유자'로서 대등해져야 합니다. 신분이나 지위의 높낮음을 막론하고 똑같아지니까 좋다고도 할 수 있지만, '소유자'가 될 수 있는 한에서의 동등이니까 주의해서 생각해야 합니다. 마르크스는 사물이 제 고유한 맥락을 잃어버릴 때 그 세계 속의 사람도 제 고유한 인생을 잃게 되기에 소유자로서의 인간도 소외를 겪을 수밖에 없다고 봅니다. 상품들로 꽉 채워진 세계에서 사람은 '소유자'로서 자기와 남을 바라보게 된다는데요, 그렇게 되면 뭔가를 소유할 수 없는 사람은 이 세계에 발붙일 곳이 없게 됩니다.

그런데 소유권이란 처분권입니다. 소유물에 대한 전제적 지배권을 의미합니다. 이것은 타인의 동의 없이 대상을 다룰 수 있는 권리이지요. 처분에 맡겨진 그 대상은 어떻게 될까요? 제 고유한 목적이나 상태와는 무관하게 소유자의 편의에 따라 쓰이게 되겠지요. 마르크스는 『자본』에서 상품이 된 인간에 대해 주목합니다. 노동력이라는 상품을 팔게 된 인간은 어떻게 되겠느냐입니다. 사람이기에 빵이나 컵과 달리 그 사람은 자기 몸을 데리고 노동력의 주인에게 가야 합니다. 사람에게서 '노동력'만 빼 갈 수는 없을 테니까요. 마르크스는 이때 소외가 발생한다고 봅니다. 고유한 인격을 가진 한 인간이 소유자에 의해 마구 처분될 위기에 놓이게 된다고요. 고병권, 「1장 상품을 소유한다는 것」, 『화폐라는 짐승』(북클럽자본3), 천년의상상, 2018 참고 마르크스는 상품자본주의에서 임금노동자가 자기처분권을 잃는 상황을 소외라고 했습니다. 마르크스의 분석대로라면 노동자의 자유는 자기처분권을 회복하는 데에 있게 됩니다. 록산게이도 저도 자기를 소유하지 못해서, 음식으로 자기에 대한 권리를 행사하려고 했던 것입니다.

하지만 신화학에 흠뻑 빠지게 된 저로서는 '소유자'로 자기를 바라보는 일이 이제 어색합니다. 자기를 '소유자'로 가정하는 사람에 대해 생각을 해보겠습니다. 그는 사물만이 아니라 욕망이나 경험처럼 비물질적이면서도 역사적인 것에 대해서까지 자기 의지로 다룰 수 있다고 생각하겠지요. 더 나아가 '자기는 자기를 소유했으니까, 자기를 마음대로 다룰 수 있다' 이런 사고까지도 가능해집니다. 그런데 아무리 자기 느낌과 생각이라지만 소유물처럼 다룰 수는 없지 않습니까? 그것은 구체적인 온갖 상황 속에서 타자들과 함께 만드는 것들이니까요. 문제는 자기를 자기가 처분할 수도 있다고 하는 그 사고, 소외됨 없는 본질적인 '자기'를 가정하는 사고, 자기를 '소유자'로 바라보는 이 생각 방식에 있는 것은 아닐까요?

'동등'을 겨우 상품 소유자로서밖에 바라볼 수 없었던 자본주의에서와는 달리, 신화의 세계에서는 동식물과 사자나 망령까지 인간과 동등합니다. 이 세계에서는 본래적 자기도 없고, 덕분에 누구도 자기를 소유할 수 없습니다. 마르크스의 분석을 억지로 적용해 보자면 소외가 넘쳐 난다고 할 수 있습니다. 생명을 지닌 것들은 그 자체로 독립해서 존재하지도 않고, 심지어 자기 뜻대로 할 수 있는 것은 하나도 없으니까요. 그런 의미에서 생명은 사물화되어 있기까지 합니다. 그런데 이 사물화를 신화의 언어로 바꾸면 '자연화'입니다. 프레이저는 다음과 같이 설명합니다.

> 매년 대지의 표현에 일어나는 변화의 위대한 장관은 모든 시대의 사람들 마음에 강렬한 인상을 주었고, 그처럼 광대하고 경이로운 변화의 원인에 대해 사색하도록 부추겼을 것이다. 거기서 인간의 호기심은 온갖 자극을 받지 않을 수 없었으리라. 왜냐하면 원시인들이라 하더라도 자신의 생명이 자연의 생명과 너무도 밀접하게 연관되어 있으며, 강물을 얼게 하고 대지의 식물들을 시들게 하는 자연의 과정이 마찬가지로 자신을 사멸시킬 수도 있다는 사실을 잘 알고 있었기 때문이다.프레이저, 『황금가지 2』, 756쪽

프레이저는 살왕자 모티프를 통해 고대의 영성 개념을 분석했습니다. 때로 왕은 스스로 제단에 올라 코와 귀를 베고 자기 목을 따면서도 후회와 망설임이 없었지요. 이토록 극단적인 자기부정이 감행되는 야생이지만 여기의 소외는 자본주의에서의 인간 소외와는 다릅니다. 전자는 우주 전체의 영력 증대라고 하는 전체적 목표를 위해 늙고 죽는 생명을 '증식 의례'의 일부분으로 바꾸는 일입니다. 한 개인은 우주 자연의 다른 모습으로 자기를 바꾸면서 물체적으로는 죽지만

생사의 온 관계가 맺는 대칭성은 보존됩니다. 후자는 오직 자본의 축적이라고 하는 비대칭적 목적을 위해서 인간에게 그 고유한 관계를 박탈합니다. 둘 모두에서 제 인격은 무시되지만, 신화적 사고가 말하는 소외는 우주적 관계성을 구현하려는 노력이 되고 자본주의에서의 소외는 인간을 우주적 미아 상태로 유실시키는 장치가 됩니다.

'나'란 자명한 실체 같지만, 문자문화의 긴 역사 안에서 그 '나'가 의미하는 바는 계속 변해 왔습니다. 개개individual라는 낱말은 고대부터 내려오지만, 아리스토텔레스는 '모호하지 않다'는 뜻으로 썼다고도 하고요. 고대 그리스 사람들은 소크라테스에 대해 '아무개의 아들로 턱수염이 있고 말이 많은 사람'이라 했다고 합니다. 직업이나 성격으로 소크라테스를 지칭한 것이 아니라, 모습과 버릇으로, 즉 보이고 반응하는 방식으로 그를 부른 셈이지요. 누군가의 이름은 부르는 자의 몫이지 불리는 자의 것이 아니었습니다.

이반 일리치Ivan Illich(1926~2002)는 '자기'라는 것을 낱말과 기억, 생각과 역사, 거짓말과 서술 등과 마찬가지 수준에 있는 문자적 구성개념으로도 봅니다. 구술 시대에는 구전 서사시와 그것을 노래하는 사람을 분리할 수 없었어요. 이반 일리치는 활발한 구술문화 속의 '나'는 마치 양초처럼 활동할 때에만 불을 비추며 그 나머지 때에는 꺼지는 모습이었다고 합니다. 사람은 말하거나 들을 때 양초에 불이 켜지며 '자기'가 됩니다. 그런데 불이 꺼져 있을 때에도 죽은 것은 아니에요. 이야기 하나, 그리고 또 하나, 그런 이야기들 사이에 부여된 연속성으로서의 '나'란 없습니다.이반 일리치, 『텍스트의 포도밭』, 정영목 옮김, 현암사, 2016, 113쪽 참고 '나'는 말할 때에만, 사물과 영들과 그리고 또한 사람들과 관계를 맺을 때에만 존재합니다. 이렇게 불꽃 같던 나는 문자문화의 확산과 인쇄자본주의의 발달 속에서 욕망, 경험, 생각의 소유자인 '자기'가 되었습니다.

우리가 보통 말하는 외로움은 자기를 소유자로 바라보는 습관 때문에 만들어진 것이 아닐까요? 나란 늘 누군가의 나임을 천천히 이해한다면 고립에 대한 불안보다는 타자들에 대한 고마움으로 방 안을 밝힐 수 있을 듯합니다. 신화는 '식인'을 통해 우주 자연 안에서 우리가 먹고 먹히며 끊임없이 생명 그 자체를 생산하는 공산共産적 관계에 있음을 파악합니다. 잔인하게 먹고 먹히는 이야기의 심층에는 이 절대적 상호의존에 대한 이해와 긍정이 있었습니다.

4.

식구 되기의
어려움

2022년 칸국제영화제 초청작 〈브로커〉를 만드신 고레에다 히로카즈 감독은 가족 이야기를 많이 다룹니다. 저는 〈어느 가족〉(2018)이라는 작품을 보고 큰 감동을 받았습니다. 버림 받은 아이를 주워다 기르는 좀도둑 가족 이야기인데 정말 이 상한 집안 풍경이 나옵니다. 할머니와 부부, 딸이나 아들 모 두 서로 피 한 방울 섞이지 않았을뿐더러 도둑질을 가르치거 나 앵벌이를 시키면서 상호 착취 비슷이 생활을 꾸려 가고요, 그렇지만 밥을 꼭 함께 먹거나 바다로 휴가를 가는 등 서로에 게 든든한 힘이 되어 주기도 합니다. 저마다 밝힐 수 없는 사 연을 가지고 이용하기도 하고 돕기도 하면서 '우리'라는 울타 리를 만들어 나갑니다.

감독의 다른 작품 〈그렇게 아버지가 된다〉(2013)는 신생

아실에서 자식이 바뀌게 된 부부의 이야기입니다. 영화는 누군가의 아버지가 된다는 것이 생물학적으로 결정되는 것이 아니라 아이에게 어떤 존재로 받아들여지느냐의 문제라는 것을 보여 줍니다. 영화는 어떤 관계도 당연하지 않다고 말합니다. 저는 두 영화를 보면서 가족이란 '함께함을 만드는 사이'라고 정의 내리게 되었습니다. 혈연이어야 한다거나, 사랑으로 뭉쳐 있어야 한다거나, 사회경제를 책임지는 단위가 되어야 한다거나 등등 알 만한 정의들이 있지만, 각자 저마다의 정의를 만들어 갈 수 있다면 더 좋겠습니다.

'가족의 의미는 무엇이고 그 모습은 어떠해야 할까?'란 고레에다 감독만의 질문은 아닙니다. 그것은 인류의 질문입니다. 가족 없이 죽을 수는 있어도 가족 없이 태어날 수는 없지요. 평생 누군가와 함께 공간을 나누고 시간을 보내며 살아가고요. 국가라는 정치공동체를 가족의 이미지로 가지고 가기도 합니다. 그래서 그 안에서 겪는 사건이 우리의 욕망과 품성을 만드는 것은 당연합니다. 저도 쑥쑥 크는 십대 아이들과 공생을 하다 보니, 자식을 어떻게 바라보아야 할지가 늘 고민이 됩니다. 서로를 소유하지 않으면서도 의지하며 살아갈 길 하나를 찾기 위해 가족을 어떻게 바라보아야 할지 신화를 읽으며 생각해 보고 싶습니다.

앞에서 살펴본 것처럼 신화는 공생을 찬미할 뿐만 아니

라 그 방식에 상당한 주의를 기울입니다. 가족을 구성한다는 것은 공생의 틀을 만드는 일이자, 자연과의 관계 양식을 모색하는 문화적 사업이기도 했습니다. 4장에서는 자연의 모든 종 중에서 유일하게 불 앞에 모여 함께 밥 먹는 사이인 식구의 의미에 대해 생각해 보겠습니다. 먼저 레비-스트로스에 의해 정리된 야생의 '친족의 기본 구조'를 알아보고, 신화에서 말하는 식구 되기의 어려움을 해석하겠습니다.

친족의
기본 구조

아버지가 아니라 외삼촌이다

야생의 토테미즘이 자민족중심적이면서도 홀로코스트와 같
은 인종학살 방식으로 나가지 않은 까닭은 무엇일까요? 바로
결혼입니다. 우연적으로는 대립할 수밖에 없는 두 개의 집단
이 필연의 차원에서 반드시 서로 상보하도록, 야생의 사고는
친족의 기본 구조를 족외혼의 방식으로 공식화했습니다. 그
러니까 여기서도 '가족'은 생물학적이며 심리적으로 이루어
지는 본능적 재생산 장치가 아닙니다. 여타의 사회 조직과 대
립하는 자기만의 방일 수도 없고요.

　레비-스트로스가 말하는 가족은 프로이트의 오이디푸
스 삼각형과 다릅니다. '친족의 기본 구조'는 다음과 같습니

　　　　　　　　　　　　　4. 식구 되기의 어려움

다. 야생에는, 즉 인류의 근원적 상상력에서는 두 개의 가족 유형이 발견됩니다.

◇R(O : N)=R(Fr : S)

◇R(P : Fr)=R(M : F)

(R=관계, O=외삼촌, N=조카, Fr=형제, S=자매, P=아버지, M=남편, F=아내)

두 개의 친족모델에서 상수는 '남자 아이'입니다. 표를 보면 알 수 있지만 그 '남자 아이'는 조건에 따라 다르게 불립니다. 다짜고짜 아버지, 아들, 어머니가 되는 것이 아니라 '누구의 무엇'으로 존재합니다. 이 표는 기능적인데 각각의 친족 모델에서 한쪽이 두드러진다면 등호의 반대쪽도 가정된다고 할 수 있습니다. 예를 들어 외삼촌과 조카(O:N)가 친밀하다면 그 집단에서는 남자형제와 여자형제(Fr : S)가 친밀할 것입니다. 아버지(P)와 남자 아이(Fr)가 친밀하다면 그 집단에서는 남편(M)과 아내(F)가 친밀할 것입니다. 레비-스트로스는 다음과 같이 말했지요. "아버지와 아들의 관계가 남편과 부인의 관계와 같은 것처럼, 외삼촌과 조카의 관계는 남자 형제와 여자 형제의 관계와 같다. 따라서 우리가 한 종류의 관계를 알 수 있다면 다른 관계를 추론해 내는 것이 가능할 것이다."「서장: 가족에 대하여」, 프랑수아즈 조나뱅·레비-스트로스 외, 『가족의 역사 1』, 정철웅 옮김, 이학사, 2001, 40쪽 재인용 그렇다면 프로이트가 말하는 가족 삼 각형은 아래(P:Fr)의 규칙을 따르는 구조라고 할 수 있습니다. **레비-스트로스는 '친족'을 자연발생적으로 보지 않습니다. 나아가 부성과 모성 같은 육친의 감정도 위의 구조에 따라 발생하는 것으로 봅니다.** 모든 실재는 선험적 범주를 논리적으로 따른 것으로서만 나타날 수 있습니다.

독특한 것은 R(O:N)의 구조이죠. 아버지의 자리가 없습니다. N의 입장에서는 어머니도 '남자형제와 친분이 있는 여자형제, 즉 외삼촌의 누이인 S'로서 기능하니까 어머니도 약한 값을 갖게 됩니다. 그렇다면 여기서는 누구도 자기 자식과는 애착관계를 가질 수 없겠네요? 생물학적 아버지와 어머니가 없지는 않지만 그들에 대한 정서적 거리감은 산업화시대 핵가족 모델을 따르는 우리의 그것과는 다릅니다.

친족의 기본 구조는 선험적인 틀이지만 자연의 특정한 요구를 받아 만들어졌다고 할 수 있습니다. 그럼 R(O:N) 모델의 효과는 무엇일까요? R(O:N)은 족외혼族外婚을 가정합니다. 조카가 외삼촌에게 속한다는 것은 두 부족의 결혼이 한 여자를 주고 한 아들을 받는 형태를 갖고 있음을 말해 줍니다. 각 부족은 자기 내부에서는 절대로 여자를 취하지 않는 근친상간의 금지를 철저히 지키고요. 피에르 클라스트르가 소개하는 재미있는 일화가 있습니다. 클라스트르 자신이 인디언인 자신의 친구가 어머니 뵈러 가는 길에 동행한 적이 있었는데요, 아버지 부족과 사냥을 하고 돌아오는 길이었던 터라 그들이 어머니의 땅에 들어가는 일은 위험천만이었습니다. 날아오는 화살에 맞아 죽어도 원망할 데가 없는 상황이었지요. 이때 그의 외삼촌이 나섭니다. '이 땅에서 내 조카와 그의 친구를 건드리지 마라!'피에르 클라스트르, 「제2장 야만적 민족지: 야노아마족에 대하여」, 『폭력의 고고학』 참고 이 짧은 에피소드에서도 아내는 남편과 함께 살지 않습니다. 외삼촌은 조카의 보호자로 최선을 다합니다.

하나 더 흥미로운 점은 사실, 이 아들(Fr)은 어머니가 보고 싶어서가 아니라 자신의 결혼 상대를 찾기 위해 모자 상봉을 기획했다는 것입니다. 왜냐고요? Fr은 외삼촌 가계에 속하기 때문에 근친상간의 금지 규칙을 지키기 위해, 자기가 누구와 결혼하면 안 되는지를 외가에 물어야 하는 겁니다. R(O:N)에서 이렇게 대립하는 두 부족은 여자를 주고받을 수밖에 없고 자식을 나누어 키울 수밖에 없는 방식으로, 개인적 차원의 필연적 친밀함을 부족 간 전체적 대립의 상보성 확보 열쇠로 씁니다.

신화적 차원에서도 상보, 즉 호혜에 대한 강한 압박이 확인됩니다. 보로로족의 신화, '문화재의 기원'을 읽어 보겠습니다.M20. '보로로족의 신화: 문화재의 기원', 『신화학 1』, 234쪽 참고

① 옛날 보코도리 씨족 남자들은 '아라앵무새의 둥지'라고 불리는, 앵무새의 목털이나 깃털로 장식한 오두막에 살았던 초자연적 신이었다. **그들은 필요한 것을 누이의 남편에게서 얻었다.** 어느 날 꿀을 원한다는 사실을 매형에게 알린 막내가 진하고 끈적끈적하며 거품으로 꽉 차 있는 꿀을 받아오게 되었다. 이것은 매형이 그의 아내와 성교를 하면서 딴 꿀이었다.

② 모욕을 당하고 돌아온 아내의 형제들은 코코넛 열매 껍질과 조개껍질을 뚫을 수 있는 돌멩이를 찾았고, 승리의 웃음을 지었다. **호기심에 가득 찬 아내가 자기 형제를 관찰했는데 이것은 규율을 어긴 것이고,** 직후 보코도리 씨족은 사라지기로 하면서 장식물을 나누어 가졌다. 그런 연후에 장작더미에 몸을 던졌다. 불이 다 타 없어질 즈음 그들은 붉은 아라앵무새, 노란 아라앵무새, 매, 독수리, 백조 등의 새로 변신했다. 누이는 돌아와서 잿더미 위에서 자라난 식물들을 채집했다. 우루쿠, 목화, 박 등이었다.

여기서도 족외혼의 관습은 뚜렷합니다. 부부의 자식은 나오지 않지만 외삼촌과 아버지가 대립한다는 것을 알 수 있지요. 아내는 친정식구들을 위해 봉사해야 하는데 남편 편을 들고 있어 문제가 됩니다. 물론 죽은 것은 외삼촌 부족인 보코도리입니다. 하지만 신화에서는 그들이 장신구 그리고 작물의 기원이 된다는 것을 강조하니까, 이들은 문화적으로나 윤리적으로 훨씬 더 높은 위치에 있음을 알 수 있습니다.

아내를 주고받는 관계에서, 받은 자는 주는 자에게 늘 보답하는 행위를 해야 합니다. 처가에 아무것도 주지 않으면서 아내만 탐한 이 남편은 신화 속에서 아무 의미도 없이 등장하기에 이미 벌을 다 받은 셈인데요, 누군가의 무엇도 아니라면 아무도 아니니 산 자일 수 없기 때문입니다. M16(문두루쿠족의 신화: 야생돼지의 기원) 등 비슷한 패턴을 가진 신화들은 끝부분에 이 아내가 야생돼지로 변하는 이야기를 덧붙이기도 합니다. 족외혼으로 결합된 두 가족 안에서 호혜를 거부하는 일이 일어나면 인간에서 야생돼지로 퇴행한다는 메시지를 담고 있는 거죠. 『신화학 1』, 235쪽 참고

왜 이래야 하냐고요? 마거릿 미드Margaret Meed(1901~1978)라는 인류학자가 같은 궁금증이 들어서 뉴기니의 한 원주민에게 물어본 적이 있었습니다. 간단명료한 답이 돌아왔습니다. "뭐라고, 너는 네 누이와 결혼하고 싶다고? 그러면 너는 어떻게 되는 거지? 너는 결혼을 해서 매형이나 처남을 얻고자 한 게 아니었어? 만일 네가 다른 남자의 누이와 결혼하고 또 어떤 다른 남자가 네 누이와 결혼하면 너는 적어도 두 사람의 매형이나 처남이 생기지만, 네가 만일 바로 네 누이와

결혼한다면 아무도 생기지 않는다는 것을 모르진 않겠지? 너는 누구와 사냥을 나가며, 누구와 경작을 한단 말인가? 또한 너는 누구를 방문할 수 있겠나?"마거릿 미드; 레비-스트로스 외, 『가족의 역사 1』, 43~44쪽 재인용

　　나도 다른 집으로 장가가고, 누이도 다른 집으로 시집을 가야 처남/매부를 얻을 수 있다는 이야기입니다. 가족을 이루는 궁극의 목표는 두 사람의 사랑을 완성하는 데 있지 않고, 좀 다르게 놀 친구를 찾는 데에 있었습니다. 인생은 재미! 물론 이유는 좀 더 심오하지요. 낯선 사람이나 적으로부터, 즉 위협적인 영들로부터 자신을 보호하는 가장 단순하고 확실한 방법은 결혼을 통해 그들을 동지로 바꾸는 것입니다. 멜라네시아 원주민들은 전쟁 관계에 있는 사람들의 집에서만 신부를 데려오기도 했습니다. 적이든 친구이든, 관계가 전부입니다. 공생은 친한 것들 사이의 연대가 아니라, 다른 것들 사이의 호혜적 연합입니다.

혼밥은 없다, 친척을 만들자

인류는 가족이라는 제도를 만들었습니다. 레비-스트로스의 정리에 따르면, 가족은 독특한 두 개의 차원을 가지고 있습

니다.레비-스트로스, 「서문」, 『가족의 역사 1』 참고 그것은 수직의 축과 수평의 축입니다. 수직의 축은 부모에서 자식으로 이어지는 생물학적 계승을 목표로 하는, 한 남자와 한 여자 그리고 그의 자식을 핵으로 하는 모델입니다. 한 남자와 한 여자의 이끌림은 생물학적 계승이라고 하는 자연종의 본원적 욕구를 따르는 것이기에 여기서 가족은 자연의 보편 법칙을 따릅니다.

이 지점에만 주목하면, 가족이 다른 가족들과 나아가 그 너머에 존재하는 사회라는 차원과 대립함은 당연합니다. 굳이 산업문명과 함께 공적 영역에서 중단 없는 생산에 목숨을 걸어야 하는 탓에 사적 영역으로 고립된 개인주의적 가족한나 아렌트, 「제3장 노동」, 『인간의 조건』, 이진우 옮김, 한길사, 2019 참고까지 갈 것도 없이 수직적 연속에 초점을 맞추면 가족은 기본적으로 사회와 대립하게 됩니다.

인류학자 마셜 살린스Marshall Sahlins(1930~2021)는 『석기시대 경제학』(1974)에서 가족제 생산양식을 분석했습니다. 살린스는 원초적 풍요사회라는 개념으로 잉여 생산에 전혀 관심을 두지 않는 가족 중심의 공동체를 파악했는데요, 살린스는 여기에서 수직적 모델로 가족의 의미를 한정시켰습니다. 원시의 부족장이 겉으로 보면 많은 아내를 거느린다든가 다른 부족과의 교역을 빌미 삼아 자기 집에 재화를 쌓아 두는 것처럼 보이더라도, 개개인은 철저히 자기 가족의 생계에 초점을 맞추어 살기 때문에 '잉여' 생산에 거의 관심을 기울이지 않는다는 것입니다. 그런 조건이니 사람들은 족장이 자기 가족의 생계를 위협하면 얼마든지 그를 떠나 자기에게 도움이 될 다른 부족장을 찾아갈 테지요.

제임스 C. 스콧의 연구『조미아, 지배받지 않는 사람들』에 따르면 '국가'라고 하는 권력구조가 자명해 보이지만 인류사의 구석 구석은 자율적 삶을 위해 지배체계 바깥으로 탈주한 사람들의 이야기로 가득하다고 합니다. 살린스와 제임스 C. 스콧이 강조하는 바는, 국가가 되었든 민족이 되었든 전체의 이름으로 개인의 행복을 좌우하는 일은 인류사의 보편 상식이 아니라는 것입니다. 일단 출발은 늘 자기의 생계요, 자율적 삶이었다는 것이지요. 살린스의 관찰에 따르면, 원시의 가족은 제 고유한 욕망에 충실한 최소단위의 집합체였습니다.

레비-스트로스는 가족은 수평축을 덧붙여 바라보아야 한다고 봅니다.레비-스트로스, 「서문」, 『가족의 역사 1』, 9쪽 가족이 수평적 확산을 목표로 한 인간 집합이라는 것입니다. 왜냐하면 수렵 채집의 사회에서건 농경 사회에서건 많은 경우 인류가 외혼제를 선택하고 있기 때문입니다. 내혼제를 선택하는 경우는 극도로 카스트가 발달한 신분제 사회, 친족 중심으로 재산을 양도하는 부권제 사회였지요. 외혼제란 구성된 가족을 파쇄하는 장치입니다. 각각의 가족 중 한 사람을 내어놓도록 강제

4. 식구 되기의 어려움

하는 것이 외혼제이니까요. 신화에서 근친상간의 금지가 주 테마인 것도 외혼제가 인류 가족의 핵심적 형태였음을 말해 줍니다.

끊임없이 가족을 해체해서 분산적으로 확장시키는 수평축 가족화의 의미는 무엇일까요? 바로 공동체의 형성입니다. 다른 말로 하면 사회의 형성입니다. 레비-스트로스의 정리에 따르면 출산과 양육에서 가족은 사회와 대립각을 세우게 되지만, 자식을 낳기 위해 한 남자와 한 여자가 결합하기 위해서는 가족은 해체되어 다시 사회 속으로 들어가야 합니다. 본질이 수직축에 있냐 수평축에 있냐 하는 것은 닭이 먼저냐 달걀이 먼저냐와 같이 무의미한 질문입니다. 이는 인간의 개별 문화가 재생산되는 작동의 형식이기 때문입니다. 인류는 수직축의 목표와 수평축의 목표를 염두에 두며 수만 가지 방식으로 가족의 형태를 계발해 왔습니다.

그러므로 가족들 간의 친밀함이라든가 유대의 정도를 따질 때에도 '남편과 아내, 그들의 자식'과 같은 삼각형만으로 따질 수 없습니다. 사랑과 소유물의 저수지로서의 가족이란 인류사의 수많은 모델 중 하나에 불과합니다. 예를 들어 보겠습니다. 데릴사위의 형태로 살아가야 하는 모계제 사회의 성인 남자들은 자기 집에 처남이 찾아올 때면 왠지 불편함이 느껴져 집 밖을 배회한다고 합니다. 인도의 나야르족은 모계제여서 남편은 자유롭게 애인을 두고 아내에게 종종 은밀한 방문자처럼 들른다고 합니다. 아버지로서 아무런 역할도 하지 않고요. 그의 아들은 아버지와는 소원한데 외삼촌들과는 깊은 육친의 정을 나눈다고 하지요. 우리 눈에는 부자가 서먹하다면 뭔가 집에 문제가 있겠구나 싶지만, 다양한 가족 형태의 맥락에서 보면 이해 못할 상황이 아닙니다.

인도의 아삼Assam 지방과 아프리카에서는 젊은 남녀가 사실상 난교 상태에서 생활하는데 결혼은 성적으로 자유분방했던 그 기간을 지나, 반드시 애인이 아니었던 사람하고만 해야 한다고 해요. 각 마을의 남자들은 자신의 아내가 이웃 대다수의 애인이었다는 사실을 확인하고 결혼을 했다지요. 에스키모족이나 오스트레일리아 원주민 사회에서는 종종 아내를 빌려주는 일이 있다고들 합니다. 이 경우도 가족은 '사냥에서 잡은 것을 가져오는 남자와 채집해서 얻은 것을 가져오는 아내' 이상의 의미를 가지지 않는다고 할 수 있습니다. 상황이 이렇다면 마을의 아이들은 '어? 저분이 나의 아버지일 수도 있잖아?' 하는 마음으로 어른들을 보지 않았을까요? 아이들은 부지런한(!) 어머니 덕분에 많은 아버지라는 든든한 배경을 가질 수 있었습니다.세라 블래퍼 허디, 『어머니 그리고 다른 사람들』 참고

가족 형태에서 수평축이 강조되면 남녀라고 하는 성-대

칭에 특권적 의미를 부여할 수 없게 됩니다. 가족 형성에 있어 반드시 생물학적인 남자와 여자가 필요한 것은 아니라는 말이지요. 이 점은 뒷장에서 더 말씀드리겠습니다. 확실히 신화는 가족을 수평축의 확대라는 점에서 바라봅니다. 너의 관계를 어디까지 확대할 것이냐? 이 절대적 질문을 앞에 두고, 신화는 열린 관계를 구성하는 능력을 '가족'의 이름으로 시험했던 것입니다.

'나 혼자 산다'는 없습니다. 그러므로 혼밥도 없습니다. 다만 식구 규정은 정해져 있지 않고, 그 사회가 필요로 하는 내적 구성의 인적 배치를 따릅니다. R(O:N)에 따르면 아버지랑은 먹지 않습니다. 역시 클라스트르가 소개하고 있습니다만, 야생의 사냥에서는 흥미로운 규칙이 발견됩니다. ① 내가 잡은 것을 내가 들고 올 수 없다, ② 내가 들고 온 것은 내가 요리할 수 없다. ①의 경우가 R(O:N) 모델의 지배를 받는 친족관계입니다. 각기 다른 집단의 두 사냥꾼이 이렇게 잡고 나르며 상보해야 합니다. ②의 경우는 젠더적 상보인데요, 남자들이 들고 온 사냥감은 반드시 아내들이 요리하게 되어 있습니다. 이렇게 되면 식탁에 누가 앉을지가 확실해지지요. 한 접시의 요리를 만들기 위해 손을 모은 이들 전부입니다. 그런데 이들을 뭐라 할 수 있을까요? '가족'이라고 할 수 있을까요? '식구'란 이들에게 내 한 끼의 밥을 위해 필연적으로 손잡을 수밖에 없는, 절대 의무에 묶인 타자들을 의미합니다.

도나 해러웨이라는 철학자는 '가족이 아니라 친척을 만들자!'라는 슬로건을 갖고 탐욕으로 치닫는 우리 시대의 윤리를 모색합니다.도나 해러웨이, 『트러블과 함께하기』, 최유미 옮김, 마농지, 2021 해러웨이가 말하는 친척은 공존함으로써 서로 유능해지며, 그렇게 생산되는 우리들의 범위를 결정짓는 존재적 그물입니다. 해러웨이가 가족이 아니라 '친척'이라는 키워드를 고집하는 이유는 '가족'이라는 사회의 한 집단에 대한 상상이 '재생산'을 곧바로 환기시키기 때문입니다. 아버지의 아들, 그 아들의 아들, 또 그 아들, 그런 식으로 핏줄로 줄기차게 이어지는 '수목樹木형 생물발생적 생식 계보'는 일차적으로는 그 자체로 가족애라는 늪으로 욕망을 고이게 하는 편집증을 낳을 뿐이기에 나쁩니다. 더 확장해서 생각해 본다면 '인구수'의 증가라고 하는 현재의 이 인류가 만든 엄청난 종적 불균형을 가속화시키기에 옳지 않습니다.

지구에 필요한 것은 내 피와 내 욕망, 내가 가진 것을 대물림할 수 있는 후계자가 아니라 친척이라는 이 논의는 공상과학 소설 같은 이야기가 아닙니다. 해러웨이는 이 개념을 린 마굴리스Lynn Margulis(1935~2011)의 세포공생설로부터 가지고 왔습니다. 마굴리스는 우리가 진화라고 생각하는 모델 안에서 작동하는 가족 재생산 모델을 비판했습니다. 단세포생물의 다세포생물로의 진화를 단세포생물 자체의 전개만으로는 설명할 수 없다는 것이죠.

최초의 지구에는 산소가 부족했습니다. 혐기성 세포로 꽉 차 있던 그 세계에 시아노박테리아라고 하는 광합성 생물이 출현함으로써 지구의 대기 중에는 산소가 조금씩 차오르게 되었고, 덕분에 드문드문 존재했던 호기성 세포의 역할이 점차 커지게 되었습니다. 산소 농도가 짙어지는 환경 속에서 버틸 방법을 찾지 못했던 초기 단세포생물은 호기성 세포와 맞서다가 그만 그것을 먹어 버리게 되었는데요, 그 과정에서 완전히 다 죽지 않았던 호기성 세포가 혐기성 세포와 공생하게 되면서 다세포가 되었다고 합니다.린 마굴리스·도리언 세이건, 『마이크로 코스모스』, 홍욱희 옮김, 김영사, 2011 참고

도나 해러웨이의 '친척 만들기' 개념은 '부모'는 아니면서도 낳고 기르는 자로 우리를 바라보게 합니다. 또한 타인을 먹어야만 내가 산다는 점의 당연함을 가르칩니다. 이것은 레비-스트로스가 바라본 족외혼 가족 모델의 기본 콘셉트와 같지요. 낳고 기르는 자가 된다는 것이 우주 자연에 존재하는 만물의 소명입니다. 존재는 그 소명을 수행함으로써 우주를 영원히 현존하게 합니다. 그런데 그 방식이 나의 자기복제일 필요는 없지요. 야생의 사고에서 식탁을 차린다는 것은 '우리'라는 것이 임의적일 뿐만 아니라, 타인을 먹음에 의해 존

속한다는 부채감을 함께 환기하는 사이가 됨을 의미합니다. 신화는 '가족'이란 공생을 실험하는 소중한 장이며, 살아가는 모든 관계는 타자들과의 마주침이라는 점을 환기시킵니다.

야생의 식탁에 고독한 미식가는 없었습니다. 하지만 아버지, 어머니, 자식으로 알콩달콩 화목한 그런 가족도 없네요. 혼밥을 할 수밖에 없는 각자도생의 시대이지만 내가 누구 덕분에 살고 죽는지를 천천히 생각해 보는 그런 한 끼가 필요하다는 생각이 듭니다.

가족,
증여의 회로

부부의 세계, 선물의 세계

뉴스에 신화의 가족 이야기 같은 사건이 나온다면 큰 소란이 일어날 거예요. 어머니를 강간하려는 아들, 자식을 잡아먹으려는 어머니가 줄줄이 이어질 테니까요. 『신화학』에서 소개되는 이야기들은 모두 가족 잔혹극입니다. 신화는 가족 안에서 일어나는 극단적인 불화만 다루는 듯도 합니다. 이제부터는 가족 불화 사건들을 분석하면서 관계의 철학, 공생의 지혜를 찾아보겠습니다.

신화에는 가족의 특징이 몇 가지 나옵니다. 가족을 이루기 위해서는 우선 한 남자와 한 여자가 결합해야 합니다. 남녀 혼사의 의미를 다층적으로 다루는 신화로는 아피나이에족의 M87을 꼽을 수 있습니다. 이 신화는 옥수수의 재배 속도에 대한 논의에서도 잠깐 소개해 드린 적이 있습니다. 여기서는 조금 다른 방식으로 편집해 보겠습니다._{M87.} '아피나이에족의

신화: 재배식물의 기원', 『신화학 1』, 346~347쪽 참고

① 야외에 누워 있던 홀아비가 별을 사랑하게 되었다. **별은 개구리의 형상으로 그 앞에 나타났다가 젊고 예쁜 여인으로 변했고, 마침내 그와 결혼했다.** 마을 사람들은 원예농업을 몰라서 야채 대신 썩은 나무를 고기와 같이 먹고 있었다. 별은 고구마와 이냠igname(열대산 참마)을 가져와 남편에게 먹는 법을 가르쳤다. 남자는 아내를 호리병박에 감추어 놓았으나 막냇동생이 그녀를 찾아왔고 이때부터 가족들은 함께 지냈다. 별은 시어머니와 목욕을 하던 날 사리그로 변해 옥수수 이삭이 주렁주렁 달린 큰 나무를 알아차릴 때까지 노파를 괴롭혔다. 사리그로 변한 별은 '여기 썩은 나무 대신 먹어야 할 것이 있다'고 말했고 나무 위로 기어올라가 이삭을 땄다. 다시 여자로 변해 시어머니에게 옥수수 케이크 만드는 법을 전수했다.

② 새 음식에 기뻐한 사람들은 돌도끼로 옥수수 나무를 찍어 넘기기로 결정했다. 그러나 숨 돌리려 사람들이 잠시 쉴 때마다 나무의 찍힌 홈은 다시 메워졌다. 더 좋은 도끼를 가져오려

고 두 청소년을 마을로 보냈는데, 도중에 두 소년은 사리그를 잡아 구워 먹게 되었다. 사리그는 금지된 음식이었으므로 그들은 식사가 끝나자마자 등이 굽은 노인으로 변해 버렸다. 사람들은 어렵지 않게 나무를 잘랐고, 별은 벌목술과 농장을 만드는 법을 알려 주었다. 남편이 세상을 떠나자 그녀는 다시 하늘로 올라갔다.

표면적으로는 결혼 이야기인데, 심층적으로 들어가면 ②를 경계로 서사적으로 분절되는 문명 담론입니다. 전반부는 결혼의 조건과 의미를 다룹니다. **신화에서 결혼의 조건은 무조건 족외혼입니다.** 이것은 신화 속 결합하는 **남녀가 서로 이종異種**이라는 데에서 알 수 있습니다. 표범-남자와 인간-여자 같은 식인데요, M87에서는 인간이 별과 결합합니다. 헉! 별은 광물 아닙니까? 음…, 그러고 보니 과연 옳습니다. 최초의 세포는 초기 지구의 부글부글 끓는 진흙 웅덩이에서 탄생했을 거라고 하더라고요. 지구 심부에서 가스가 나올 때 흙탕에 수막이 형성되었다가 터지곤 했을 텐데, 터지지 않고 남게 된 작은 수포들 안에서 유기분자가 합성됨으로써 세포의 역사가 시작된 거지요.https://www.youtube.com/watch?v=cgP10pnHqhU 진흙 웅덩이로부터 태어난 세포. 그러니까 신이 인간을 진흙으로 빚었다는 고대의 말씀은 옳았습니다. 이럴 정도니까 생물이 광물과 결혼하는 테마는 매우 그럴듯해 보입니다.

이 이종성을 다종多種적이라고 할 수도 있지요. 홀아비는 변신하는 별과 결혼합니다. 그의 신부는 개구리이자 사리그(설치류)이기도 해요. 홀아비는 물가와 들판과 하늘을 처가로 두는 셈이지요. 결혼과 함께 그는 막강한 뒷배를 가지게 되었습니다. 온 자연이 다 그를 사위 삼는다는 것 아닙니까? 사위 사랑 장모 사랑, 이제 동네 씨암탉은 다 그의 몫!^^

여기서부터 우리는 신화가 가족에 부여한 의미를 찾아볼 수 있겠습니다. 신화는 ㉮만물과의 결합을 통해 자연의 어떤 것과도 근친성을 맺을 수 있다고 주장합니다. 인간은 별과도 가족을 이룰 수 있으니까요. 신화는 우리 손끝과 발끝을 스치는 모든 것이 어쩌면 내 가족일 수 있었다는 감각을 갖고 있어요.

별과 결혼한 홀아비에게는 좋은 일밖에 없습니다. 아내는 원예농업을 몰랐던 남편에게 고구마와 이냠(뿌리 식물)을 소개했고 먹는 방법도 가르쳐 주지요. 먹는 방법이라고 하니 캐는 방법을 알려 준 것 같은데요, 즉 도구의 사용입니다. 맨손으로 긁어내기보다는 나뭇가지나 돌 등을 이용하게 했겠지요. 혹은 예의를 갖추어 먹게 했다고도 생각할 수 있습니다. 이처럼 별-아내와 함께, 남편의 마을에는 원예농업과 식사 예절이 들어가게 됩니다. 결혼이란 우주의 여러 힘들이 우리 각자의 세계로 밀려들어 오는 통로가 되는 셈입니다. ⑪**증여의 회로가 열리는 것이지요.** 이 통로를 '증여'라고 부르는 이유는 일단은 남편이 별-아내에게 해주는 것이 아무것도 없는데도, 아내가 온갖 방식으로 몸을 바꾸며 그의 가족에게 선물을 준다는 점 때문입니다. 물론 받은 이는 반드시 더 큰 관계성을 모색하는 행동으로 증여에 답해야 합니다.

레비-스트로스는 원시의 자연과 문명의 결합을 다룰 때, 신화가 문명을 표범이라든가 별처럼 위대한 모습으로 그린다는 것에 주목했습니다. 위대한 모든 것, 이치와 질서에 대한 우주적 앎은 인간에게 속하지 않습니다. 그것은 전적으로 자연에 이미 있고, 인간이 과학을 발전시켜 차후에 발명하게 된 무엇이 절대 아닙니다. 신화는 바로 이런 자연과 근친관계에 들어간다고 함으로써 그 막대한 힘을 받는 것에 '네 아내를 부양하기 위해서야'라며 당위를 붙입니다. 인간적인 너무나 인간적인 해석이지요. 하지만 가족이 된 자연이기 때문에 함부로 이용해서는 안 된다는 감각 또한 갖게 됩니다.

다시 읽어 나가겠습니다. 별이 시어머니를 '괴롭혀' 옥수수 이삭이 주렁주렁 달린 큰 나무를 알려 주었다고 하는 것을 보니, 문명의 이식이란 무척 고단한 일이었음을 알 수 있습니다. 며느리가 옥수수 케이크 만드는 법까지 전수했다고 하니 이 결혼으로 마을 사람들 전부가 재배술에서부터 고급 요리기술 습득까지 두루 이롭게 되었음을 알 수 있습니다. 하지만 여기에 이르려면 고생을 해야 합니다. 공짜 밥은 없으니까요. 결혼이란 나는 모르는 것, 나는 할 수 없는 것을 배우고 익히기 위해서 하는 일이고 그 과정은 늘 어렵습니다. 그러므로 결혼의 의미는 이렇게 또 정리해 볼 수 있습니다. 결혼은 ⑭ 우주 자연의 힘을 **'증여받기 위한 노력'입니다.** 증여는 받는 자에게 '노력'을 요구합니다. 이 지점이 매일같이 가족들 사이에서 싸우고 있는 저를 돌아보게 합니다. 필요한 것은 '노력', 더 큰 인연과 연결되기 위해 한 끼 밥 같이 먹는 자들에게 감사를 표하기입니다.

이 지점에서 조금 더 생각해 볼 것이 있습니다. 사실 따지고 보면 이것은 식민의 역사입니다. 문화가 외부에서 강제되고 있으니까요. 주어진 세계 안에서 살도록 인간을 길들이는 일이 '가족 이루기'가 될 수도 있겠습니다. 신화는 19세기 제국주의의 역사까지 갈 것도 없이 문명화의 고통을 짚고 있는 셈입니다. 그러나 제국주의적 식민화의 역사에서와는 달리 신화에서는 이것이 홀아비의 선택임이 강조됩니다. 뭔가를 받는다는 것을 수동적이어서 나쁘다고 볼 수는 없습니다. 자연의 어떤 것이든 출현하기 위해서는 외부 힘들의 장에 영향을 받을 수밖에 없으니까요. 그런데 이렇게 우주 자연의 힘을 받을 때 그냥 받지 않습니다. 불의 기원 신화가 말해 주듯 우리는 자기변용을 통해 이 힘을 흡수하고 다시 펼쳐 냅니다. 신화는 문명화를 일방적 식민화라고 해석하지 않습니다. 대칭적 관계 모색의 최고 수준을 문화라고 보는 것이고, 그 경지에 이르도록 끊임없는 노력이 필요하다고 하는 것입니다.

레비-스트로스는 아피나이에족뿐만 아니라 팀비라족 M88, 크라호족M89, 카야포족M90~M92에서 발견되는 재배식물의 기원 신화가 M87과 형태적으로 매우 비슷함을 지적합니다. 결혼은 자연이 허락한 문명을 부족 세계에 들여오는, 증여의 길이 열리는 계기입니다. 이제 M87의 후반부로 가 보겠습니다. 신화의 결혼담이 '증여'의 관점에서 경계하는 것은 '탐욕'입니다. 새 음식에 기뻐한 사람들이 돌도끼로 옥수수 나무를 찍으려 했다는 이야기가 나옵니다. 탐식입니다. 어리석은 사람들은 증여받았다는 사실을 잊은 채 자연의 힘을 마구 갈취하려 합니다. 그리고 도끼질이 멈출 때마다 나무에서 새살이 올라왔다고 하는데요, 차고 넘치는 자연의 힘을 여기서도 알 수 있는데 인간은 이렇게 솟아오르는 생명력을 굳이 꺾어 소유하려고 합니다.

그런데 놀랍습니다. 이 모든 어리석음을 지켜보았음에도 불구하고 별은 다시 벌목술과 농장을 만드는 법을 알려 주네요? 신화는 끊임없이 인간에게 무엇을 주고 있는 자연의 자애심을 이렇게 포착하는 거지요. 하지만 영원할 순 없습니다. 별은 결국 다시 하늘로 올라가 버립니다. 마을 사람들이 나무를 베지도 않고 청년들이 사리그를 먹지도 않았다면 인간은 계속 새롭게 문명을 증여받을 수 있었겠지요. 신화는 인간이 단지 몇 가지밖에 받을 수 없었다는 것을 끝에서 지적합니다. 자연이 줄 수 있었던 더 아름다운 것들은 영원히 하늘에서만 반짝이게 되었습니다.

신화 속 가족 이야기를 따라가다 보니, 가족을 만드는 이유가 내 행복을 위해서만은 아님을 알게 됩니다. 우리는 사리그를 잡아먹던 청년이나 여우가 되어서는 안 됩니다. 가족은 자연의 자식으로, 인간의 어머니로 살아가는 길 하나를 만들게 하는 고마운 관계입니다. 그런 길 하나를 모색할 수 있다면, 우리가 맺는 밤하늘 별처럼 많은 관계 하나하나를 다 '가족'이라 불러도 좋을 것 같습니다.

질병을 주고 치유를 받다

신화가 가르치듯 가족이란 '누구'를 만나 '누구'의 부모가 되는 문제라기보다는 타인에게 내가 '어떤' 사람이 되어 줄 것인가 하는 과제가 샘솟는 관계입니다. 그래서 신화가 가족을 이루는 방식은 놀랍지 않습니다. 신화의 찌꺼기인 동화에도

4. 식구 되기의 어려움

잘 나와 있지요.「개구리왕자」를 볼까요? 공주는 개구리의 신부가 됩니다. 왜 개구리일까요? 양서류이기 때문이지요. 물에서도 살고 뭍에서도 살고. 극단적으로 달라 보이는 두 세계 사이를 필요에 따라 옮겨 다니는 존재라서입니다. 바꾸어 말하면, 옛이야기가 권하는 배우자는 자기 욕망을 고집하기보다는 그때그때 조건 속에서 능숙하게 제 자리를 옮길 수 있는 존재입니다.

그래서 신화가 말하는 **가족은 '만물과 근친적 관계를 맺게 해주는 소중한 네트워크'**입니다. 나는 반드시 창발하는 힘들의 장 안에 들어가야만 합니다. 바로 뒷장에서 말씀드리게 되겠지만, 꿀에 미친 소녀의 운명이 말해 주듯 자기 욕망만 붙들고 사는 일은 '나는 고립될 거야!'라는 발악이고, 그렇게 혼자가 되어서는 숲에서 죽는 길밖에 없습니다. 신화의 '살기'란 '인간과 동식물과 은하와의 관계 속으로!'입니다. 신화는 그 관계의 장 전체를 가족이라고 하니 그 안에서 떳떳해지려면 '나'는 반드시 열린 마음으로 성숙해져야만 합니다.

그럼 가족을 못 만들면 어떻게 될까요? 셰렌테족의 신화를 통해 그 경고를 살펴보겠습니다. 여기서는 인간이 금성과 결혼합니다.M138. '셰렌테족의 신화: 금성', 『신화학 1』, 474~475쪽

① 금성(남성)은 인간의 모습으로 사람과 함께 살았다. 그의 몸

은 상처(궤양)로 덮여 있어서 고약한 냄새가 났고 파리떼까지 웅웅거리며 그를 맴돌았다. **모든 사람이 코를 막았고 그를 자기들 집에 초대하기를 거부했다. 인디언 와이카우라는 이 불행한 사람을 맞이하여 새 돗자리를 주며 공손히 질문했다.** 금성은 길을 잃었다고 답했다. 와이카우라는 오두막 안으로 금성을 데리고 가 처녀인 딸의 벗은 넓적다리 위에 금성을 앉혔다. 조심스럽게 더운 물로 상처를 닦는 수술을 했고 금성은 나았다.

② 밤이 되자 금성은 와이카우라에게 뭘 원하느냐고 물었는데, 와이카우라는 말을 알아듣지 못했다. 금성은 태양이 서로를 죽이고 아이까지 학살한 인디언들 때문에 화가 나 있다는 것을 알려 주었고, 우선 비둘기 한 마리를 죽이라고 명령했다. 와이카우라가 사냥에서 돌아왔을 때 금성은 와이카우라의 딸을 범했고, 사위를 자처하며 보상을 하겠다고 제안했으나 와이카우라는 거절했다. 금성은 인디언이 잡은 비둘기의 뼈로 가족이 탈 방주를 만든 다음 큰 회오리바람을 타고 하늘 높이 올라갔다. 멀리서 물 흐르는 소리가 들렸고 곧 물이 마을을 덮쳤으며, 빠져 죽지 않고 살아남은 사람들은 추위와 배고픔으로 죽었다.

주인공은 금성입니다. 신화는 동식물과 인간을 대등한 존재라고 보는 이상으로 광물(금성)과 생물(인간)도 동등하게 바라봅니다. 우주 안에 특별히 중요한 자도 특별히 못난 자도 따로 없으니 선과 악이라는 구분이 여기서부터 무너집니다. 금성은 왜 소녀와 결혼을 할까요? 길을 잃었다고 하니, 일단 그 역시도 관계로부터 빠져나온 자라고 할 수 있습니다. M138은 이 상태가 병이라고 합니다. 자기 자리를 못 찾는 상황이야말로 병입니다.

잠깐 옆길로 새는 이야기가 될 수도 있지만, 새끼 키운다고 온갖 검색 다해 책 사고 학원 보내고 하는데도 마음은 초초해지기만 합니다. 엄마라는 위치에 있지만 역할을 정보가 대신하게 한 탓입니다. 공부시킨다며 부산을 떨고 엄마 자리를 차지했지만, 그것은 길 잃은 상태나 다름없었던 거예요. 어쩌면 금성 씨도 저처럼 '별입네~' 하면서 옆 사람이 어떻게 생긴 줄도 안 보고 고개를 뺏뺏이 하고 돌아다녔을지도 모르겠습니다.

다시 금성 씨 이야기로 돌아오면요, 별이 장인 덕분에 하늘로 돌아가게 되니 이때 결혼의 의미는 '치유'입니다. 결혼에 있어 해피엔딩은 스위트 홈에서 둘이 깨 쏟아지게 잘 사는 것이 아닙니다. 결혼은 아픈 이를 치유해 제자리를 찾게 해주는 계기일 뿐입니다. 과부가 된 아내는 어쩌냐고요? 아니, 별이 하늘에 저렇게 많은데 뭔 걱정입니까? 어디서 또 하나 떨어지겠지요.^^

물론 금성이 와이카우라의 딸을 범하는 장면은 불편합니다. '아니, 아버지가 딸 의사도 안 묻는다고?' 그런데 이런 당황함은 우리가 자유연애에 익숙하기 때문입니다. 하지만 계속 확인하고 있듯, 신화는 현실을 재현하는 이야기가 아닙니다. 결혼담에서 중요한 것은 주체의 자유의지가 아니라 만물이 어떤 방식으로 관계를 맺어야 하는가에 대한 가르침입니다. 그렇게 생각하면 이 혼사의 의미가 확실해집니다. 금성은 손가락질받던 자신을 무조건 환대한 와이카우라에게 고마움을 표해야만 했습니다. 그것이 우주의 법칙인 '증여'이지요. 와이카우라가 거절해도 금성은 사위가 되지 않으면 안 됩니다. '공짜 밥은 없다!'라고 하는 원칙을 재실행시킴으로써만 금성은 관계의 장으로 되돌아갈 수 있습니다. 금성에게 가족이란 아내가 아니라 장인을 얻는 일입니다.

그리고 위의 신화는 결혼과 질병 모티프를 결합시키고 있습니다. 금성이 와이카우라에게 손을 내밀 수밖에 없었던 것은 아무도 그의 불행을 돕지 않았기 때문입니다. 심지어 사람들은 코를 막으며 고통받는 이방인을 모욕했습니다. 그럴 지경이니 서로 간에는 어땠겠습니까? 옆집 아이까지 학살할 정도였습니다. 금성의 상처가 깊어진 것은 저밖에 모르는 사람들 때문입니다. 저는 이런 대목이 참 놀랍습니다. 금성이 아픈 것은 마을 사람들의 편협한 이기심 때문입니다. 나의 상처는 내 잘못이 아니라 타인의 과오로 생깁니다. 결혼은 바로 이런 조건을 치유하는 방법인 거예요. 금성은 장인과 그의 딸을 구하고 하늘로 갔습니다. 마을 사람들은 다 죽고 말지요. 그런데 그것이 나쁜 일은 아닙니다. 이제 새롭게 마을을 일굴 일이 남게 되었으니까요.

결혼의 의미가 치유이니 신화의 '질병'에 대해서도 더 알아보고 싶습니다. 앞의 신화에서 질병의 원인은 사람들 사이에 예의가 없어졌기 때문이었어요. '자기'라고 하는 것만 붙드는 의기양양 오만함이 병의 근원입니다.

남아메리카에서 치유를 포착하는 기호는 '무지개'입니다. 하지만 무지개는 이중의 의미를 가집니다. 질병을 비롯한 온갖 자연재해의 책임자로도 취급됩니다. 재미있습니다. 지금까지 무지개를 보면 오늘은 운이 좋다며 기뻐했는데, 남아메리카에서는 재수 없음의 상징이라니 말입니다. 누군가에게는 일곱 빛깔로 찬란하지만 다른 누군가에게는 역겨울 정도로 불쾌한 것이 세상 이치입니다.

무지개의 이중성을 분석해 보겠습니다. 팀비라족은 무지개가 비를 만들어 내는 두 마리 수쿠리주 뱀의 아가리에 자신의 발 양끝으로 버티고 서 있으면 비가 그친다고 생각합니다. 무지개가 사라지면 뱀장어와 비슷하게 생긴 두 마리 물고기가 천상의 못에 숨으려고 하늘로 올라가는데요, 이 물고기들은 다음에 세찬 비로 지상에 다시 돌아오게 됩니다.『신화학 1』, 467쪽 참고 팀비라족만이 아니라 남아메리카 전역에서, 더 나아가면 세계 도처에서 비의 신을 뱀과 연결시키는 신화가 많이 발견됩니다.

뱀은 종종 두 개의 머리를 갖고 있는데요. 예를 들면 기원전 500년부터 기원후 800년까지 지금의 멕시코 지방에 있었던 자포텍Zapotec 문명에는 코키요Cocijo라는 신이 있었습니다. 그는 비의 신, 번개의 신, 우주창조의 신이었는데요, 재규어의 머리에 갈라진 뱀의 혀를 갖고 있는 모습으로 묘사됩니다. 또 오스트레일리아 애보리진의 신화에는 무지개 뱀이 자주 등장하는데, 이 신은 하늘의 수원을 지상에 연결하는 역할을 한다고 해요.네이버 지식백과 '무지개 뱀'(종교학대사전) 북부 오스트레일리아 아눌라Anula족은 파랑새가 비와 관계가 있다고 봅니다. 이 새를 토템으로 삼는 부족은 비를 만들기 위해 뱀을 산 채로 잡아 특정한 연못에 빠트렸다가 꺼낸 뒤, 나무줄기를 무지개 모양처럼 만들어 뱀 위에 세운다고 합니다.프레이저, 「제5장 날씨주술」, 『황금가지 1』, 201쪽 북아메리카 호피족의 뱀 의식도 빠트릴 수 없습니다. 이 부족은 기우제를 지내기 위해 뱀을 잡아, 산 채로 먹고 뱉기를 반복하며 하늘에 자신들의 소망을 호소했습니다.아비 바르부르크, 『뱀 의식』 참고

왜 사람들은 비의 신을 뱀의 형상에서 보았던 것일까요?

오스트레일리아에서는 뱀이 중요한 단백질원이어서 생명의 원천과 연결시켰다고 합니다. 레비-스트로스의 설명을 따라가 보면 어떻게 될까요? 앞에서 말씀드린 것처럼 레비-스트로스는 신화의 기호가 양의적이라고 했습니다. 그 해석을 따라 뱀이 물의 신이 된 것을 그 양의성으로 설명해 보겠습니다. 여기서 뱀은 개구리 씨와 동렬의 자리를 차지하게 됩니다. 좌우운동하는 뱀의 움직임은 물속 생물의 모습을 닮았습니다. 또 뱀은 변태하지요. 허물을 벗는다는 점에서 곤충의 생태를 닮았고요.

뱀의 양의성을 포착하면서 만든 기호가 두 머리 뱀입니다. 아즈텍 문명의 물의 신 탈랄록Tláloc 역시 재규어와 왜가리, 뱀, 조개 등 다양한 형상으로 조합된 모습을 하고 있습니다. 아즈텍 문명은 두 머리 뱀 형상을 즐겼다고도 합니다. 두 개의 뱀 머리가 뱀의 양의성을 상징한다고 할 수 있습니다. 뱀이 비의 신일 수 있는 까닭은 이 양의성을 한 몸에 구현한다, 즉 '상반된 두 성질을 잇는다'이기 때문일 것입니다. 비가 하늘과 땅을 이어 주듯이 말이지요.

무지개는 이 비의 흐름이 중단되었다는 것을 보여 줄 뿐만 아니라, 화려한 색깔, 즉 과하게 비정상적인 방식으로 하늘과 땅을 잇기에 문제가 됩니다. 그 찬란한 일곱 빛깔은 제 독특함만 강조하는 맥락 없는 아름다움이기에 비난받습니다. 남미의 가이아나부터 차코 지역에 이르기까지, 사람들은 무지개가 하늘에서 먹을 것을 못 찾아 굶주리면 카리브 인디언을 병들게 하기 위해 나타난다고 생각했습니다. 이들은 무지개가 누군가 죽일 사람을 찾는 반항적인 신령이라고 생각해, 무지개가 땅 위에 모습을 드러내면 바로 오두막 속에 몸을 숨겼다고 합니다.『신화학 1』, 467쪽 참고 차코 집단의 빌렐라족은 사납고 고독하며 다색의 살인적인 뱀(무지개)으로 변하는 새 사냥꾼 신화를 갖고 있다고도 합니다.

이런 맥락에서 보로로족의 신화 '질병의 기원'M5을 생각해 보겠습니다. 이것은 남성의 집에 드나들기를 고집스레 거부했던 청년 비리모도가 할머니의 노여움을 사서 방귀 공격을 받다가, 할머니를 꼬챙이로 꿰고 시신을 잠자는 장소에 몰래 묻는 이야기입니다. 이때 청년은 개미핥기의 도움을 받아 시신 은폐를 했어요. 이후로 마을에는 이상한 일이 생깁니다. 비리모도의 누이가 어로 작업에서 잡은 물고기를 가져오기 위해 할머니에게 아이를 맡기려고 했으나 할머니는 대답이 없었죠. 결국 누이는 자식을 나뭇가지 위에 얹어놓고 가야 했습니다. 이렇게 버려진 아이가 흰개미집으로 변합니다. '질병의 기원'에서는 개미핥기와 흰개미집이 반복해서 등장하고 높이 솟은 흙더미 개미집이 강조됩니다. 개울가에는 죽은 물고기들이 가득했는데, 누이는 물고기를 마을로 나르지 않고 게걸스레 먹습니다. 한정 없이 부풀어 오르는 그녀의 배가 터져 질병들이 빠져나옵니다. 그녀는 마을을 전염시켰고 사람들에게 죽음을 주었습니다. 신화는 두 오빠인 비리모도와 카보뢰가 창으로 동생을 죽여 그 머리는 동쪽의 호수에, 그 다리는 서쪽의 호수에 던졌다고 하는 것으로 끝납니다.

여기서 질병의 근원은 비리모도의 누이, 자식을 버린 어머니, 탐식하는 여성입니다. 그런데 그녀가 왜 탐식을 하게 되었냐면 비리모도가 남성의 집으로 들어가기를 거부함으로써 즉, 어머니 치마폭에 싸여 유아적 애착 관계에 집착했기 때문입니다. 그것을 야단치는 할머니를 되레 죽임으로써 비리모도는 마을의 문화적 관습을 무시하고 친족 사이의 법칙도 거부했습니다. 존경의 마음으로 치러야 할 장례도 없이 집 안에 시신을 매장하는 큰 실수를 하기도 했지요. 자연과 문화 사이의 관계, 산 자와 죽은 자의 관계가 다 파괴되었고 이것이 누이를 식인귀로 만든 원인입니다. 그러니 이때에도 전염병은 마을의 관습을 무시하고 제 욕심만 차린, 마치 꿀에 미친 소녀처럼 자기만 생각한 누군가에 의해 벌어진 사태라고 할 수 있습니다.

엄마가 버린 탓에 개미집이 된 아이들이 의미하는 것은 퇴행입니다. 도기는 젖은 흙으로 빚을 수 있기 때문에, 신화의 기호 중 개미집의 마른 흙은 문명 이전으로 되돌아가는 상태를 가리키게 됩니다. 자식을 버린 어머니는 문명 이전의 야만으로 완전히 복귀해 버린 마을의 처참한 상태를 보여 주는 셈이지요.

전염병은 누이의 오라비가 그녀의 몸을 나누어 위쪽인 머리를 동쪽 호수에, 아래쪽인 다리를 서쪽 호수에 던짐으로써 끝이 나는데요, 누이의 육신이 동과 서로 나뉜다는 것은 누이의 이미지로 동과 서를 연결하는 일이 되기에 만물이 다시 거대한 조화의 순환 속으로 들어가게 됩니다. 동과 서이니, 우주의 새 주기가 작동할 것임도 암시됩니다.

누이의 몸에서 터져 나온 질병은 죽음을 불렀습니다. 그런데 그 죽음 덕분에 새로운 소통의 길이 모색되었어요. 그러므로 질병은 우주 전체의 관계 맥락과 잘 어우러지지 못한, 누군가의 치우친 욕망을 제자리로 돌려 새로운 소통이 일어나도록 하는 계기가 됩니다. 남아메리카 사람들에게 무지개는 그 자체로 죽음이 시작된다는 기호로 나타나지만, 그때부터 사람들은 관계의 장에 문제가 생겼다는 것을 직감하고 새롭게 관계의 실을 잇기 위해 노력합니다.

금성의 결혼도 마찬가지지요. 신화의 세계에서 말하는 대규모의 죽음은 어떤 치우침이 발생했음을 알리는 기호입니다. 이 사태를 회복시킬 수 있는 존재는 와이카우라와 같이 사심 없이 타인의 고통에 손을 내밀 수 있는 사람뿐입니다. 와이카우라에 의해 회복되는 관계, 그것이 치유의 의미인 것입니다. 결혼은 관계의 새 열림이므로 그 망에 걸리게 되는 모든 이들에게 생기로운 순환의 활력을 줄 것입니다.

아메리카 전체에서 치유의 상징으로 쓰이는 기호는 '카누'입니다. 그런데 이 카누 기호의 다른 의미는 '가족'입니다. 뉴기니에서는 씨족마다 독특한 넓은 오두막과 커다란 카누를 소유하는데요, 오두막에서는 씨족 성원들이 밤에 잠을 자고, 카누에서는 낮에 회의를 하거나 여행을 위해 사용한다고 합니다. 오두막도 보통은 카누의 형상을 하고 있고 둘은 모두 고정된 이름을 갖습니다. 오두막과 카누는 대체될 때마다 그 이름을 계승하고요. 어떤 경우에는 씨족의 이름과 카누의 이름이 같다고도 합니다. 카누 여행에서는 최소한 두 명의 사공이 필요하다고 해요. 뱃머리와 선미의 역할은 다르니까요. 배를 조종하는 자는 뒤에 앉아야 하고, 배의 균형을 잡는 자는 앞에 앉아야 합니다. 항해 중에 두 사람은 자리를 옮길 수 없습니다. 이렇게 적당한 거리를 계속 확보하지 않고 자리 이동이 갑작스레 일어난다면 카누는 전복되겠지요. 너무 가까워질 수도 없고, 너무 멀어질 수도 없는 사이가 가족입니다.

레비-스트로스의 분석에 따르면, 취사의 기원이 되는 불이 신화의 기호로 적극 활용된 것은 하늘과 땅의 대립을 중재하기 위해서였습니다. 수직축의 중재를 불이 한다면 수평축의 중재를 무엇이 할 것인가, 이런 고민 속에서 카누가 등장했다고요. 신화의 세계는 카누의 산물이라고까지 할 수 있습니다. 천체의 질서와 땅의 질서에서 서로 균형점을 찾는 의미론적 여행이 신화 속에서 펼쳐지니까요. 현실의 '가족'은 신화적 카누 코드의 지도를 받았습니다. 신화는 천문의 질서와 만물의 질서를 잘 따를 수 있도록 개체들끼리 어떻게 가까워지고 멀어져야 하는지를 가르쳐 주었습니다.『신화학 3』, 300~309쪽 참고

신화는 거리를 중요시합니다. 낮의 과도한 남용이나 밤의 과도한 분해가 땅을 불태우거나 부패시키지 않도록, 만물이 최적화된 모습으로 만날 수 있는 길을 찾고자 했습니다. 근친상간처럼 두 자리가 가까워진다면 배는 운행 방향을 놓치고 맴돌거나 좌초하게 됩니다. 또 너무 서로에게 관여하지 않으면 배는 운행조차 하지 못하게 되겠지요. 신화의 카누 여행은 이러한 우주적 관계를 상하, 좌우, 이항 사이의 관계 모색이라는 틀 속에서 내면화합니다.

여기서 중요한 것은 이 관계 모색을 위해서는 반드시 대립하는 것들이 기호적으로 작동해야 한다는 점입니다. 카누에 탄 이들은 모두 달이나 해처럼, 차갑거나 뜨거워 함께할 수 없는 타자들입니다. 거리 조정을 위해 선재되어야 할 것은 고유한 차이라는 것이지요. "대립이 대립의 성질을 보존하기

만 하면 해와 달의 대립은 무엇이든 의미할 수 있다."『신화학 3』, 308쪽 가족은 카누와 같다, 즉 가족은 '다른 자'들끼리 애써 만드는 공생의 실험터인 것입니다. 백설공주의 계모처럼 '자기애'로 충만한 공간, 구성원 전부가 같은 목소리를 내는 장소에서는 신화가 말하는 가족을 만들 수 없습니다. 신화의 근친성은 우리가 우주적 차원에서 누구와도 책임지는 관계에 들어갈 수 있음을 강조합니다. 가족이란 차이를 사랑하고, 차이를 중재하고, 더 다채로운 차이를 향해 매 순간 한 걸음씩 내딛을 수 있는 관계입니다.

나르시시즘을 넘어
네트워크로

소녀와 '거리의 파토스'

신화의 가족은 치유하는 사이라는 의미를 갖습니다. 이 치유
는 구성원들 사이의 적절한 거리를 통해 이루어지고요. 그럼
이 거리에 대한 열정으로 불타는 신화의 주인공은 누구일까
요? 바로 소녀입니다. 소녀는 사춘기를 통과하고 있는데 이
식구와 저 식구 사이에 있는 양의적이면서도 중재적인 존재
입니다. 이렇게 양쪽을 왔다갔다 할 수 있어야 하는 자가 반
드시 갖추어야 할 능력은 무엇일까요? 주기성이 그 답입니
다. 토바족의 신화, '꿀에 미친 소녀'를 한번 보겠습니다.M212.

'토바족의 신화: 꿀에 미친 소녀 (1)', 『신화학 2』, 154~156쪽 참고

4. 식구 되기의 어려움

① 수중 신들의 주인에게 **사케라는 딸이 있었는데 꿀을 탐식했다.** 꿀에 대한 사케의 요구가 너무 지나쳐 마을의 남녀 모두 '시집가라!'고 충고했고, 어머니까지 구박했다. 사케는 이름난 꿀 채집자인 딱따구리와 결혼하기로 결심했다. 새들은 딱따구리처럼 벌집을 찾으려고 나무등치를 부리로 쪼아 뚫고 있었다. 여우가 그들을 돕는 척하며 나무막대로 나무등치를 툭툭 치는 시늉을 했다.

② 사케는 딱따구리를 찾아가던 중 새인 척하는 여우를 만났으나 붉지 않은 그의 목과 꿀 대신 흙밖에 없는 그의 자루를 알아보았다. 그녀는 딱따구리를 만나 청혼했지만 딱따구리는 열의가 없었다. 소녀는 끈질기게 고집을 부리면서 엄마도 자신에게 시집갈 것을 종용했다고 했다. **딱따구리는 그 말이 진실되다면 두려움 없이 결혼하겠다고 하면서, 결혼 전임에도 자신의 꿀을 먹고 있는 사케를 참았다.** 둘은 결혼했다.

③ 게으른 여우는 꿀을 따기보다는 훔치려고만 했다. 어느 날 딱따구리가 아내를 홀로 남겨 두고 떠났는데, 여우가 나타나 사케를 덮쳐 꿀을 차지하려고 했다. 잉태 중이던 사케는 가시덤불 속으로 도망쳤다가 결국 사라져 버렸다. 딱따구리는 주술 걸린 화살을 쏘아 아내를 찾게 했고, 세번째 화살이 돌아오지

않는 것을 보고 아내가 있던 자리를 발견했다. 성장한 아들이 그것이 아버지의 화살임을 알 수 있었고 마침내 가족은 상봉했다. 셋은 사케의 옛집으로 갔고, 딸과 어머니는 화해했으며 딱따구리도 멋진 사위로 인정받았다.

주인공인 듯 주인공 아닌, 사케가 이야기를 엽니다. 사케는 딱따구리와의 사이에서 아들을 얻게 됨으로써 비로소 자신의 마을로 돌아올 수 있었습니다. 마을로부터 가장 멀리 떨어졌다가 다시 마을과 가까워지는 전체적 거리를 조정하는 열쇠가 그녀에게 있습니다. 우리는 사케 주위로 포진해 있는 딱따구리와 여우를 주의해서 보아야 합니다.

먼저 사케 양을 연구해 보겠습니다. 레비-스트로스에 따르면 신화는 단지 오락을 위한 이야기가 아니라 부족의 우주론을 떠받치고, 중요한 의례의 틀을 제시하는 의미가 있습니다. 그런 신화의 중심이 되는 인물들은 보통 사춘기 청소년들입니다. 토바족에게는 사케가 있다면, 보로로족의 새둥지 터는 사람의 신화 속 주인공은 소년이었어요. 이들은 모두 결혼을 앞두고 있었습니다.

19세기 이후에 상품으로서의 이야기가 되어 버리는 '소설'에도 주로 소년이 주인공으로 나옵니다. 제 추측이기는 합니다만 신화의 세계에서는 소년보다 소녀의 비중이 높은 듯

합니다. 레비-스트로스도 여성이 남성보다 훨씬 더 양의적이라고 봅니다. 무엇보다 여성의 임신 때문입니다. 여성은 일단 사춘기 이후부터 월경이라고 하는 주기성을 갖고 살아가게 됩니다. 야생의 사람들은 벌통에서 꿀이 흐르듯, 여성의 몸통이 때에 맞추어 꿀을 흘려보낸다고 생각했습니다. 게다가 여성의 월경주기는 달의 주기를 따릅니다. 조수간만의 변화와 별들의 운행 전부를 동시에 표현할 수 있는, 하늘과 물을 동시에 연결하는 '달'이야말로 지상계와 천상계를 잇는 양의적 기호지요. 월경은 이 '달'의 리듬을 따르고 있으니, 월경을 하는 여성은 자연 전체의 주기성을 곧바로 드러낼 수 있는 기호가 됩니다.

여성의 양의성은 여기에 그치지 않습니다. 결혼을 한 여성은 월경 기간 동안 남편과 잠자리를 할 수 없기 때문에 다시 원래의 부모에게로 되돌아갑니다. 친정집을 잠깐 다녀온다는 그런 의미가 아닙니다. 남편과 동거하면서도 월경 때의 아내는, 원래의 가족 관계로 돌아가 있는 존재처럼 이방인처럼 행동하게 됩니다. 그러니 월경은 두 개의 사회체들 사이를 중재하는 기능을 맡는 사건이라고 볼 수 있습니다.

이런 여성이 아이를 낳습니다. 그녀가 낳은 아이는 그녀에게만 속하지 않습니다. 어린아이는 남편의 부족과 아내의 부족 '사이'에서 무위치적 존재로 한 시기를 보내다가 사춘기에 이르러 그 부족의 친족 관계표에 맞추어 들어가게 됩니다. 앞에서 사케의 아들은 딱따구리 아버지보다 용감하다고 나옵니다. 이 신화에서 최고 중재자는 딱따구리입니다. 입사 전이므로 그의 아들은 중재 능력보다는 자연의 원초적 힘을 더 많이 발휘할 수 있겠지요. 딱따구리와 결혼하기 전의 사케처럼 말입니다. 입사 전에는 보통 엄마와 함께 아이가 여성적 공간에 머무르게 됩니다. 그러니 사케는 어미로서 마을의 한 인간이 된 뒤에도 한동안 반인반조半人半鳥 아들과 함께 자연성을 더 누리며 살게 됩니다. 이제 알 수 있습니다. 신화는 양의성 높은 기호를 좋아하며, 양의도兩儀度를 결정하는 것은 그가 맺는 관계항들의 수입니다. 소녀 기호는 관계들의 다각적인 거리들을 보일 수 있습니다. 그러니 최고의 인간-기호는 '소녀'가 될 수밖에요.

사케가 꿀에 미쳐 있었다는 점도 주목해야 합니다. 꿀은 자연에서 발효된(인간의 농경처럼 벌에 의해 경작된) 물질입니다. 꿀 자체가 동물성과 인간성을 모두 보유한 물질이 됩니다. 사케의 지나친 꿀 탐식은 그녀가 마을의 공동 식사 방식과 멀어져 있다는 것을 의미합니다. 문화와 자연의 이분법적 차원에서 보면 사케는 지나치게 자연 쪽으로 가까워지는 중이 됩니다. 이러한 때 마을의 남녀노소는 모두 '시집가라!'며 사케를 밀어붙이지요.

야생의 공동체에서 입사 이전의 아이는 사실 '인간'(의미화된 존재)이라고 할 수 없습니다. 거의 애완동물이나 다름없는 취급을 받는데요. 입사 의례를 치르지 않으면 어엿한 사회 구성원의 역할을 해낼 수 없기 때문입니다. 소녀에게는 시집이 사회로 들어가는 문턱이 됩니다. 시집가라는 엄마의 채근은 사케로 하여금 자연으로부터 문화의 영역으로 들어오라는 요청이었던 것이죠. 참으로 재미있습니다. 집 밖으로 쫓겨나야지만 마을 안으로 들어올 수 있다니 말입니다.

부족들은 각각 상보하기 위해 족외혼을 권하는 경우가 많았습니다. 사케의 예를 보면, 토바족도 족외혼을 하는 모양이에요. 시집가기 위해 사케는 먼 여행을 떠나야 하니까요. 그럼 왜 딱따구리일까요? 남미 인디언들은 꿀이 나무 안에 흐른다고 생각했다지요. 북미의 메이플 시럽을 떠올려 볼 수도 있겠습니다. 토바족은 왜 딱따구리를 뛰어난 양봉꾼으로 보았을까요? 딱따구리는 닭이나 꿩 같은 순계류鶉鷄類가 아니어서 땅에 붙어 있지 않습니다. 또 날고기를 먹는 독수리나 매처럼 하늘과도 친숙하지 않지요. 딱따구리는 나무에 붙어 삽니다. 동물이지만 식물과 한 몸을 이루지요. 딱따구리 역시 양의적인 것입니다. 지나치게 자연화되어 있는 사케는 딱따구리처럼 훌륭히 중재 역할을 하는 존재와 결합됨으로써 비로소 마을로 돌아올 수 있는 것입니다.

여우는 이 신화에 왜 필요할까요? 여우는 딱따구리를 두고 시종 사케와 경쟁합니다. ③을 보면 알 수 있습니다. 사케는 딱따구리에게 결혼해 달라고 막 조르면서 그의 꿀통에서 꿀을 퍼먹고 있어요. 여우도 몰래 꿀통을 뒤지는 중이었지요. 사케와 여우는 모두 도둑질을 하고 있습니다. 토바족의 또 다른 '꿀에 미친 소녀'M213나 그 인근 마타코족의 '꿀에 미친 소녀'M214, M215 신화를 보면 전체 줄거리는 비슷한데 여우의 역할이 조금 더 적극적입니다. 여우는 덤불 속으로 도망친 사케 대신 아내 행세를 하며 딱따구리를 속이려 하거든요.

사케와 여우 모두 꿀에 미쳐 있음에도 왜 여우만이 벌을 받는 걸까요? 이유는 확실합니다. 여우에게는 '시집가라'고 말해 주는 가족이 없기 때문이지요. 꿀에 미쳐 있긴 했어도 사케는 딱따구리 남편이 가족과 이웃들에게 끊임없이 새롭게 꿀을 보충해 줄 것을 알았지요. 하지만 여우는 자기 외에는 먹일 누군가가 따로 없었습니다. 관계의 고리 밖에 있으니, 그 자체가 이미 벌을 받고 있는 셈입니다. 이 신화가 사케와 여우를 대비시킨 이유는 분명합니다. 신화는 이 둘의 대결을 통해 나르시시즘을 넘어 누군가를 먹일 줄 아는 '증여자'가 되어야 함을 가르쳤던 것이지요.

인간이라면 누군가에게 무엇을 줄 수 있는 자로 살아야 합니다. 탐식에서 증여로! 월경의 기호는 이 숙명을 알려 줍니다. 다시 한번 강조하고 싶습니다만, 신화는 여성이 누군가에게 봉사하는 존재가 되어야 한다는 갑갑한 주장을 하는 것이 아닙니다. 사케가 지시하는 것은 현실의 생물학적 여성이 아닙니다. 신화적으로 설명드려 보면, 우리는 누구나 월경할 수 있어야 합니다. 맺고 끊으며 책임의 관계 속으로 나아가야 하니까요. 레비-스트로스는 『신화학 3』을 끝내면서 타자야말로 나의 근원임을 강조합니다. 그런 타자의 은혜에 보답할 때에만 우리는 가장 자기다울 수 있습니다. 내 앞에 무수한 타자들이 나타났다 사라집니다. 그 많은 관계들의 다채로운 모습을 사랑하는 자, 신화는 '소녀'의 기호로 그 멋진 운명을 형상화했습니다.

> 이들의 도덕은 어쨌든 우리에게 다음과 같은 사실을 가르친다. (우리들에게 있어) "지옥, 그것은 타인들이다"라는 커다란 결과를 나타내는 문구는 철학적인 명제를 구성하는 것이 아니라 문명에 대한 민족지적 증언이다. 왜냐하면 우리들은 어린 시절부터 밖(외부)으로부터 오는 부정을 두려워하는 데 익숙해 있기 때문이다.
> 반대로 그들이 "지옥, 그것은 우리 자신들이다"라고 선언할 때 야만적인 사람들은 우리가 아직도 알아들을 수 있다고 생각하기를 바라는 겸손한 가르침을 주는 것이다. 태고로부터 많은

사회의 부와 다양성으로 대부분의 문화유산을 구성한 이후 인간은 금세기에 들어 헤아릴 수 없이 많은 살아 있는 형식들을 집요하게 파괴해 왔다. 신화들이 말하는 것처럼 잘 정돈된 휴머니즘(인본주의)은 자신 스스로 시작되지 않으며, 생명 이전에 세상이 있었고, 인간 이전에 생명이 있었으며, 이기심 이전에 타인(타 존재들)에 대한 존중이 있었다. 그리고 이 지구 위에 일이백만 년 동안의 삶―어쨌든 지구의 종말을 알게 될 것이기 때문에―을 어떤 종의 생명체(우리일 수 있으며)에 대한 변명으로 마치 자신을 사물처럼 적응하여 부끄러움과 신중함도 없이 행동하기 위해 사용할 수는 없을 것이다.『신화학 3』, 735~736쪽

딸아, 인연의 실을 짜라

시몬 드 보부아르Simone de Beauvoir(1908~1986)는 '여성은 태어나는 것이냐, 만들어지는 것이냐?' 질문하며 현대 여성의 성평등을 외쳤다고 합니다. 보부아르의 논의는 잘 모릅니다만, 그 누구도 자격을 갖고 태어나지는 않을 겁니다. 인간이 만든 모든 공동체에는 제 각각 입사 의례가 있으니까요. 인간이 인간이 되는 것, 내가 속한 공동체에 의미 있는 존재가 되는 것은 반드시 시험을 통해서만 가능합니다. 입사 의례에서는 특

별한 종류의 신화가 중요한 역할을 하지요. 입사자는 부족의 공통 신화에 자신을 밀어 넣어, 이야기를 깊이 체화해야만 합니다.피에르 클라스트르, 『국가에 대항하는 사회』 참고

신화는 왜 소녀를 좋아하는 걸까요? 저는 신화의 찌꺼기인 동화에서 답을 찾아본 적이 있습니다. 그림 형제가 수집한 민담을 보니 그 이유는 '왕국과의 거리'였습니다. 백설공주라든가 엄지공주처럼 힘없는 아버지가 지켜 주기에 무력한 존재로서의 소녀, 장자가 아닌 탓에 왕국을 계승할 수도 없는 소녀들이야말로 왕국의 법도로부터 자유로울 수 있겠지요. 동화는 만물이 깊이 상호의존한다는 것을 '숲'을 배경으로 가르치려고 하니까, 사람과 사물을 왕의 신민으로 만드는 왕국에서 가장 쓸모없는 존재를 이야기의 주인공으로 삼는 것입니다.

그런데 우리는 그림 형제가 민담을 수집한 시대를 주의할 필요가 있습니다. 야코프 그림Jacob Grimm(1785~1863)과 빌헬름 그림Wilhelm Grimm(1786~1859) 형제는 동화집을 만들기 위해 민담을 수집한 것이 아니라 독일어 사전을 편찬하려고 했었어요. 독일이라고 하는 땅에 마땅한 정신을 평민의 목소리에서 발견하려고 했던 것이죠. 형제에게는 '독일'이라는 개념을 구성해 줄 내용이 필요했습니다. 그림 형제가 수집한 이야기의 시작과 끝에 왕국이 유독 강조되는 것은 당연했지요.

숲을 돌아다니던 소녀는 반드시 왕국으로 귀환해야 했습니다. 독일이라는 국가가 존재한다는 것을 계속 강조하고 싶었을 테니까요.

레비-스트로스가 소개하는 신화는 다른 이야기를 합니다. 국가에 뿌리를 둔 서사는 왕국을 강조하는 경향이 있습니다. 그런데 이런 이야기의 원류가 되는 신화는 왕국을 강조하지 않고 소녀의 시련에 대해서만 집중적으로 주목합니다. 그림 형제 동화집 소녀들이 자유롭게 숲에서 난쟁이도 만나고 늑대도 만나면서 왕국에서는 불가능한 모험을 즐긴다면, 신화의 소녀들은 무엇보다 가사노동을 잘해야 한다는 압박을 받습니다. 그녀들은 가출한 소녀가 아니라 '누군가의 딸', 그렇지만 잠정적으로는 '누군가의 며느리'로서 활약해야만 합니다. 물론 숲에서는 백설공주도 헨젤과 그레텔도 아궁이 옆에서 밥하고, 낮에는 물가에서 빨래하는 등 공주는 하지 않을 법한 집안일을 해야 하지만요. 그것은 '단순한 시련'일 뿐입니다. 왕자와 결혼하게 되면 공주는 손에 물 한 방울 안 묻히는 팔자로 돌아갈 테지요. 하지만 신화 속 소녀들은 다릅니다. 그녀들은 가족을 위해, 시댁인 남의 식구를 위한 헌신에 목숨을 걸어야 합니다.

그래서 야생의 신화가 조선시대 양반가의 내훈서內訓書 저리 가라가 되지요. 소녀들은 가혹하게 시련에 내몰리면서 훌륭한 주부 되기를 강요받거든요. 이것이 무엇을 의미할까요? 태곳적부터, 남성은 입신양명에 힘쓰고 여성은 그림자 노동에 매달려야 한다고 했다는 걸까요? 여성에게는 영원히 가족 뒷바라지만 할 천명이 내려졌단 말인가요? '월경'의 기호성을 넘어, '그림자 노동'의 기호성 문제로 더 깊게 들어가 보겠습니다. 음미해 볼 신화는 아라파호족의 신화, '별들의 배우자들'입니다.M425. '아라파호족의 신화: 별들의 배우자들 (1)', 『신화학 3』, 323~325쪽 참고

① 땅 위의 인디언 처녀들은 각각 별과 결혼하기를 꿈꾸었다. 형제인 해와 달은 지상 여인들의 덕목을 비교했다. 그들은 면밀히 조사했다. 달이 말했다. "인간 여자들보다 더 예쁜 것이 있을까. 나를 향해 눈을 들어 바라볼 때 그녀들은 매혹적인 얼굴을 하고 있다!" 해가 여기에 항의했다. "뭐? 인간 여자는 너무 혐오스럽다. 그녀들은 주름이 많고, 아주 작은 눈을 가진 끔찍한 존재다. 내가 원하는 것은 물의 창조물이지!" 그래서 **해는 개구리를 아내 삼고자 했다. 왜냐하면 물속 동물들은 커다란 눈을 갖고 있고, 습한 요소로 해의 강한 열기로부터 눈을 보호하기 때문에 해를 보고도 얼굴을 찡그리지 않기 때문이다.**

도입부터가 흥미롭습니다. 두 쌍의 커플이 혼사 준비를

하는군요. 해와 달이 형제로 나오는데요(우리 전래동화에 오누이로 나오는 해와 달이 남북아메리카 신화에서는 형제로 나옵니다). 달은 인간 여인이, 해는 개구리가 좋다고 합니다. 여기서 여성이 '선택받는 대상'으로 그려진다는 점에 대해 너무 분개할 필요는 없을 것 같습니다. 이야기를 끝까지 읽어 보시면 여성이라는 기호의 놀라운 주체성에 깜짝 놀라게 되십니다. 그리고 해와 달이 남자라고 해서, 남성을 여성보다 우월하게 보는 것도 아닙니다. 달에게는 자신을 보고 웃는 자가 인간이지만, 해에게는 자신을 보고 웃는 자가 개구리라는 설정이 핵심입니다. 즉 최선의 배우자는 내가 어떤 위치에 있는가에 달려 있는 문제이지 선험적으로 규정되어 있지 않습니다.

② 맑게 갠 어느 날 아침, 네 명의 인디언 처녀들이 나무를 하러 갔다. 그들 중 하나가 죽은 나무 가까이 갔는데, 달이 고슴도치로 변해 그 위에 올라앉았다. 처녀는 고슴도치의 털이 갖고 싶어 그 위로 올라갔는데, 고슴도치를 소녀가 막대기로 때릴 때마다 나무가 자라 소녀는 결국 하늘로 올라가게 되었다. 친구들이 내려오라고 소리쳤지만 소녀는 말했다. **"야! 이 짐승은 찬란한 침으로 된 털을 갖고 있어. 우리 엄마가 그것을 보면 행복해 할 거야. 왜냐하면 엄마는 그것이 없거든!"**

달이 고슴도치로 변하는군요. 그러자 죽은 나무가 자라기 시작합니다. 달이 변신 능력이 있다는 것은 확실하지요. 달은 하루도 쉬지 않고 매일 모습을 바꾸니까요. 이 변신은 주기를 이룬다는 것이 중요합니다. 바로 그것을 죽은 나무의 살아남이 말해 줍니다. 신화를 향유한 사람들은 주기를 '죽음에서 삶으로'라는 형식 속에서 이해했습니다. 여기서도 출발은 죽음입니다. 태어나서 죽는다라고 하는 단선적 생애 모델이 아니라, '죽음에서 시작된 것이 다시 죽음으로 돌아간다'가 주기의 순환성을 가동시킵니다.

달은 왜 고슴도치로 변할까요? 저도 잘 몰랐는데요, 고슴도치는 추운 계절에 자신의 거처인 나무둥치에 살지만 겨울잠은 자지 않는다고 합니다. 또한 고슴도치는 계절에 따라 가시의 양과 질이 달라진다고 합니다. 고슴도치의 몸이 일 년을 주기로 털의 양과 질에 따라 마치 달처럼 줄어들었다가 늘어났다가 하는 겁니다. 이렇게 고슴도치는 자연의 '주기'를 의미할 수 있습니다. 신화는 털의 장식성에 주목해서 고슴도치를 문화의 매개자로 선택합니다.

신화가 고슴도치 말고도 '털'의 관점에서 주목하는 것은 머리 가죽털과 성기털입니다. 이 두 가지는 인간의 측에서 선택되는데, 머리 가죽은 적에게서 얻어야 하므로 외인씨㤀적입니다. 성기털은 가까운 여인의 몸에서 얻을 수 있기 때문에 내인內因적입니다. 고슴도치 가시털 자수刺繡는 중간적입니다. 가까운 여인에 의해 멀리서 온 재료로 만들기 때문입니다.『신화학 3』, 568-584쪽 참고 아메리카에서는 머리 가죽털과 성기털로 전사의 사냥도구를 장식하거나 외모를 꾸미는 일이 있다고 합니다. 사람들은 사냥꾼이자 전사가 한 털 장식을 통해 그가 맺은 자연과의 관계나 문화적 위상을 짐작할 수 있었습니다.

대평원 부족들에게 이런 특징은 두 가지 이유에서 엄청 난 중요성을 갖습니다. 고슴도치의 기하학적 문양은 외형상 순수한 장식적 영감을 줍니다. 고슴도치 털로 수를 놓는다는 것은 수예자가 오랫동안 무늬의 형식과 내용을 계획했다는 것을 암시하고요. 수예는 수예자의 철학적 깊이와 장인적 능 력을 즉각 보여 주겠지요. 때문에 제작에 앞서 여자는 금식, 기도, 의례를 합니다.

앞에서 소녀는 자신을 위해서가 아니라 엄마를 위해 고 슴도치 털을 탐내지요. 결혼이란 일차적으로 자기 욕망의 해 소를 위한 것이 아니라 친족의 명예를 위한 것임을 알 수 있 고요. 또 수예란 자기처럼 시집 안 간 처녀는 할 수가 없고, 시 집을 갔다 해도 장성한 딸을 둘 정도로 오랜 세월 수예로 수 련한 사람이 아니면 할 수 없는 일이었습니다.『신화학 3』, 380~381쪽 참고

수예 의례에 대해 조금 더 알아보겠습니다. 의식은 수예

를 시작하기 전과 후로 나뉜다고 합니다. 형식은 이렇습니다. 옷 한 벌을 지어 입는다는 것이 어떤 의미의 무게를 견디는 것인지 생각해 볼 필요가 있습니다.

들소를 닮게 하기 위해 사람들은 옷을 배열하고, 옷에 향을 피우며, 동물이 일어서게 하려는 것처럼 옷을 펼친다. 그리고 옷을 늘어놓는다. 그리고 그 위에 다섯 개의 깃털을 놓는데, 각 구석에 하나씩 그리고 가운데에 하나를 놓는다. 여자들은 각각 놓인 깃털들을 꿰맨다. 그리고 '노란-부인'은 그를 위해 옷에 수를 놓고, 그것을 찾아 올 사람의 이름을 부른다. 그는 '나무-속에-새'이다. 그가 도착하여 문을 향해 시선을 돌리며 앉았다. '노란-부인'은 옷 위에 침을 네 번 뱉는다. 그리고 옷을 여러 번 남자에게 내밀었다. 마침내 그에게 옷을 주었다. 사람들은 옷과 그 소유자에게 향을 피우고, 소유자는 그의 가장 좋은 말[馬]을 수예자에게 선물했다. 여자는 이에 감사를 표하기 위해 그를 끌어안고 키스를 했다. 그리고 그는 자신의 새옷을 가지고 나갔다.『신화학 3』, 380쪽

수예자 '노란-부인'이 수예한 옷은 옷장에 우루루 걸린 옷이 아니라 생명력 품은 들소가 됩니다. 이 들소는 '나무-속에-새'에게 주려고 만들어졌죠. 내 식구 중 누굴 입히기 위해

서 짓는 옷이 아닌 겁니다. 의례이니 부족의 누군가가 '나무-속에-새'를 흉내 냈을 텐데요, 흉내자는 옷을 받는 순간 '나무-속에-새'가 됩니다. 그리고 이제 '나무-속에-새'는 들소가 됩니다. 이런 옷을 입게 되니, '나무-속에-새'는 날짐승이면서도 들짐승일 수 있습니다. 그러니 그가 순식간에 초원을 가를 수 있는 말을 선물할 수 있지요. 앞으로 말을 타고 그가 잡아 올 모든 사냥감이 '노란-부인'의 집에 이르게 될 겁니다.

수예란 부족의 상징 수준과 물질 문화의 수준을 상징합니다. 한 벌의 옷에는 자연에 존재하는 힘 있는 자들의 성질을 시간적으로 공간적으로 응축하는 힘이 있습니다. 수예자, 노란-부인은 자신의 솜씨로 우주 질서에 개입하여 풍요로운 한 삶을 도모합니다. 신화는 이 작업이 전적으로 여성에게만 할애되어 있다고 합니다. 그러니 여성들은 능숙해야 하고 솜씨가 있어야 합니다. 때문에 대단히 규율적이어야 하지요. 고슴도치에게는 네 종류의 가시(털)가 있는데요. 우수한 순서로 보면 크고(길고) 거친 꼬리의 털, 등의 가시, 목의 가시, 그리고 배에서 나는 가시가 있습니다. 이 가시를 납작하고 부드럽게 만들기 위해 염색을 해야 하는데요, 그뿐 아니라 색을 입힌 가시를 접고, 잇고, 배열하고, 바느질하고, 짜고, 엮기도 해야 하니 손가락이 남아날 리 없습니다. 가지런히 자르려면 갑자기 가시가 튀어나와 눈을 찌를 수도 있습니다. 그래서 여인들은 눈이 멀지 않기 위해 주술 그림을 얼굴에 붙이고 작업한다고 합니다. 상당히 조심하면서 예법에 맞게 짜야 합니다.

경험이 대단히 중요하겠네요. 구하기도 어려운 것이 실이며, 완성하기는 더 어려운 것이 수놓기입니다. 여인들은 이 임무에 일생을 걸었습니다. 그래서 인디언 여인들은 자신이 수놓은 옷의 수만큼 눈금을 새긴 막대기를 자랑스럽게 보존한다고 해요. 할머니가 되어 더욱 원숙해지면 그녀들은 자신이 만들어 낸 독특한 상징을 읊으며 후배 여인들에게 용기를 불어넣어 주었겠지요. 아라파호족 여성에게 바랄 수 있는 가장 품위 있는 재능이 자수였습니다. 이것은 풍요를 실제적으로 가져오는 주술적 의미가 있었고, 자연 안에서 자기 지위를 높일 수 있는, 오직 여성만이 걸을 수 있는 고유한 길이었습니다.

아라파호족의 여인들 중 좋은 집안의 딸들은 결혼 적령기에 이르면 아예 다른 집안일은 하지 않고 수예에만 매달린다고 합니다. 부정을 탈까 순결을 지키는데 심지어 신혼 기간에도 부부관계 없이 대화로 지나가며 부부관계는 오직 밤에 얼굴을 가린 채 한다고 합니다. 성에 있어서의 철저한 금욕을 달성한 자는, 언젠가는 최고의 수예자가 될 자신을 돋보이게 하기 위해 외모 꾸미기에 열을 올린다고 해요. 다양한 미용 재료를 갖추고 어디서나 머리칼과 얼굴을 장식하면서 몇 시간씩 보내고, 자기뿐만 아니라 말[馬]과 주변 전부를 향기롭고 우아하게 표현하는 데 온 정성을 다 쏟는다고 합니다. 아라파호족은 성과 수예(꾸밈)의 능력을 완전히 구별했습니다. 외모를 가꾸는 것을 성적 능력으로 해석하는 문화와는 완전히 다릅니다. 그녀들이 외모를 가꾸고 자신을 엄격하게 관리하는 이유는 수예를 잘하는 자기를 만들기 위해서였지요. 그래야 나무와 새, 들소와 인간이 함께 먹고사는 길을 이어 갈 수 있기 때문입니다.

다시 신화로 돌아가겠습니다.

③ 갑자기 고슴도치는 아름다운 청년으로 변해 소녀가 혼인하기를 바랐던 고슴도치가 실은 달이었다고 했다. 그녀는 그를 따르기로 했다. 그들이 하늘에 도착했을 때 별의 부모는 소녀를 환대했다. 달이 형수는 어디 있냐고 묻자, 해는 "밖에!"라고 대답했다. 해의 아내는 팔딱팔딱 뛰는 개구리였는데, 그녀는 뛸 때마다 오줌을 지렸다. 달은 그녀가 혐오스러웠다. 달은 어떤 여인이 잘 씹는지를 보려고 아내와 형수에게 창자 한 조각씩을 주었다. **이가 튼튼했던 인간 아내는 잘 씹어 좋은 소리를 냈으나, 개구리는 잇몸 사이로 검은 침을 흘렸고 달은 그녀를 비웃었다.** 창자 조각을 씹어 삼킨 인디언 여인은 곧 손잡이 달린 항아리를 들고 물가로 갔다. 씹을 수가 없었던 개구리는 이렇게 말

했다. "당신 때문에 일이 이렇게 됐으니 나는 이제 너를 떠나지 않을 것이다!" 그녀는 달의 가슴 위로 뛰어올랐다. 그때부터 사람들은 늘 달의 가슴에 검은 점처럼 붙어 있는 개구리를 볼 수 있었다. 개구리 옆에는 더욱 작은 점으로 항아리를 쥔 인간 여인을 볼 수 있었다.

놀라셨죠? 먼저, 갑자기 해가 이야기 밖으로 사라지고 없습니다. 신화는 결국 달이 두 부인을 얻는 이야기예요. 이것도 불륜이라면 불륜입니다. 형수와 결혼하는 이야기니까요. 그런데 이 결혼을 선택한 것은 달이 아니라 개구리이죠. 개구리는 달이 좋아서가 아니라, 달에게 받은 모욕을 되갚아 주기 위해 그를 떠날 수 없다고 합니다. 덕분에 달은 자수(고슴도치)-요리(씹기와 씻기[항아리 물])만이 옳다고 생각한 자기 편견을 깨고 개구리 같은 존재, 자신이 추구하는 덕과는 다른 덕을 지닌 존재와 하나가 됩니다. 일부다처제 모습을 한 신화이기는 하지만, 일부一夫인 달은 자기 본성과 맞지 않는 개구리와 한 몸을 이루어야 합니다. 신화는 결혼이란 남녀가 사랑하거나 취향이 같거나 해서 하는 일이 아님을 강조합니다. 확장해서 해석해 보면 개구리가 낸 화 덕분에, 하나의 위치값, 즉 남편의 성질만 갖고 있던 달이 아내의 성질도 갖게 됩니다. 신화는 결혼을 다른 덕들의 종합이라고 생각했습니다. 결

혼한 여성, 즉 며느리는 배우고 인내하며 이 종합력을 최고로
끌어올리는 신화 기호였습니다.

며느리야, 관계를 낳아라

우리는 신화가 소녀 주인공을 선호하는 이유에 대해 알아보
고 있습니다. 고슴도치 털을 찾으려고 달과 결혼하는 아가씨
들 이야기는 남아메리카 아라파호족 사이에 널리 퍼져 있는
데요, 이 중에서 가장 확장된 이야기는 '별들의 배우자들 (5)'
입니다.M428 '아라파호족의 신화: 별들의 배우자들 (5)', 『신화학 3』, 333~338쪽 참고
이 이야기를 통해 며느리가 된 소녀의 의미를 더 알아보겠습
니다. 전체 틀은 M425를 따릅니다만 이제 핵심 인물은 시아
버지가 됩니다.

① 먼 옛날 하늘에 한 남자와 그의 아내 그리고 두 아들이 있는
넓은 원형 야영장이 있었다. 그들의 천막은 빛으로 되어 있었
고, 보이는 해가 출구였다. 독수리 깃털은 천막 지지대로 사용
되었다. 이들은 사색적인 사람들이었고, 부모와 아들들은 후손
과 그들의 일에 대한 생각에 심취해 있었다.

4. 식구 되기의 어려움

빛으로 된 천막을 짓고 사는 사람들은 사색적이었다고 합니다. 아라파호족에게 '사색'이란 어떤 행위인지도 궁금하시지요? 뒤를 더 읽어 보면 알 수 있지만 신화 속 사색은 문화를 만들기 위해 골몰하는 일이고 그 핵심에는 '며느리 교육'이 있습니다. 사색은 멍하니 풍경을 바라보며 관조하거나, 과거의 애환이나 지금의 정념을 붙들고 혼자 침잠하는 일은 아닙니다. 관계, 즉 공생을 철학하기입니다.

② 형제는 어느 밤 혼인에 대해 의논했고 둘 다 배우자를 찾아 여행을 떠날 것을 결의했다. 형인 해는 공손히 아버지에게 말했다. 늙은 부모의 걱정을 덜어 드리기 위해 자신도 동생도 결혼을 하려고 하며, 결혼 후에 더욱 자주 집에 머무를 것이고 아버지와 어머니는 그들에 대한 근심을 덜하게 될 것이라고. 부모의 허락이 떨어지자 형제는 배우자를 찾아 떠났다. 형은 자신을 볼 때 비열한 표정으로 눈을 깜빡이는 인간-여자를 경멸하며 개구리 배우자를 찾았다. 달은 인간 여인들의 우아한 태도를 칭찬하며 그들이 관습을 존중하기에 신부 삼기를 원한다고 말했다.

사색하는 가풍 탓인지 형제도 우애가 깊습니다. 아버지에게 자신들의 결정을 신중히 말하는 것은 형입니다. 형은 자신들의 결혼이 아버지의 근심을 덜어 드리기 위함임을 이해하고 있습니다. 이야기의 패턴은 앞의 신화와 동일합니다. 달과 해는 다른 방향으로 배우자를 찾으러 떠났고요, 각각 인간과 개구리를 신부로 데려옵니다. 달이 인간에게 반한 것은 그녀의 우아함 때문인데 뒷대목에도 나오지만, 우아함이란 결국 튼튼한 이로 고기를 질겅질겅 거침없이 씹어 대는 능력을 뜻합니다. 이의 생김이 우아함을 결정하다니, 과연 미의 기준은 문화마다 다르다고 할 수 있어요.

③ 형은 하류로 동생은 상류로 떠나 6일 동안 계속된 여행과 이틀간의 휴식을 취한 끝에 각자 신부를 얻었는데, 달은 고슴도치로 변해 아름다운 여인을 얻었다. 여인은 다음과 같이 말했다. "이렇게 아름다운 고슴도치를 본 적이 있을까?" 젊은 처녀는 소리쳤다. 고슴도치의 털은 길고 희고 찬란했다. "나는 저것이 필요해. 바로 우리 엄마가 필요로 하는 거야…." 나무둥치로 여자를 유인한 고슴도치는 그녀와 결혼하게 되었다.

④ 젊은 아내는 시부모의 사랑을 가득 받았고, 뒤늦게 도착했지만 해의 아내 개구리도 가족들에게 환영을 받았다. **이때부터 이 가족의 일상에 도구들이 생겼고 이름이 붙었다. 행위와 규율이 생기는 가운데 시부모는 며느리들에게 가정용 도구를 주고 살림을**

가르쳤다. 하지만 개구리는 늘 무기력하기만 했고, 인간 여인은 엄청난 식욕으로 듣기 좋은 소리를 내며 창자 한 사발씩을 힘차게 먹었다. 늘 입에서 검은 침을 흘리며 창자를 먹는 개구리를 달은 혐오하며 조롱했다. 시아버지는 며느리들에게 농사를 가르치려고 했으나 개구리 며느리는 수동적이어서 아무것도 할 수 없었다. 농경을 배우는 것은 인간 며느리뿐이었다.

달과 해가 배우자를 구하는 과정은 M425와 같습니다. M428의 특징은 ④부터입니다. 이 지점부터 이야기는 달의 혼사가 아니라 인간-여인의 며느리 되기에 집중합니다. 며느리는 시아버지 밑에서 혹독한 수련을 받습니다. 자신의 어머니에게 고슴도치 털을 줄 수 있게 된 인간-여인은 어머니 밑에서 배우지 않고 시아버지 밑에서 농사짓기를 배웁니다.

신화는 가족의 일상에 도구가 생긴 시점을 며느리가 들어와서부터라고 합니다. 며느리라는 역할값이 주어짐과 동시에 도구의 발달이 시작된 셈입니다. 보통 도구와 기술의 발달의 원인을 농경에 따른 잉여 생산에서 찾지요.재레드 다이아몬드, 『총·균·쇠』 이 신화도 똑같이 말합니다. 잉여, 즉 며느리가 들어왔기 때문에 도구가 자리를 잡았다고요. 그런데 조금 더 생각하면 며느리는 '잉여'가 아닙니다. 남아도는 누군가가 아니지요. 게다가 하늘 부족인 달-사나이와 지상 부족인 인간-여인은 이종교배라고 할 수 있고, 결혼은 이런 이족異族의 며느리 없이는 불가능합니다.

개구리는 왜 무기력했을까요? 물속에 있어야 할 개구리는 해와 결혼한 탓에 활력을 잃었습니다. 앞에서 신화의 일부 이처 결혼은 여성들을 남성에게 종속시키는 장치가 아님을 배웠습니다. 우리는 뜨거운 태양을 욕망한 탓에 자신의 습한 기운을 잃고 만 개구리-여인을 통해, 결혼이란 자기 욕망에 붙들림임을 알 수 있습니다. 그러므로 개구리가 살 길은 개구리답지 않아지는 것! 즉 자기 욕망의 늪에 빠지지 않고 보다 심원하게 전체를 통찰하기입니다. 개구리가 해가 아니라 달에 붙을 수밖에 없는 까닭은 그 때문입니다.

개구리의 무기력은 가족을 구성함에 있어서 '역할'이 갖는 중요함도 설명해 줍니다. 적도의 사헬 지역에서나 극지의 툰드라에서는 남편이 사고로 죽거나 하면 시동생에게 다시 시집가는 형수들이 있었습니다. 또 원시 부족들 중에는 종종 자매가 한 사람에게 시집가기도 했고요. 추장은 복수의 아내를 데리고 살 수 있는 권리를 갖기도 했습니다. 아마존까지 갈 것도 없이 조선 시대의 왕들에게는 많은 후궁이 있었습니다. 물론 인류사에서는 일처다부제도 많이 찾아볼 수 있습니다. 제가 말씀드리고 싶은 것은 결혼에는 다양한 형태가 있을 수 있다는 점입니다. 그 형태마다 각기 다른 이유가 있다는 점도요. ④에서 우리가 알 수 있는 것은 인간-여인과 개구리-여인 모두 남편의 사랑이나 충절에 큰 관심이 없다는 점입니다. 인간과 개구리는 사랑을 두고 다투지 않습니다. 인간-아내는 농경에 힘쓰고, 개구리-아내는 신경질 부리며 달-남편 버르장머리 고치기에 바쁩니다. 아라파호족은 이런 역할들의 조합을 통해 이루게 되는 가족을 칭송했습니다.

근대에 들어 핵가족이 공동체의 기본 모델이 되고, 사랑이라는 정념으로 '자기'를 확인하기에 바쁘다 보니 결혼에서도 '사랑'이 최고 변수가 되었습니다. 하지만 많은 옛이야기는 보여 줍니다. 사람들이 함께 사는 것은 꼭 사랑 때문은 아니라고요. 한 남편을 두고 아내들끼리 뭐 그리 다툴 일이 있겠느냐고 말이지요.

⑤ 어느 날 갑자기 인간 아내는 두 다리 밑에서 완전하게 성장한 아이를 낳았다. 모든 사람들이 신생아의 미모에 넋을 잃었다. 그러자 자신을 멸시하던 시동생에게 화가 난 개구리는 달에게 달라붙어 떨어지지 않았다.

⑥ 시아버지는 며느리 교육이 끝나지 않았음을 강조했다. 여자가 예고 없이 아이를 분만해서는 안 된다는 것이다. 시부모는 날짜를 계산하여 아이가 손자임은 확인했지만, 자신은 갑작스

런 출산은 좋아하지 않는다며 분명히 경고를 했다. 그것은 문명적이지 못하기 때문이다. **시아버지는 임신과 출산 사이의 열달, 그리고 야생 짐승에 의한 임신이 아닐 수 있도록 반드시 몸가짐과 월경 간격을 주의해서 주시할 것을 며느리에게 요구했다.**

달-사나이와 인간-여인 사이에 태어난 아이는 모두를 감탄시킵니다. 완전하게 성장했을 뿐 아니라 미모가 뛰어나다는 것은 이 아이가 엄청난 수준의 생산력과 문화력을 품고 있음을 뜻합니다. 그런데도 시아버지는 준엄하게 경고합니다. 갑작스런 출산은 안 되기 때문이지요. 경우에 맞을 것(하늘 부족의 며느리로서 아이를 낳아라), 때에 맞을 것(열 달을 채워라)! 신화에서 양의적 존재들은 모두 풍요를 불러왔습니다. 낳자마자 성장한 아이란 이종교배를 통했기 때문에 비정상적인 힘을 가졌음을 의미합니다. 하지만 아무리 뛰어난 것을 낳을 수 있다 해도 경우와 때를 모른다면 옳지 않습니다. 시아버지가 며느리의 월경을 관리하고, 아들 내외의 잠자리까지 간섭하다니, 그 엄중함이 대단합니다. 그 정도로 중요했던 것입니다, 무엇인가를 낳는다는 것은.

M428에는 두 주인공이 있습니다. 둘 모두 변신합니다. 달-사나이는 개구리-여인이 들러붙어 흑점이 붙은 여성적 존재가 됩니다. 인간-여인은 친정식구의 명예만 쫓다가 뛰어

난 농부가 됩니다. 그녀의 이는 점점 더 강해지는데요, 이로 뭔가 씹어 대는 그 모습은 쟁기질하듯 땅을 씹어 먹는 모습과도 오버랩됩니다. 씹는 소리를 낼 수 있다는 것은 구운 고기를 먹을 수 있다는 의미이므로, 그녀는 문화적 존재입니다.

정리해 보겠습니다. 신화 속 시아버지는 왜 아들이 아니라 며느리에게 집착할까요? 아들은 시키지 않아도 잘하고, 며느리는 어리석어서 잘 지도해야 하기 때문일까요? 아닙니다. 아들이 할 수 있는 최고의 역할은 며느리를 찾아오는 데 있고, 농경은 며느리밖에 할 수 없다는 법도가 엄연하기 때문입니다. 또 오직 며느리를 통해서만 내 가족은 영속할 수 있습니다. 그러니 가르치고 이끌고 사랑하고 빌어야 할 대상은 아들이 아니라 며느리가 됩니다.

결국 시아버지가 만들어 내려는 가정의 법도, 농경의 법칙은 소녀의 신체를 월경과 임신이라는 주기성 속에 길들이는 것입니다. 시아버지는 며느리의 몸을 자손에 의한 가문의 번영에 맞게 조작하려고 합니다. 이로써 신화가 소녀 주인공을 선호하는 이유가 분명해졌습니다. 소녀는 월경을 하는 몸이 되고, 사람을 낳고, 수예자가 됩니다. 그 신체가 남자와는 달리 자연의 주기성을 따릅니다. 시아버지는 이 주기성을 가문의 풍요에 맞추려고 애썼지요. **소녀는 자연의 주기성을 문화적 주기로 바꾸어 내는 기호입니다. 동시에 문화적 주기성 속에**

서 다시 자연의 한 사람을 만들어 내는 기호인 것입니다.

따라서 위험도 그만큼 큽니다. 며느리 교육에 실패하면 이 집안에는 괴물이 태어나고(과잉된 능력으로 경우 없이 제 욕심만 채우는), 자연의 주기를 거스르는 탓에 농사도 망쳐질 테지요. 엄격한 주기성에 대한 절대적 존중이 없으면 낮과 밤의 교대는 단절되며, 계절 기능의 이상(불순)이 일어날 것입니다. 세상 질서는 곧 훼손됩니다.『신화학 3』, 345쪽

메노미니족은 월경의 기원과 머리 가죽의 기원을 같이 본다고 하는데요.『신화학 3』, 588쪽 잘린 머리(위)에서 흐르는 피와 아래에서 흐르는 피가 형태적으로(위치만 다를 뿐) 닮았기 때문입니다. 머리 가죽은 적에게서만 얻을 수 있고, 월경하는 여인 역시 외부에서만 얻을 수 있습니다. 메노미니족과 같은 북아메리카 대평원 인디언들의 신화에서 자신의 누이와 지나치게 가깝게 된 오빠, 예를 들면 누이의 월경피에 오염된 오라비는, 자신을 머리-전리품으로 변형하는 조건에서 누이와 함께 있을 수 있게 됩니다. 있는 그대로 해석하면 스스로 '머리-전리품'이 되어, 즉 죽어서 외부자가 되는 방식으로 여동생과 거리 조정을 한다는 것이지요.M474, 『신화학 3』, 510, 592-593쪽 신화는 큰 틀에서는 월경을 주기적 의미를 띤 것으로 보고, 며느리의 월경은 그 주기적 사용의 불가능으로 해석했습니다. 시아버지에게 며느리 교육이란 대립하면서도 관계해야 하는

총체적 문화배치의 조정이었기 때문에, 어렵고도 위험한 일이었습니다.『신화학 3』, 344쪽

이처럼 월경이 자연의 주기와 문화적 주기 사이를 매개하는 역할을 하기 때문에 많은 인디언 부족에서는 사춘기 딸들을 신선식품이 부패되는 것을 막듯 '통조림' 처리했다고 합니다. 그녀들이 신선하거나 상한 것, 뜨거운 것이나 차가운 것을 먹지 못하게 하는 일도 있고요, 직접 음식물에 접촉하지도 못하게 했습니다. 월경하는 여인은 문화의 내부로부터 어떤 부패가 일어나, 문화의 경계를 무너뜨리는 것으로 여겨졌기 때문입니다. 만약 월경의 금기로 이 경계 흔들림의 위험을 잘 관리하지 못한다면 수확은 물거품이 될 것이고, 사냥감은 달아날 것이며 사람들은 병들고 굶주리게 될 겁니다. 그 자신은 조로早老하고 말 것이고요. 우리는 보통 모자를 쓰거나 젓가락으로 음식을 집을 때, 외부의 더러움으로부터 자기를 보호하기 위해서라고 생각합니다. 그런데 레비-스트로스가 지적하듯 야생에서는 "주체의 부정으로부터 존재와 사물의 순수성을 보호"하기 위해 그런 문화적 도구를 사용했습니다.『신화학 3』, 730~733쪽

세계 도처의 민담과 의례에서 사춘기 소녀를 줄기차게 단속했던 것에는 이런 이유가 있었던 것입니다. 아프리카 북부 아나파스칸족은 월경하는 어린 소녀나 금기를 안 지키는

산모는 근육이 약화되고 출혈로 고통받을 것이며 꽃 같은 나이에 죽게 될 것이라고 생각했고요, 이 부족들 중 타나나족은 사춘기 소녀나 부인이 미지근하게 먹지 않으면 머리카락을 잃을 것이라고 했습니다.『신화학 3』, 731쪽 이런 관점에서 해석하면 시아버지는 며느리를 통조림에 든 음식으로 여겼다고도 할 수 있겠습니다.

전래동화 중에 며느리의 복방귀 이야기가 있습니다. 방귀, 똥, 오줌 이야기가 옛이야기의 기호로 자주 등장하는 까닭은 이 세 가지가 인간 신체의 열림을 포착하기 때문이라고 생각합니다. 인간의 배설물은 자연의 배설물인 꿀과도 상동적인 위치에 있습니다. 그러니 연결의 화두를 제시하기에도 좋습니다. 열렸으니, 닫혀야겠죠? 그러니 인간의 배설물 이야기는 항문-문화론의 계보를 잇고 있는 셈입니다.

마을에서 제일 예쁜 며느리였지만 어쩐지 시집을 오고 나서부터 얼굴이 팍 변하고 심성이 사나워지고 말았습니다. 알고 보니 방귀를 못 뀌어서 그랬던 거예요. 사실을 알게 된 시부모님이 며느리에게 방귀 뀔 것을 허락하신 것까지는 좋았는데, 묵은 방귀가 너무 강력하게 나오는 바람에 집이 다 무너지고 말았습니다. 결국 며느리는 소박을 맞게 됩니다. 많은 판본이 있는데요, 제가 즐겨 읽는 것은 시아버지가 며느리를 친정으로 데리고 가다가 마을 어귀 배나무밭에 단단히 열려 있는 배를 방귀로 다 떨어뜨려서 복된 며느리로 시댁으로 돌아오는 이야기입니다.

방귀 뀌는 며느리 이야기도 『신화학』을 읽기 전에는 시아버지가 남자주인공처럼 나와서 좀 이상했습니다. 근대 서사의 젠더 배치는 '소년 소녀를 만나다' 구도를 취합니다.우노 쓰네히로, 『모성의 디스토피아』, 주재명·김현아 옮김, 워크라이프, 2022 참고 이는 미야자키 하야오의 애니메이션에서도 잘 나타납니다. 소년은 '소녀를 구하기 위해'(〈천공의 성 라퓨타〉, 〈마루 밑 아리에티〉), '소녀의 보호 아래에'(〈바람계곡의 나우시카〉, 〈마녀 배달부 키키〉, 〈센과 치히로의 행방불명〉), 혹은 어머니의 품 안에서(〈붉은 돼지〉, 〈벼랑 위의 포뇨〉) 성장의 미션을 완수합니다. 이때 소녀는 잠정적 '모성'으로서 소년에게 선택됩니다. 미야자키 하야오의 세계에서도 소녀들은 끊임없이 누군가를 기르고 보호합니다.

신화에 그렇게 누군가를 돌봐 주는 어머니는 없습니다. 소년 소녀가 일대일로 만나는 일도 없고요. 남녀의 결합은 서사적 과제가 될 수 없기 때문입니다. 신화에서는 모두가 '타자들의 무엇'으로 존재하지요. 자기 욕망을 등가적으로 교환할 수 있는 상대를 찾아다니기만큼 이상한 일도 없지요. 어머니가 아니라 월경할 수 있는 자가 있습니다. 그리고 그녀가 낳는 것은 자식이 아니라, 관계 전체이고요. 그래서 꿀 탐식은 경계되고, 가족 부양은 장려됩니다. 화끈한 방귀쟁이 며느리의 부양 방법은 얼마나 시원한지요. 신화의 며느리는 한 집안의 외부자로 들어와, 그 막힌 시스템을 찢고 보다 큰 맥락에서 가족들이 활약하게 만듭니다. 시아버지는 '뿡'의 여왕 며느리 덕분에 마을의 큰 어른이 됩니다. 신화는 이렇게 월경 月經/越境하며 더 넓은 맥락으로 가족을 도킹시키는 '여성' 기호를 사랑했습니다. 사방으로 연결되려는 욕망이 소녀-며느리-어머니 기호의 힘이라고 보았지요.

에필로그:
청소하기의 인류학

야생의 인디언들이 신화를 통해, 먹을 때마다 관계를 생각했다는 것이 놀랍습니다. 나에게 먹히거나 나를 먹거나, 타자와의 공생을 생각할 때 그들은 추상적으로 문제를 풀지 않았습니다. 먹기를 화두로 삼았으니 철저히 구체적이었습니다. 저도 신화 공부 덕분에 숱한 타자들을 생각하는 일상이 생기롭게 열리고 있습니다.

요즘 가장 눈에 많이 들어오는 것은 쓰레기입니다. 누구도 먹을 수 없는 것이 계속 만들어지고 있다니, 이것이 무슨 의미일까요? 신화적으로 생각하면 문화의 제작 불가능성입니다. 대칭적 질서를 만들 수 없는 요소가 우리 삶에 점점 더 많아지는 일이니, 인간의 비인간화가 가속화되는 것이기도 합니다. 내 배를 불리는 것이 어디서 왔고 어디로 가는지에 대해 모르고 싶다는 대단한 의지가 반영된 일이 아닐 수 없습니다.

신화는 '관계의 모색'을 인류 최고의 지혜로 보았습니다. 그래서 먹기가 최고의 신화적 화두였지요. 그런데 쓰레기를 생각하면 치우기를 통한 관계 모색도 꼭 필요할 것 같습니다. 그래서 떠오른 테마가 청소입니다. 인류학적 관점에서 바라보면 청소란 곧 정리, 질서를 향한 노력입니다. 막연한 '깨끗함'이나 강박적 '청결'과는 큰 상관이 없는 만물의 온 자리에 대한 성찰이지요. 산업화된 현대 생활은 정리 정돈마저 상품(청소기, 세탁기 등)을 통해 해치워야 할 것으로 만들고 있지만, 실은 전혀 그렇지 않습니다. 청소란 무질서에서 질서로, 즉 또 다른 관계 변형을 탐색하는 일입니다.

저는 청소에 대한 고민을 미야자키 하야오의 애니메이션 〈센과 치히로의 행방불명〉을 보며 한번 시도해 봅니다. 미야자키의 주인공들은 청소에 관심이 많습니다. 그들은 마녀로 나오기도 하는데요, 마녀 배달부 키키도 있고 저승의 온천장을 꾸리는 마녀 유바바도 있습니다. 마녀는 참 재미있는 캐릭터입니다. 빗자루를 심볼로 삼으면서도, 집이 늘 더러우니까요. 그런데 바로 이 무질서 속에서 약과 독이 만들어집니다. 미야자키는 마녀 기호를 통해 질서를 창발시키는 어마무시한 힘들의 이야기를 하는 겁니다. 『신화의 식탁 위로』를 닫기 전에, 마지막으로 미야자키의 마녀들이 말하는 관계의 청소학을 조금 소개해 드리고 싶습니다.

〈센과 치히로의 행방불명〉은 갑자기 이계異界로 통하는 문으로 들어갔다 나오는 소녀의 모험을 다룹니다. 이계가 일상의 한가운데에 엄연하게 입을 벌리고 있다는 점, 성과 속, 삶과 죽음, 이편과 저편이 맞물려 있다 점에서 대칭적 사고가 잘 표현되어 있습니다. 미야자키는 이계, 즉 '저편'의 성질을 유바바의 온천장으로 설정합니다. 마녀 유바바의 온천장에서는 '이편'에서 열심히 일한 신들이 2박 3일 휴가라도 내어 오듯 단체로 휴식을 위해 방문합니다. 즉 저편은 신들이 몸을 씻는 장소입니다. 저편은 모든 힘들이 이편으로부터 넘어가 쉬면서 힘을 보충하고, 때를 벗고 맑아진 새 기운으로 활력을 얻는 장소입니다. 유바바는 어떤 신도 거절할 수 없는데요, 온천장은 모든 신들에게 열려 있습니다.

가오나시는 정문을 통해서 온천장에 들어가지는 못하죠. 요괴이기 때문인데요. '저편'에서 신들이 등급에 따라 청결의 수준이 다르다는 것도 알 수 있지만, 결국 유바바의 온천장은 가오나시를 거절했기에 큰 혼이 납니다. 센이 이 가오나시에게 온천장의 옆문을 열어 주게 되어 그 유명한 가오나시 난동 사건이 펼쳐지고, 결국 가오나시 덕분에 찾아온 온천장 규율의 무너짐 덕분에 센에게도 온천장을 벗어날 기회가 열립니다. 미야자키의 '저편' 역시 어떤 부정도 없는 거대한 무질서의 심연입니다.

센이 된 치히로는 돼지로 변한 부모와 저주에 걸린 하쿠를 구하기 위해 노력하면서 살아남게 됩니다. 이 전체 서사를 가능하게 한 것은 센이 온천장을 청소했기 때문입니다. 유바바의 온천장, 즉 '저편'에서 있을 수 있으려면 일을 해야 합니다. 그런데 그 일이라는 것이 자아실현과 아무 상관이 없는, 누군가의 때를 밀어 주는 일입니다. 자기 더러움을 씻는 것이 아니라 타인의 노고를 위로하고 돌보기입니다. 센은 오물로 더럽혀진 이름난 강의 신을 기꺼이 씻긴 덕분에 경단을 보답받고 그것으로 하쿠와 가오나시의 저주를 다 풀어 주지요. 센은 자기 부모를 구하기 전에 타인의 고통을 덜기 위해 그 경단을 쓰게 됩니다. 내 부모 살리기가 아니라, 지금 내 앞에 있는 그를 살리기. 부모, 자식이라는 혈연도 특정한 조건에서 가치 부여된 관계에 지나지 않습니다. 타인의 밥을 허락 없이 먹다 돼지가 된 부모를, 타인의 인정을 구하며 탐식하는 가오나시와 함께 바라볼 수 있게 되었기 때문에 센은 부모도 구할 수 있게 되지요.

중요한 것은 청소에서 발견되는 센의 태도입니다. 미야자키는 센이 얼마나 청소를 잘하는지, 센이 지나간 곳이 얼마나 깨끗한지를 그리지는 않습니다. 비밀은 센이 온천장에 취직하는 과정에 있습니다. 일자리를 얻으려면 유바바의 허락을 받아야 하는데 유바바가 쉽게 허락할 리가 없었죠. 센은 아무도 일자리를 주지 않는 가운데 무거운 석탄을 지고 쓰러진 검댕먼지를 우연히 돕게 됩니다. 그 덕분에 유바바도 쫓아낼 수 없는 온천장 직원이 되지요. 우선, 여기서 미야자키가 타인에 대한 선의를 '일'로 본다는 것을 알 수 있습니다. 그러니까 일이란 임금이 전제된 행위가 아니라 돕기입니다. 청소의 첫번째 근본은 '돕는다'라는 마음에 있습니다. 그런데 센이 한번 누군가를 돕자마자 하나씩 하나씩 돕는 회로가 열려갑니다. 검댕먼지들이 가마할아범의 잔소리로부터 센을 도와주고, 가마할아범이 린이라는 동료와 센이 친구가 될 수 있도록 돕고요.

두번째는 인사하는 공손한 마음입니다. 린은 가마할아범에게 인사도 하지 않는 센을 야단칩니다. 유바바의 사무실에 들어가려 할 때에는 문고리도 노크를 안 한다며 야단칩니다. 이후에 미야자키는 센이 꾸준히 마주치는 존재에게 인사를 한다는 것을 보여 줍니다. 가오나시가 지나갈 때의 목례, 엘리베이터를 잡아 준 신에게 드리는 큰 고개 숙임 등. 심지어 센은 제니바라는 마녀의 도장을 훔친 하쿠를 대신해 사과하러 가기도 합니다. 제니바가 사는 늪의 마을에 도착했을 때, 마중 나온 랜턴과 가볍게 인사를 나누기도 하지요. 인사란 타인의 존재를 하나하나 느끼고 가는 일이고, 타인의 문제가 내 문제이기도 함을 이해하는 일입니다. 부모의 차 뒷좌석에서 이사 가는 일에 불평이나 늘어놓던 센은, 돕고 인사해야 할 수많은 신들을 보게 되면서 마침내 이편으로 돌아올 수 있게 됩니다.

세번째 비법은 긍정하는 마음입니다. 유바바는 센을 고용하면서 분명히 경고합니다. 굼뜬 응석받이와 머리 나쁜 울보는 여기에 있을 수 없다고요. 싫다거나 안 하고 싶다고 말해서도 안 됩니다. 아아, 실로 엄청난 이야기이지요. 질서 바깥의 그 카오스란 모든 가능한 일들이 무차별적으로 흘러 다니는 바다입니다. 그 안에서는 부정이 있을 수 없습니다. 싫어할 무엇이 있을 수 없고, 닥쳐오는 모든 힘들을 감당할 과제밖에 없습니다. 그래서 우리는 지금 내가 서 있는 이 자리를 긍정해야 합니다. 이것이 센이 온천장에서 제일 크게 배운 바이지요. 센은 레비-스트로스가 소개하는 야생의 통과의례자들처럼 금욕하고 타인을 이해하며 성숙해 갑니다.

청소란 자기를 일으키는 무수한 힘들과 뒤섞이며, 꼭 이렇게 살지 않아도 될 많은 가능성 속에서 자기 삶의 윤리 하나를 떠올려 보는 일입니다. 나 때문에 살아 주고 나 때문에 죽어 주는 것들에게 인사하는 일입니다. 청소는 그래서 힘들지만, 바로 그 순간이 내 인생을 더욱 사랑하게 되는 순간이

신화의 식탁 위로

되지요. 식사와 마찬가지로 뒷정리에도 관계의 철학이 필요합니다. 삶이란 관계가 전부인 것입니다. 그러니 다시 한번, 내가 누구와 지금 여기에 있는가를 천천히 살펴야겠습니다.

참고 도서

Philippe Descola, *Beyond Nature and Culture*, The University of Chicago Press, 2013

國分功一郎, 『原子力時代の哲學』, 晶文社, 2019

가와다 준조, 『무문자 사회의 역사: 서아프리카 모시족의 사례를 중심으로』, 임경택 옮김, 논형, 2004

고병권, 『화폐라는 짐승』, 천년의상상, 2018

김덕영, 『프로메테우스 인간의 영혼을 훔치다』, 인물과사상사, 2006

나카자와 신이치, 『신화, 인류 최고의 철학』, 김옥희 옮김, 동아시아, 2003

──, 『나카자와 신이치의 예술인류학』, 김옥희 옮김, 동아시아, 2005

다나카 마사타케, 『재배식물의 기원』, 신영범 옮김, 전파과학사, 2020

데이비드 그레이버, 『부채, 그 첫 5000년의 역사』, 정명진 옮김, 부글북스, 2021

데이비드 몽고메리, 『흙』, 이수영 옮김, 삼천리, 2010

도나 해러웨이, 『트러블과 함께하기』, 최유미 옮김, 마농지, 2021

디디에 에리봉, 『가까이, 그리고 멀리서』, 송태현 옮김, 강, 2003

리처드 어도스·알폰소 오르티스, 『북아메리카 원주민 트릭스터 이야기』, 김주관 옮김, 한길사, 2014

리 호이나키, 『산티아고, 거룩한 바보들의 길』, 김병순 옮김, 달팽이, 2010

린 마굴리스, 『공생자 행성』, 이한음 옮김, 사이언스북스, 2007

린 마굴리스·도리언 세이건, 『마이크로 코스모스』, 홍욱희 옮김, 김영사, 2011

린다 시비텔로, 『인류 역사에 담긴 음식문화 이야기』, 최정희·이영미·김소영 옮김, 린, 2017

마르셀 모스, 『증여론』, 이상률 옮김, 한길사, 2002

마르셀 에나프, 『진리의 가격』, 김혁 옮김, 눌민, 2018

메리 더글러스, 『순수와 위험』, 유제분·이훈상 옮김, 현대미학사, 1997

미르치아 엘리아데, 『대장장이와 연금술사』, 이재실 옮김, 문학동네, 1999

브뤼노 라투르, 『우리는 결코 근대인이었던 적이 없다』, 홍철기 옮김, 갈무리, 2009

세라 블래퍼 허디, 『어머니, 그리고 다른 사람들』, 유지현 옮김, 에이도스, 2021

아비 바르부르크, 『뱀 의식: 북아메리카 푸에블로 인디언 구역의 이미지들』, 김남시 옮김, 읻다, 2021

에두아르도 콘, 『숲은 생각한다』, 차은정 옮김, 사월의 책, 2018

에두아르두 비베이루스 지 카스트루, 『식인의 형이상학: 탈구조적 인류학의 흐름들』, 박이대승·박수경 옮김, 후마니타스, 2018

———, 『인디오의 변덕스러운 혼』, 존재론의 자루 옮김, 포도밭출판사, 2022

오누키 에미코, 『쌀의 인류학』, 박동성 옮김, 소화, 2001

우노 쓰네히로, 『모성의 디스토피아』, 주재명·김현아 옮김, 워크라이프, 2022

월터 옹, 『구술문화와 문자문화』, 임명진 옮김, 문예출판사, 2018

이반 일리치, 『텍스트의 포도밭』, 정영목 옮김, 현암사, 2016

이상희·윤신영, 『인류의 기원』, 사이언스북스, 2015

재레드 다이아몬드, 『총·균·쇠』, 김진준 옮김, 문학사상, 2005

정혜주, 『옥수수 문명을 따라서』, 이담북스, 2013

제임스 C. 스콧, 『조미아, 지배받지 않는 사람들: 동남아시아 산악지대 아나키즘의 역사』, 이상국 옮김, 삼천리, 2015

제임스 프레이저, 『황금가지』 1·2, 박규태 옮김, 을유문화사, 2021

조르주 바타유, 『라스코 혹은 예술의 탄생/마네』, 차지연 옮김, 워크룸프레스, 2017

존 A. 베이커, 『송골매를 찾아서』, 서민아 옮김, 필로소픽, 2022

클로드 레비-스트로스, 『슬픈 열대』, 박옥줄 옮김, 한길사, 1998

———, 『신화학』 1·2·3, 임봉길 옮김, 한길사, 2005~2021

———, 『오늘날의 토테미즘』, 류재화 옮김, 문학과지성사, 2012

———, 『우리는 모두 식인종이다』, 강주헌 옮김, 아르테, 2015

클로드 레비-스트로스 외, 『가족의 역사 1』, 정철웅 옮김, 이학사, 2001

클리퍼드 기어츠, 『극장국가 느가라』, 김용진 옮김, 눌민, 2017

피에르 클라스트르, 『국가에 대항하는 사회』, 홍성흡 옮김, 이학사, 2005

———, 『폭력의 고고학』, 변지현·이종영 옮김, 울력, 2021

한나 아렌트, 『인간의 조건』, 이진우 옮김, 한길사, 2019

후지하라 다쓰시, 『분해의 철학: 부패와 발효를 생각한다』, 박성관 옮김, 사월의책, 2022

———, 『트랙터의 세계사』, 황병무 옮김, 팜커뮤니케이션, 2018

히로시마 레이코, 『이상한 과자가게 전천당』 1, 김정화 옮김, 길벗스쿨, 2019